Critique de la raison nègre

Du même auteur

Les Jeunes et l'ordre politique en Afrique noire, L'Harmattan, Paris, 1985.

Afriques indociles. Christianisme, pouvoir et État en société postcoloniale, Karthala, Paris, 1988.

Le Politique par le bas en Afrique noire. Contributions à une problématique de la démocratie, avec Jean-François Bayart et Comi Toulabor, Karthala, Paris, 1992.

La Naissance du maquis dans le Sud-Cameroun (1920-1960). Histoire des usages de la raison en colonie, Karthala, Paris, 1996.

De la postcolonie. Essai sur l'imagination politique dans l'Afrique contemporaine, Karthala, Paris, 2000.

Johannesburg. The Elusive Metropolis, avec Sarah Nuttall, Duke University Press, Durham, 2008.

Ruptures postcoloniales, avec Nicolas Bancel, Florence Bernault, Pascal Blanchard, Ahmed Boubeker et Françoise Vergès, La Découverte, Paris, 2010.

Sortir de la grande nuit. Essai sur l'Afrique décolonisée, La Découverte, Paris, 2010, 2013 (coll. « Poches/Essais »).

Achille Mbembe

Critique de la raison nègre

La Découverte / Poche
9 *bis*, rue Abel-Hovelacque
75013 Paris

Cet ouvrage a été précédemment publié en 2013 aux Éditions La Découverte dans la collection « Cahiers libres ».

Si vous désirez être tenu régulièrement informé de nos parutions, il vous suffit de vous abonner gratuitement à notre lettre d'information par courriel, à partir de notre site **www.editionsladecouverte.fr**, où vous retrouverez l'ensemble de notre catalogue.

ISBN 978-2-7071-8793-2

Pour Sarah, Léa et Aniel,
puis Jolyon et Jean (†)

« ... ces têtes d'hommes, ces récoltes d'oreilles, ces maisons brûlées, ces invasions gothiques, ce sang qui fume, ces villes qui s'évaporent au tranchant du glaive, on ne s'en débarrassera pas à si bon compte. »

Aimé CÉSAIRE, *Discours sur le colonialisme.*

Introduction

Le devenir-nègre du monde

L'on aurait voulu écrire ce livre à la manière d'un fleuve aux multiples affluents, alors même que l'histoire et les choses se tournent vers nous, et que l'Europe ne constitue plus le centre de gravité du monde. Tel est en effet l'événement ou, en tout cas, l'expérience fondamentale de notre âge. Et, s'agissant d'en mesurer toutes les implications et d'en tirer toutes les conséquences, nous n'en sommes justement qu'au début [1]. Pour le reste, que cette révélation nous soit donnée dans la joie, qu'elle suscite l'étonnement ou qu'elle nous plonge plutôt dans l'ennui, une chose est certaine : ce déclassement ouvre de nouvelles possibilités – mais est aussi porteur de dangers – pour la pensée critique, et c'est en partie ce que s'efforce d'examiner cet essai.

Pour saisir l'exacte portée de ces dangers et de ces possibilités, point n'est besoin de rappeler que, d'un bout à l'autre de son

1 Dipesh CHAKRABARTY, *Provincializing Europe. Postcolonial Thought and Historical Difference*, Princeton University Press, Princeton, 2000 ; Jean COMAROFF et John L. COMAROFF, *Theory from the South Or, How Euro-America Is Evolving Toward Africa*, Paradigm Publishers, Londres, 2012, en particulier l'introduction ; Arjun APPADURAI, *The Future as Cultural Fact. Essays on the Global Condition*, Verso, Londres, 2013 ; et Kuan-Hsing CHEN, *Asia as Method. Toward Deimperialization*, Duke University Press, Durham, 2010 ; et Walter D. MIGNOLO, *The Darker Side of Western Modernity. Global Futures, Decolonial Options*, Duke University Press, Durham, 2011.

histoire, la pensée européenne a eu tendance à saisir l'identité non pas tant en termes d'appartenance mutuelle (co-appartenance) à un même monde qu'en termes de relation du même au même, de surgissement de l'être et de sa manifestation dans son être d'abord, ou encore dans son propre miroir [1]. Il importe en revanche de comprendre que, conséquence directe de cette logique de l'autofiction, de l'autocontemplation, voire de la clôture, le Nègre et la race n'ont jamais fait qu'un dans l'imaginaire des sociétés européennes [2]. Désignations primaires, lourdes, encombrantes et détraquées, symboles de l'intensité crue et de la répulsion, leur apparition dans le savoir et le discours moderne sur l'« homme » (et par conséquent sur l'« humanisme » et sur l'« humanité ») a été sinon simultanée, du moins parallèle ; et, depuis le début du XVIIIe siècle, ils ont constitué, ensemble, le sous-sol (inavoué et souvent nié) ou encore le complexe nucléaire à partir duquel le projet moderne de connaissance – mais aussi de gouvernement – s'est déployé [3]. L'un et l'autre, ils représentent deux figures jumelles du délire qu'aura produit la modernité (chapitres 1 et 2).

À quoi tient-il donc, ce délire, et quelles en sont les manifestations les plus élémentaires ? D'abord au fait que le Nègre, c'est celui-là (ou encore cela) que l'on voit quand on ne voit rien, quand on ne comprend rien et, surtout, quand on ne veut rien comprendre. Partout où il apparaît, le Nègre libère des dynamiques passionnelles et provoque une exubérance irrationnelle

---

1 Sur la complexité et les tensions inhérentes à ce geste, voir Srinivas ARAVAMUDAN, *Enlightenment Orientalism. Revisiting the Rise of the Novel*, University of Chicago Press, Chicago, 2012.

2 Voir François BERNIER, « Nouvelle division de la terre, par différentes espèces ou races d'hommes qui l'habitent », *Journal des Sçavans*, 24 avril 1684, p. 133-141 ; et Sue PEABODY et Tyler STOVALL, *The Color of Liberty. Histories of Race in France*, Duke University Press, Durham, 2003, p. 11-27. Voir également Charles W. MILLS, *The Racial Contract*, Cornell University Press, Ithaca, NY, 1977.

3 William Max NELSON, « Making men : Enlightenment ideas of racial engineering », *American Historical Review*, vol. 115, n° 2, 2010, p. 1364-1394 ; James DELBOURGO, « The Newtonian slave body : racial Enlightenment in the Atlantic world », *Atlantic Studies*, vol. 9, n° 2, 2012, p. 185-207 ; et Nicholas HUDSON, « From nation to race : the origins of racial classification in eighteenth-century thought », *Eighteenth-Century Studies*, vol. 29, n° 3, 1996, p. 247-264.

qui, toujours, met à l'épreuve le système même de la raison. Ensuite au fait que personne – ni ceux qui l'ont inventé, ni ceux qui ont été affublés de ce nom – ne souhaiterait être un Nègre ou, dans la pratique, être traité comme tel. Du reste, comme le précisait Gilles Deleuze, « il y a toujours un Nègre, un Juif, un Chinois, un Grand Mogol, un Aryen dans le délire » puisque ce que brasse le délire, ce sont, entre autres, les races [1]. En réduisant le corps et l'être vivant à une affaire d'apparence, de peau et de couleur, en octroyant à la peau et à la couleur le statut d'une fiction d'assise biologique, les mondes euro-américains en particulier auront fait du Nègre et de la race deux versants d'une seule et même figure, celle de la folie codifiée [2]. Opérant à la fois comme une catégorie originaire, matérielle et fantasmatique, la race aura été, au cours des siècles précédents, à l'origine de maintes catastrophes, la cause de dévastations psychiques inouïes et d'innombrables crimes et massacres [3].

Vertigineux assemblage

Trois moments auront marqué la biographie de ce vertigineux assemblage. Le premier est celui du dépouillement organisé lorsqu'à la faveur de la traite atlantique (XVᵉ-XIXᵉ siècles) des hommes et femmes originaires d'Afrique sont transformés en hommes-objets, hommes-marchandises et hommes-monnaies [4]. Emprisonnés dans le cachot des apparences, ils appartiennent désormais à d'autres disposés hostilement à leur égard, en conséquence de quoi ils n'ont plus ni nom ni langue propres. Si leur vie

1 Gilles Deleuze, *Deux régimes de fous. Textes et entretiens, 1975-1995*, Minuit, Paris, 2003, p. 25.

2 Miriam Eliav-Feldon, Benjamin Isaac et Joseph Ziegler, *The Origins of Racism in the West*, Cambridge University Press, Cambridge, 2009.

3 Frantz Fanon, *Peau noire, masques blancs, in Œuvres*, La Découverte, Paris, 2011 [1952] ; William Bloke Modisane, *Blame Me on History*, Dutton, New York, 1963.

4 Walter Johnson, *Soul by Soul. Life Inside the Antebellum Slave Market*, Harvard University Press, Cambridge, Mass., 1999 ; et Ian Baucom, *Specters of the Atlantic. Finance Capital, Slavery, and the Philosophy of History*, Duke University Press, Durham, 2005.

et leur travail sont désormais ceux des autres avec lesquels ils sont condamnés à vivre, mais avec lesquels il leur est interdit d'entretenir des relations de co-humains, ils n'en demeurent pas moins des sujets agissants [1]. Le deuxième moment correspond à la naissance à l'écriture et commence vers la fin du XVIIIe siècle quand, de par leurs propres traces, les Nègres, ces êtres-pris-par les autres, peuvent désormais articuler un langage à eux tout en revendiquant le statut de sujets à part entière du monde vivant [2]. Ponctué par d'innombrables révoltes d'esclaves et l'indépendance d'Haïti en 1804, les combats pour l'abolition de la traite, les décolonisations africaines et les luttes pour les droits civiques aux États-Unis, ce moment trouve son accomplissement dans le démantèlement de l'apartheid au cours des dernières années du XXe siècle. Le troisième moment (le début du XXIe siècle) est celui de la planétarisation des marchés, de la privatisation du monde sous l'égide du néolibéralisme et de l'intrication croissante de l'économie financière, du complexe militaire postimpérial et des technologies électroniques et digitales.

Par néolibéralisme, il faut entendre une phase de l'histoire de l'humanité dominée par les industries du silicium et les technologies numériques. Le néolibéralisme est l'âge au cours duquel le temps court est en passe d'être converti en force procréative de la forme-argent. Le capital ayant atteint son point de fuite maximal, un mouvement d'escalade est enclenché. Il repose sur la vision

1 Sur ces débats, voir John W. BLASSINGAME, *The Slave Community. Plantation Life in the Antebellum South*, Oxford University Press, New York, 1972 ; Eugene D. GENOVESE, *Roll, Jordan, Roll. The World the Slaves Made*, Pantheon Books, New York, 1974.

2 Dorothy PORTER, *Early Negro Writing, 1760-1837*, Black Classic Press, Baltimore, 1995. Et surtout John ERNEST, *Liberation Historiography. African American Writers and the Challenge of History, 1794-1861*, University of North Carolina Press, Chapel Hill, 2004 et Stephen G. HALL, *A Faithful Account of the Race. African American Historical Writing in Nineteenth-Century America*, University of North Carolina Press, Chapel Hill, 2009. S'agissant des Antilles en particulier, voir Patrick CHAMOISEAU et Raphaël CONFIANT, *Lettres créoles, tracées antillaises et continentales, 1635-1975*, Hatier, Paris, 1991. Pour le reste, voir S.E.K. MQHAYI, *Abantu Besizwe. Historical and Biographical Writings, 1902-1944*, Wits University Press, Johannesburg, 2009 ; et Alain RICARD, *Naissance du roman africain : Félix Couchouro (1900-1968)*, Présence africaine, Paris, 1987.

selon laquelle « tous les événements et toutes les situations du monde de la vie [peuvent] être dotés d'une valeur sur le marché [1] ». Ce mouvement se caractérise aussi par la production de l'indifférence, le codage forcené de la vie sociale en normes, en catégories et en chiffres, ainsi que par diverses opérations d'abstraction qui prétendent rationaliser le monde sur la base des logiques de l'entreprise [2]. Hanté par un double funeste, le capital notamment financier se définit désormais comme illimité aussi bien du point de vue de ses fins que du point de vue de ses moyens [3]. Il ne dicte plus seulement son propre régime du temps. Ayant repris à son compte la « fabrication de toutes les relations de filiation », il cherche à se multiplier « par lui-même » dans une série infinie de dettes structurellement insolvables [4].

Il n'y a plus de travailleurs en tant que tels. Il n'y a plus que des nomades du travail. Si, hier, le drame du sujet était d'être exploité par le capital, aujourd'hui, la tragédie pour la multitude est de ne plus pouvoir être exploitée du tout, de faire l'objet de relégation dans une « humanité superflue », livrée à l'abandon, et dont le capital n'a guère besoin pour son fonctionnement. Une forme inédite de la vie psychique adossée à la mémoire artificielle et numérique et à des modèles cognitifs relevant des neurosciences et de la neuro-économie se fait jour. Automatismes psychiques et automatismes technologiques ne formant plus qu'un seul et même faisceau, la fiction d'un sujet humain nouveau, « entrepreneur de soi-même », plastique, et sommé de se reconfigurer en permanence en fonction des artefacts qu'offre l'époque, s'installe [5].

Ce nouvel homme, sujet du marché et de la dette, se prend pour un pur produit du hasard naturel. Cette sorte de « forme abstraite toute prête », comme dit Hegel, capable de s'habiller de tous les

---

1 Joseph Vogl, *Le Spectre du capital*, Diaphanes, Paris, 2013, p. 152.

2 Voir Béatrice Hibou, *La Bureaucratisation du monde à l'ère néolibérale*, La Découverte, Paris, 2012.

3 Voir Joseph Vogl, *op. cit.*, p. 166 et suiv.

4 *Ibid.*, p. 183 et p. 170.

5 Voir Roland Gori et Marie-José Del Volgo, *Exilés de l'intime. La médecine et la psychiatrie au service du nouvel ordre économique*, Paris, Denoël, 2008.

contenus, est typique de la civilisation de l'image et des nouveaux rapports que celle-ci établit entre les faits et les fictions [1]. Animal parmi d'autres, il n'aurait aucune essence propre à protéger ou à sauvegarder. Il n'y aurait, *a priori*, aucune limite à la modification de sa structure biologique et génétique [2]. Il se distingue du sujet tragique et aliéné de la première industrialisation sur bien des aspects. D'abord, il est un individu emprisonné dans son désir. Pour sa jouissance, il dépend presque entièrement de sa capacité à reconstruire publiquement sa vie intime et à l'offrir sur un marché comme marchandise échangeable. Sujet neuro-économique absorbé par le double souci exclusif de son animalité (la reproduction biologique de sa vie) et de sa choséité (la jouissance des biens de ce monde), cet *homme-chose, homme-machine, homme-code* et *homme-flux* cherche avant tout à réguler sa conduite en fonction des normes du marché, n'hésitant guère à s'auto-instrumentaliser et à instrumentaliser autrui pour optimaliser ses parts de jouissance. Condamné à l'apprentissage à vie, à la flexibilité, au règne du court terme, il doit embrasser sa condition de sujet soluble et fongible afin de répondre à l'injonction qui lui est constamment faite – devenir un autre.

Davantage encore, le néolibéralisme représente l'âge au cours duquel capitalisme et animisme, longtemps difficilement tenus à l'écart l'un de l'autre, tendent finalement à ne plus faire qu'un. Le cycle du capital allant désormais de l'image à l'image, l'image est devenue un facteur d'accélération des énergies pulsionnelles. De la fusion potentielle du capitalisme et de l'animisme résulte un certain nombre de conséquences déterminantes pour notre entendement futur de la race et du racisme. D'abord les risques systémiques auxquels seuls les esclaves nègres furent exposés au moment du premier capitalisme constituent désormais sinon la norme, du moins le lot de toutes les humanités subalternes. Ensuite, cette

---

1 Voir, de ce point de vue, Francesco Masci, *L'Ordre règne à Berlin*, Éditions Allia, Paris, 2013.

2 Voir Pierre Dardot et Christian Laval, *La Nouvelle Raison du monde. Essai sur la société néolibérale*, La Découverte, Paris, 2009. Voir également Roland Gori, « Les dispositifs de réification de l'humain (entretien avec Philippe Schepens) », *Semen. Revue de sémio-linguistique des textes et discours*, n° 30, 2011, p. 57-70.

universalisation tendancielle de la condition nègre va de pair avec l'apparition de pratiques impériales inédites. Celles-ci empruntent tant aux logiques esclavagistes de capture et de prédation qu'aux logiques coloniales d'occupation et d'extraction, voire des guerres civiles ou de razzias des époques antérieures [1]. Les guerres d'occupation et les guerres contre-insurrectionnelles visent non seulement à traquer et à liquider l'ennemi, mais aussi à opérer une partition du temps et une atomisation de l'espace. Une partie du travail consistant désormais à transformer le réel en fiction et la fiction en réel, la mobilisation militaire par les airs, la destruction des infrastructures, les coups et blessures s'accompagnent d'une mobilisation totale par les images [2]. Celles-ci font désormais partie des dispositifs d'une violence qui se voudrait pure.

Par ailleurs, capture, prédation, extraction et guerres asymétriques vont de pair avec la rebalkanisation du monde et l'intensification des pratiques de zonage – par quoi il faut comprendre une complicité inédite de l'économique et du biologique. En termes concrets, cette complicité se traduit par la militarisation des frontières, le morcellement des territoires, leur partition et la création, à l'intérieur des États existants, d'espaces plus ou moins autonomes, parfois soustraits à toute forme de souveraineté nationale mais opérant sous la loi informelle d'une multitude d'autorités fragmentées et de pouvoirs armés privés, ou sous la tutelle d'entités internationales à prétexte ou à raison humanitaire ou, simplement, d'armées étrangères [3]. Ces pratiques de zonage vont généralement de pair

---

1 Lire Françoise Vergès, *L'Homme prédateur. Ce que nous enseigne l'esclavage sur notre temps*, Albin Michel, Paris, 2011.

2 Voir les travaux de Stephen Graham, *Cities Under Siege. The New Military Urbanism*, Verso, Londres, 2010 ; Derek Gregory, « From a view to a kill. Drones and late modern war », *Theory, Culture & Society*, vol. 28, n° 7-8, 2011, p. 188-215 ; Ben Anderson, « Facing the future enemy. US counterinsurgency doctrine and the pre-insurgent », *in ibid.*, p. 216-240 ; et Eyal Weizman, *Hollow Land. Israel's Architecture of Occupation*, Verso, Londres, 2011.

3 Alain Badiou, « La Grèce, les nouvelles pratiques impériales et la ré-invention de la politique », *Lignes*, octobre 2012, p. 39-47. Voir également Achille Mbembe, « Necropolitics », *Public Culture*, vol. 15, n° 1, 2003 ; Naomi Klein, *La Stratégie du choc. La montée d'un capitalisme du désastre*, Actes Sud, Arles, 2008 [2007] ; Adi Ophir, Michal

avec un maillage transnational de la répression, le quadrillage idéologique des populations, la location de mercenaires affectés à la lutte contre les guérillas locales, la formation de « commandos de chasse », le recours systématique aux emprisonnements de masse, à la torture et aux exécutions extrajudiciaires [1]. Grâce aux pratiques de zonage, un « impérialisme de la désorganisation » manufacture des désastres et multiplie à peu près partout les conditions d'exception tout en se nourrissant de l'anarchie.

À coup de contrats au titre de la reconstruction et sous prétexte de combattre l'insécurité et le désordre, firmes étrangères, grandes puissances et classes dominantes autochtones font main basse sur les richesses et gisements des pays ainsi vassalisés. Transferts massifs de fortunes en direction d'intérêts privés, dépossession d'une part grandissante des richesses que les luttes passées avaient arrachées au capital, paiement indéfini de blocs de dettes, la violence du capital frappe désormais y compris l'Europe elle-même où une nouvelle classe d'hommes et de femmes structurellement endettés apparaît [2].

Plus caractéristique encore de la fusion potentielle du capitalisme et de l'animisme est la possibilité, fort distincte, de transformation des êtres humains en choses animées, en données numériques et en codes. Pour la première fois dans l'histoire humaine, le nom Nègre ne renvoie plus seulement à la condition faite aux gens d'origine africaine à l'époque du premier capitalisme (déprédations de divers ordres, dépossession de tout pouvoir d'autodétermination et, surtout, du futur et du temps, ces deux matrices du possible). C'est cette fongibilité nouvelle, cette solubilité, son institutionnalisation en tant que nouvelle norme

---

Givoni, Sari Hanafi (dir.), *The Power of Inclusive Exclusion. Anatomy of Israeli Rule in the Occupied Palestinian Territories*, Zone Books, New York, 2009 ; et Eyal Weizman, *op. cit.*

1 David H. Ucko, *The New Counterinsurgency Era. Transforming the US Military for Modern Wars*, Georgetown University Press, Washington, DC, 2009 ; Jeremy Scahill, *Blackwater. The Rise of the World's Most Powerful Mercenary Army*, Nation Book, New York, 2007 ; John A. Nagl, *Learning to Eat Soup with a Knife. Counterinsurgency Lessons from Malaya and Vietnam*, Chicago University Press, Chicago, 2009 ; Grégoire Chamayou, *Théorie du drone*, La Fabrique, Paris, 2013.

2 Maurizio Lazzarato, *La Fabrique de l'homme endetté*, Amsterdam, Paris, 2011.

d'existence et sa généralisation à l'ensemble de la planète que nous appelons le *devenir-nègre du monde*.

La race au futur

Le Nègre et la race ayant été deux figures centrales (quoique niées) du discours euro-américain sur l'« homme », doit-on penser que le déclassement de l'Europe et sa relégation au rang d'une simple province du monde signeront l'extinction du racisme ? Ou faut-il comprendre plutôt que, l'humanité devenue fongible, le racisme se recomposera dans les interstices mêmes d'un nouveau langage – ensablé, moléculaire et en fragments – sur l'« espèce » ? En posant la question en ces termes, l'on n'oublie point que ni le Nègre, ni la race n'ont jamais été figés (chapitre 1). Au contraire, ils ont toujours fait partie d'un enchaînement de choses elles-mêmes jamais finies. Par ailleurs, leur signification fondamentale a toujours été existentielle. Le nom Nègre en particulier flua, pendant longtemps, une extraordinaire énergie, tantôt chariot des instincts inférieurs et des puissances chaotiques et tantôt signe lumineux de la possibilité de rachat du monde et de la vie un jour de transfiguration (chapitres 2 et 5). C'est parce qu'en plus de désigner une réalité hétéroclite et multiple, fragmentée – des fragments de fragments toujours nouveaux –, ce nom signait une série d'expériences historiques déchirantes, la réalité d'une vie vacante ; la hantise, pour des millions de gens pris dans les rets de la domination de race, de voir fonctionner leurs corps et leurs pensées du dehors et d'avoir été transformés en spectateurs de quelque chose qui était et qui n'était pas leur propre existence [1] (chapitres 3 et 4).

Ce n'est pas tout. Produit d'une machine sociale et technique indissociable du capitalisme, de son émergence et de sa planétarisation, ce nom fut inventé pour signifier exclusion, abrutissement et avilissement, voire une limite toujours conjurée et abhorrée. Honni et profondément déshonoré, le Nègre est, dans l'ordre de la

---

1 Didier ANZIEU, *Le Moi-Peau*, Dunod, Paris, 1995, p. 31.

modernité, le seul de tous les humains dont la chair fut faite chose et l'esprit marchandise – la crypte vivante du capital. Mais – et telle est sa dualité manifeste – dans un retournement spectaculaire il devint le symbole d'un désir conscient de vie, une force jaillissante, flottante et plastique, pleinement engagée dans l'acte de création et à même de vivre dans plusieurs temps et plusieurs histoires à la fois. Sa capacité d'ensorcellement, voire d'hallucination, n'en fut que décuplée. En le Nègre, certains n'hésitèrent point à reconnaître le limon de la terre, la veine de la vie à travers laquelle le rêve d'une humanité réconciliée avec la nature, voire la totalité de l'existant, trouverait de nouveau visage, voix et mouvement [1].

Le crépuscule européen s'annonce alors même que le monde euro-américain n'est toujours pas arrivé à savoir cela même qu'il voulait savoir (ou voulait faire) du Nègre. En bien des pays sévit désormais un « racisme sans races [2] ». Afin de mieux pratiquer la discrimination tout en rendant celle-ci conceptuellement impensable, l'on mobilise la « culture » et la « religion » en lieu et place de la « biologie ». Tout en prétendant que l'universalisme républicain est aveugle à la race, l'on enferme les non-Blancs dans leurs origines supposées et on ne cesse de multiplier des catégories effectivement racialisées dont la plupart alimentent, au quotidien, l'islamophobie. Mais qui parmi nous peut douter que le moment est arrivé de finalement commencer-de-soi-même, et pendant que l'Europe se fourvoie, prise par le malaise de ne pas savoir où elle en est dans et avec le monde, de prendre base et de fonder quelque chose d'absolument neuf ? Pour ce faire, faudra-t-il alors oublier le Nègre ou, au contraire, lui garder sa puissance du faux, son caractère lumineux, fluide et cristallin – cet étrange sujet glissant, sériel et plastique, constamment masqué, fermement campé des deux côtés du miroir, le long d'une frontière qu'il ne cesse de longer ? Si, par ailleurs, au milieu de cette tourmente, le Nègre devait

---

1 Voir en particulier la poésie d'Aimé Césaire. Sur la thématique du limon, voir Édouard Glissant et Patrick Chamoiseau, *L'Intraitable Beauté du monde*, Galaade, Paris, 2008.

2 Éric Fassin, *Démocratie précaire*, La Découverte, Paris, 2012 ; et Éric Fassin (dir.), *Les Nouvelles Frontières de la société française*, La Découverte, Paris, 2010.

effectivement survivre à ceux qui l'ont inventé, et si, par un de ces retournements dont l'histoire a le secret, toute l'humanité subalterne devenait effectivement nègre, quels risques un tel *devenir-nègre du monde* porterait-il au regard de la promesse de liberté et d'égalité universelle dont le nom Nègre aura été le signe manifeste tout au long de la période moderne ? (chapitre 6).

Par ailleurs, de l'acharnement colonial à diviser, à classifier, à hiérarchiser et à différencier, il est resté quelque chose, des entailles, voire des lésions. Pis, une faille a été érigée, qui demeure. Est-il certain qu'aujourd'hui nous pouvons entretenir avec le Nègre des relations autres que celles qui lient le maître à son valet ? Lui-même ne persiste-t-il pas à ne se voir que par et dans la différence ? N'est-il pas convaincu d'être habité par un double, une entité étrangère qui l'empêche de parvenir au savoir de soi-même ? Ne vit-il pas son monde comme celui de la perte et de la scission, et n'entretient-il pas le rêve de retour à une identité avec soi-même déclinée sur le mode de l'essentialité pure et donc, souvent, du dissemblable ? À partir de quel moment le projet de soulèvement radical et d'autonomie au nom de la différence tourne-t-il en simple inversion mimétique de ce que l'on a passé son temps à couvrir de malédictions ?

Telles sont certaines des questions que se pose ce livre qui, n'étant ni une histoire des idées ni un exercice de sociologie historique, se sert néanmoins de l'histoire pour proposer un style de réflexion critique sur le monde de notre temps. En privilégiant une manière de réminiscence, mi-solaire et mi-lunaire, mi-diurne et mi-nocturne, l'on avait à l'idée une seule question – comment penser la différence et la vie, le semblable et le dissemblable, l'excédent et l'*en-commun* ? Cette interrogation, l'expérience nègre la résume bien, elle qui sait si bien tenir dans la conscience contemporaine la place d'une limite fuyante, d'une sorte de miroir mobile. Encore faudrait-il se demander pourquoi ce miroir mobile n'arrête pas de tourner sur lui-même. Qu'est-ce qui l'empêche d'aboutir ? Qu'est-ce qui explique cette relance infinie de scissions toujours plus stériles les unes que les autres ?

JOHANNESBURG, 2 AOÛT 2013

Cet essai a été écrit au cours de mon long séjour au Witwatersrand Institute for Social and Economic Research (WISER) à l'université du Witwatersrand (Johannesburg, Afrique du Sud). Il fait partie d'un cycle de réflexion dont *De la postcolonie* (2000) avait ouvert la voie, qui s'est poursuivi avec *Sortir de la grande nuit* (2010), et dont le travail en cours sur l'afropolitanisme marquera la conclusion.

Au cours de ce cycle, l'on se sera efforcé d'habiter plusieurs mondes en même temps, non dans un geste gratuit d'écartèlement, mais de va-et-vient, susceptible d'autoriser l'articulation, à partir de l'Afrique, d'une *pensée de la circulation et de la traversée*. Sur ce chemin, il n'a guère été utile de chercher à « provincialiser » les traditions européennes de la pensée. Au demeurant, elles ne nous sont point étrangères. Lorsqu'il s'agit de dire le monde dans la langue de tous, il existe, par contre, des rapports de force au sein de ces traditions, et une partie de notre travail a consisté à peser sur ces frictions internes, à en appeler au décentrement, non pour creuser l'écart entre l'Afrique et le monde, mais pour permettre qu'émergent, dans une relative clarté, les exigences neuves d'une possible universalité.

Tout au long de mon séjour au WISER, j'ai bénéficié de l'appui de mes collègues Deborah Posel, Sarah Nuttall, John Hyslop, Ashlee Neeser, Pamila Gupta et, récemment, Cathy Burns et Keith Breckenridge. Les pages qui suivent doivent énormément à l'amitié de David Theo Goldberg, Arjun Appadurai, Ackbar Abbas, Françoise Vergès, Pascal Blanchard, Laurent Dubois, Éric Fassin, Ian Baucom, Srinivas Aravamudan, Charlie Piot, Jean-Pierre Chrétien. Paul Gilroy, Jean Comaroff, John Comaroff et la regrettée Carol Breckenridge ont été d'immenses sources d'inspiration. Je remercie également mes collègues Kelly Gillespie, Julia Hornberger, Leigh-Ann Naidoo, Zen Marie du Johannesburg

Workshop in Theory and Criticism (JWTC) de l'université du Witwatersrand.

Mon éditeur François Gèze et son équipe (Pascale Iltis et Thomas Deltombe en particulier) ont, comme à l'accoutumée, été d'un appui sans faille.

Je remercie les revues *Le Débat*, *Politique africaine*, *Cahiers d'études africaines*, *Research in African Literatures*, *Africulture* et *Le Monde diplomatique* qui ont accueilli les textes exploratoires ayant servi de base à cet essai.

Pour des raisons qu'il est inutile de reprendre ici, ce livre est dédié à Sarah, Léa et Aniel, puis Jolyon et Jean.

1

Le sujet de race

Il s'agira donc, dans les pages qui suivent, de la raison nègre. Par ce terme ambigu et polémique, l'on entend désigner plusieurs choses à la fois : des figures du savoir ; un modèle d'extraction et de déprédation ; un paradigme de l'assujettissement et des modalités de son dépassement ; et finalement un complexe psycho-onirique. Cette sorte de grande cage, à la vérité réseau complexe de dédoublements, d'incertitudes et d'équivoques, a pour châssis la race.

De la race (ou du racisme), l'on ne peut parler que dans un langage fatalement imparfait, gris, voire inadéquat. Qu'il suffise de dire, pour l'instant, qu'elle est une forme de représentation primale. Ne sachant guère distinguer entre le dehors et le dedans, les enveloppes et leur contenu, elle renvoie, avant toute chose, aux simulacres de surface. Rapportée à la profondeur, la race est ensuite un complexe pervers, générateur de peurs et de tourments, de troubles de la pensée et de terreur, mais surtout d'infinies souffrances et, éventuellement, de catastrophes. Dans sa dimension fantasmagorique, elle est une figure de la névrose phobique, obsessionnelle et, à l'occasion, hystérique. Pour le reste, c'est ce qui se rassure en haïssant, en maniant l'effroi, en pratiquant l'altruicide, c'est-à-dire en constituant l'Autre non pas comme *semblable à soi-même*, mais comme un objet proprement menaçant dont il faudrait se protéger, se défaire ou qu'il faudrait simplement détruire, faute d'en assurer une totale maîtrise [1]. Mais, ainsi que le précisait Frantz Fanon, la race est aussi le nom qu'il faut donner à l'amer ressentiment, à l'irrépressible désir de vengeance, voire à la rage de ceux qui, contraints à la sujétion, trop souvent sont obligés de subir quantité d'injures, toutes sortes de viols et humiliations, et d'innombrables blessures [2]. L'on s'interrogera donc, dans ce livre, sur la nature de ce ressentiment tout en rendant compte de ce qui fait la race, sa profondeur à la fois réelle et fictive, les rapports dans lesquels elle s'exprime, et ce qu'elle fait dans le geste qui consiste, comme ce fut historiquement le cas avec les gens d'origine africaine, à rendre la personne humaine soluble dans la chose, dans l'objet ou dans la marchandise [3].

Fabulation et clôture de l'esprit

Le recours au concept de race, du moins tel qu'on vient de l'esquisser, pourrait étonner. Au demeurant, la race n'existe pas en tant que fait naturel physique, anthropologique ou génétique [4]. Mais elle n'est pas qu'une fiction utile, une construction fantasmatique ou une projection idéologique dont la fonction

1 James Baldwin, *Nobody Knows My Name*, First Vintage International, New York, 1993 [1961].

2 Frantz Fanon, *Peau noire…, op. cit.*, p. 159. Voir également Richard Wright, *Native Son*, Harper & Brothers, New York, 1940.

3 Joseph C. Miller, *Way of Death. Merchant Capitalism and the Angolan Slave Trade, 1730-1830*, University of Wisconsin Press, Madison, 1996.

4 Karen E. Fields et Barbara J. Fields proposent d'utiles distinctions entre « race » (l'idée selon laquelle la nature aurait produit des humanités distinctes reconnaissables par des traits inhérents et des caractéristiques spécifiques qui consacreraient leurs différences tout en les ordonnant sur une échelle d'inégalité), « racisme » (l'ensemble des pratiques sociales, juridiques, politiques, institutionnelles et autres fondées sur le refus de la présomption d'égalité entre les personnes humaines), et ce qu'elles appellent « *racecraft* » (le répertoire des manœuvres qui visent à placer les êtres humains ainsi différenciés dans des grilles opératoires). Karen E. Fields et Barbara J. Fields, *Racecraft. The Soul of Inequality in American Life*, Verso, New York, 2012 (voir notamment l'introduction et la conclusion). Lire, par ailleurs, W.J.T. Mitchell, *Seeing Through Race*, Harvard University Press, Cambridge, Mass., 2012.

serait de détourner l'attention de conflits jugés autrement plus véritables – la lutte des classes ou la lutte des sexes par exemple. Dans bien des cas, elle est une figure autonome du réel dont la force et la densité s'expliquent par son caractère extrêmement mobile, inconstant et capricieux. Du reste, il n'y a pas si longtemps, l'ordre du monde était fondé sur un dualisme inaugural qui, lui-même, trouvait une partie de ses justifications dans le vieux mythe de la supériorité raciale [1]. Dans son avide besoin de mythes destinés à fonder sa puissance, l'Hémisphère occidental se considérait comme le centre du globe, le pays natal de la raison, de la vie universelle et de la vérité de l'humanité. Quartier le plus « civilisé » du monde, l'Occident seul avait inventé un « droit des gens ». Seul, il était parvenu à constituer une société civile des nations comprise comme un espace public de réciprocité du droit. Seul, il était à l'origine d'une idée de l'être humain possesseur de droits civils et politiques lui permettant de développer ses pouvoirs privés et publics comme personne, comme citoyen appartenant au genre humain et, en tant que tel, concerné par tout ce qui est humain. Seul, il avait codifié une gamme de coutumes acceptées par différents peuples et comprenant les rituels diplomatiques, les lois de la guerre, les droits de conquête, la morale publique et les bonnes manières, les techniques du commerce, de la religion et du gouvernement.

Le Reste – figure s'il en était du dissemblable, de la différence et du pouvoir pur du négatif – constituait la manifestation par excellence de l'existence objectale. L'Afrique, de manière générale, et le Nègre, en particulier, étaient présentés comme les symboles accomplis de cette vie végétale et bornée. Figure en excès de toute figure et donc foncièrement infigurable, le Nègre en particulier était l'exemple accompli de cet être-autre, puissamment travaillé par le

1 Voir à ce sujet Josiah C. Nott, *Types of Mankind*, Trubner & Co, Londres, 1854 ; puis les trois volumes de James Bryce, *The American Commonwealth*, Macmillan, New York, 1888 ; puis, du même auteur, *The Relations of the Advanced and the Backward Races of Mankind*, Clarendon Press, Londres, 1902, et *Impressions of South Africa*, Macmillan, Londres, 1897 ; Charles H. Pearson, *National Life and Character. A Forecast*, Macmillan, Londres, 1893 ; Lowe Kong Meng, Cheok Hong Cheon et Louis Ah Mouy (dir.), *The Chinese Question in Australia 1878-79*, F. F. Bailliere, Melbourne, 1879.

vide, et dont le négatif avait fini par pénétrer tous les moments de l'existence – la mort du jour, la destruction et le péril, l'innommable nuit du monde [1]. À propos de telles figures, Hegel disait qu'elles étaient des statues sans langage ni conscience de soi ; des entités humaines incapables de se dépouiller définitivement de la figure animale à laquelle elles étaient mêlées. Au fond, il était dans leur nature d'héberger ce qui était déjà mort.

De telles figures étaient la marque des « peuples isolés et non sociables, qui, dans leur haine, se combattent à mort », se dépècent et se détruisent à la manière des animaux – une espèce d'humanité à la vie titubante et qui, confondant devenir-humain et devenir-animal, a d'elle-même une conscience finalement « dépourvue d'universalité » [2]. D'autres, plus charitables, admettaient que de telles entités n'étaient pas entièrement dépourvues d'humanité. En état de sommeil, cette humanité ne s'était cependant pas encore engagée dans l'aventure de ce que Paul Valéry appelait l'« écart sans retour ». Il était pourtant possible de l'élever jusqu'à nous. Un tel fardeau ne nous conférait cependant point le droit d'abuser de son infériorité. Au contraire, nous étions tenus par un devoir – celui de l'aider et de la protéger [3]. C'est ce qui faisait de l'entreprise coloniale une œuvre fondamentalement « civilisatrice » et « humanitaire », la violence qui en était le corollaire ne pouvant jamais être que morale [4].

C'est que, dans la façon de penser, de classifier et d'imaginer les mondes lointains, le discours européen aussi bien savant que populaire a souvent eu recours aux procédures de la fabulation. En présentant comme réels, certains et exacts des faits souvent inventés, il a esquivé la chose qu'il prétendait saisir et a maintenu avec celle-ci

---

1 Voir Pierre LAROUSSE, *Nègre, Négrier, Traite des Nègres. Trois articles du Grand Dictionnaire universel du XIXe siècle*, préface de Françoise Vergès, Bleu autour, Paris, 2009, p. 47.

2 Georg Wilhelm Friedrich HEGEL, *Phénoménologie de l'esprit*, Aubier, Paris, 1991, p. 456-463.

3 Pierre LAROUSSE, *Nègre, Négrier, Traite des Nègres*, *op. cit.*, p. 68.

4 Christopher Leslie BROWN, *Moral Capital. Foundations of British Abolitionism*, University of North Carolina Press, Chapel Hill, 2006.

un rapport fondamentalement imaginaire, au moment même où il prétendait développer à son sujet des connaissances destinées à en rendre objectivement compte. Les qualités premières de ce rapport imaginaire sont encore loin d'être totalement élucidées, mais les procédures grâce auxquelles le travail de fabulation a pu prendre corps ainsi que ses effets de violence sont, à présent, suffisamment connues. Et il y a, désormais, bien peu de choses que l'on puisse y ajouter. S'il y a cependant un objet et un lieu où cette relation imaginaire et l'économie fictionnelle qui la sous-tend se sont données à voir de la manière la plus brutale, la plus distincte et la plus manifeste, c'est bien ce signe que l'on nomme le Nègre et, par ricochet, cet apparent hors-lieu qu'on appelle l'Afrique et dont la caractéristique est de ne pas être un nom commun, encore moins un nom propre, mais l'indice d'une absence d'œuvre.

Certes, tous les Nègres ne sont pas des Africains et tous les Africains ne sont pas des Nègres. Peu importe pourtant où ils se trouvent. En tant qu'objets du discours et objets de connaissance, l'Afrique et le Nègre ont, dès le début de l'âge moderne, plongé dans une crise aiguë aussi bien la théorie du nom que le statut et la fonction du signe et de la représentation. Il en a été de même des relations entre l'être et l'apparence, la vérité et le faux, la raison et la déraison, voire le langage et la vie. Chaque fois qu'il s'est agi des Nègres et de l'Afrique en effet, la raison, ruinée et vidée, jamais n'a cessé de retourner sur elle-même et, très souvent, est venue s'abîmer dans un espace apparemment inaccessible où, le langage foudroyé, les mots eux-mêmes n'avaient plus de mémoire. Les fonctions ordinaires du langage éteintes, celui-ci s'est transformé en une fabuleuse machine dont la force tient à la fois de sa vulgarité, d'un formidable pouvoir de violation et de son indéfinie prolifération. Aujourd'hui encore, et dès lors qu'il s'agit de ces deux marques, le mot ne représente pas toujours la chose ; le vrai et le faux deviennent inextricables et la signification du signe n'est pas toujours adéquate à la chose signifiée. Le signe ne s'est pas seulement substitué à la chose. Le mot ou l'image, souvent, n'ont que peu à dire au sujet du monde objectif. Le monde des mots et des signes s'est autonomisé à un point tel qu'il n'est pas seulement devenu un écran à toute saisie du sujet, de sa vie et des conditions de sa production, mais une force propre, capable de s'affranchir de tout ancrage à la réalité. Qu'il en soit ainsi doit être attribué, en très grande partie, à la loi de la race.

Il serait erroné de croire que l'on est définitivement sorti de ce régime dont le commerce négrier, puis la colonie de plantation ou simplement d'extraction furent les scènes originaires. Dans ces fonts baptismaux de notre modernité, pour la première fois dans l'histoire humaine, le principe de race et le sujet du même nom sont mis au travail sous le signe du capital, et c'est bien ce qui distingue la traite des Nègres et ses institutions des formes autochtones de la servitude [1]. En effet, entre les XIVe et XIXe siècles, l'horizon spatial de l'Europe s'élargit considérablement. L'Atlantique, graduellement, devient l'épicentre d'une nouvelle concaténation des mondes, le lieu d'où émerge une nouvelle conscience planétaire. Cet événement fait suite aux tentatives européennes antérieures d'expansion en direction des Canaries, de Madère, des Açores et des îles du Cap-Vert, lesquelles se soldent par un début d'économie de plantations utilisant des esclaves africains [2].

La transformation de l'Espagne et du Portugal de colonies périphériques du monde arabe en moteurs de l'expansion européenne outre-Atlantique coïncide avec l'afflux d'Africains dans la péninsule Ibérique elle-même. Ils participent à la reconstruction des principautés ibériques au lendemain de la Grande Peste (*Black Death*) et de la Grande Famine du XIVe siècle. Si la plupart sont des esclaves, tel n'est pas le cas de tous. On y compte également des hommes libres. Alors que l'approvisionnement de la Péninsule en esclaves s'effectuait jusque-là par le biais des routes transsahariennes contrôlées par les Maures, un basculement s'opère vers 1440

---

1 Voir Suzanne MYERS et Igor KOPYTOFF (dir.), *Slavery in Africa. Historical and Anthropological Perspectives*, University of Wisconsin Press, Madison, 1979.

2 Sur ces développements, voir Benjamin THOMAS, Timothy HALL et David RUTHERFORD (dir.), *The Atlantic World in the Age of Empire*, Houghton Mifflin Company, Boston, 2001 ; Wim KLOOSTER et Alfred PADULA (dir.), *The Atlantic World. Essays on Slavery, Migration, and Imagination*, Pearson Prentice Hall, Upper Saddle River, NJ, 2005, p. 1-42.

lorsque les Ibériens ouvrent des contacts directs avec l'Afrique occidentale et centrale *via* l'océan Atlantique. Les premiers Noirs victimes de razzias et ayant fait l'objet d'une vente publique arrivent au Portugal en 1444. Le nombre de « prises » augmente sensiblement entre 1450 et 1500. La présence africaine s'accroît en conséquence, et des milliers d'esclaves débarquent au Portugal chaque année, au point que leur afflux déstabilise les équilibres démographiques de certaines cités ibériques [1]. C'est le cas de Lisbonne, Séville et Cadix dont près de 10 % de la population sont composés d'Africains au début du XVIe siècle. La plupart sont assignés à des tâches agricoles et domestiques [2]. Dans tous les cas, lorsque s'amorce la conquête des terres d'Amérique, Afro-Ibériens et esclaves africains font partie des équipages de marins, des postes commerciaux, des plantations et des centres urbains de l'empire [3]. Ils participent à différentes campagnes militaires (Puerto Rico, Cuba, Floride) et font partie, en 1519, des régiments d'Hernán Cortés qui font assaut sur le Mexique [4].

Après 1492 et par le biais du commerce triangulaire, l'Atlantique devient un véritable faisceau réunissant l'Afrique, les Amériques, les Caraïbes et l'Europe autour d'une économie enchevêtrée. Emboîtement de régions autrefois relativement autonomes, mais aussi vaste formation océano-continentale, cet ensemble multihémisphérique devient le moteur de transformations sans parallèles dans l'histoire du monde. Les gens d'origine africaine sont au cœur de ces nouvelles dynamiques qui impliquent d'incessantes allées et venues d'un rivage à l'autre du même océan, des ports

1 Jorge FONSECA, « Black Africans in Portugal during Cleynaerts's Visit, 1533-1538 », *in* Thomas EARLE et Kate LOWE (dir.), *Black Africans in Renaissance Europe*, Cambridge University Press, Cambridge, 1995, p. 113-121. Voir également A.C. DE C.M. SAUNDERS, *A Social History of Black Slaves and Freedmen in Portugal, 1441-1555*, Cambridge University Press, Cambridge, 1982.

2 Frédéric MAURO, *Le Portugal et l'Atlantique au XVIIe siècle (1570-1670)*, SEVEPEN, Paris, 1960.

3 Ben VINSON, *Bearing Arms for his Majesty. The Free-Colored Militia in Colonial Mexico*, Stanford University Press, Stanford, 2001.

4 Voir le cas de Juan Garrido *in* Matthew RESTALL, « Black conquistadors. Armed Africans in early Spanish America », *The Americas*, vol. 57, n° 2, octobre 2000, p. 177.

négriers d'Afrique occidentale et centrale à ceux d'Amérique et d'Europe. Cette structure de la circulation prend appui sur une économie qui elle-même exige des capitaux colossaux. Elle inclut également le transfert des métaux et autres produits agricoles et manufacturés, le développement des assurances, de la comptabilité et de l'industrie financière et la dissémination de savoir-faire et de pratiques culturelles jusque-là inconnus. Un processus inédit de créolisation est mis en branle et se solde par un intense trafic des religions, des langues, des technologies et des cultures. La conscience nègre à l'époque du premier capitalisme émerge en partie de cette dynamique du mouvement et de la circulation. Elle est, de ce point de vue, le produit d'une tradition de voyages et de déplacements. Elle prend appui sur une logique de dénationalisation de l'imagination. Ce processus de dénationalisation de l'imagination se poursuivra jusqu'au milieu du XXe siècle et accompagnera la plupart des grands mouvements nègres d'émancipation [1].

Entre 1630 et 1780, le nombre d'Africains débarquant dans les possessions atlantiques de la Grande-Bretagne dépasse de loin celui des Européens [2]. La fin du XVIIIe siècle constitue, de ce point de vue, le grand moment nègre de l'Empire britannique. Il ne s'agit pas simplement des cargos humains qui, partant des entrepôts et ports d'esclaves de l'Afrique de l'Ouest et de la baie du Biafra, déposent des hommes en Jamaïque et aux États-Unis. À côté du commerce macabre des esclaves dont l'objectif est de réaliser des profits, il existe aussi des mouvements d'Africains libres, nouveaux colons qui, hier « *black poor* » en Angleterre ou réfugiés de la guerre d'indépendance aux États-Unis, partent de la Nouvelle-Écosse, de la Virginie ou de la Caroline et s'en vont installer des colonies neuves en Afrique même, à l'exemple de la Sierra Leone [3].

---

1 Voir l'étude de Michelle Ann Stephens, *Black Empire. The Masculine Global Imaginary of Caribbean Intellectuals in the United States, 1914-1962*, Duke University Press, Durham, 2005.

2 David Eltis, *Coerced and Free Migrations. Global Perspectives*, Stanford University Press, Stanford, 2002.

3 Alexander X. Byrd, *Captives and Voyagers. Black Migrants Across the Eighteenth-Century British Atlantic World*, Louisiana State University Press, Baton Rouge, 2008 ; Philip

La transnationalisation de la condition nègre est donc un moment constitutif de la modernité et l'Atlantique son lieu d'incubation. Cette condition recouvre elle-même un éventail de situations fort contrastées. Elles vont de l'esclave de traite ayant fait l'objet d'une vente à l'esclave de peine, l'esclave de subsistance (domestique à vie), l'esclave mansé, casé, manumis, ou encore l'esclave affranchi ou l'esclave né. Entre 1776 et 1825, l'Europe perd la plus grande partie de ses colonies américaines à la faveur d'une série de révolutions, de mouvements d'indépendance et de rébellions. Les Afro-Latins avaient joué un rôle éminent dans la constitution des empires ibéro-hispaniques. Ils avaient servi non seulement comme main-d'œuvre servile, mais aussi comme *crewmen*, explorateurs, officiers, colons, propriétaires fonciers et, dans certains cas, hommes libres et propriétaires d'esclaves [1]. Lors de la dissolution des empires et des soulèvements anticoloniaux au cours du XIXe siècle, on les retrouvera dans des rôles divers, soit comme soldats, soit à la tête de mouvements politiques. Les structures impériales du monde atlantique s'étant écroulées et ayant fait place à des États-nations, les relations entre colonies et métropole changent. Une classe de Blancs créoles assoit et consolide son influence [2]. Les vieilles questions d'hétérogénéité, de différence et de liberté sont relancées, tandis que les nouvelles élites se servent de l'idéologie du *mestizaje* pour nier et disqualifier la question raciale. La contribution des Afro-Latins et des esclaves nègres au

---

D. MORGAN, « British Encounters with Africans and African-Americans, *circa* 1600-1780 », *in* Bernard BAILYN et Philip D. MORGAN (dir.), *Strangers within the Realm. Cultural Margins of the First British Empire*, University of North Carolina Press, Chapel Hill, 1991 ; Stephen J. BRADWOOD, *Black Poor and White Philantropists. London's Blacks and the Foundation of the Sierra Leone Settlement, 1786-1820*, Liverpool University Press, Liverpool, 1994 ; Ellen Gibson WILSON, *The Loyal Blacks*, G.P. Putnam's Sons, New York, 1976.

1 Matthew RESTALL, *loc. cit.*

2 Lester LANGLEY, *The Americas in the Age of Revolution, 1750-1850*, Yale University Press, New Haven, 1996 ; John LYNCH, *The Spanish American Revolutions, 1808-1826*, W.W. Norton, New York, 1986 [1973] ; John H. ELLIOTT, *Empires of the Atlantic World. Britain and Spain in America 1492-1830*, Yale University Press, New Haven, 2006.

développement historique de l'Amérique du Sud est sinon effacée, du moins sévèrement occultée [1].

Crucial, de ce point de vue, est le cas d'Haïti, dont la déclaration d'indépendance survient en 1804, près de vingt ans seulement après celle des États-Unis. Elle marque un tournant dans l'histoire moderne de l'émancipation humaine. Au cours du XVIIIe siècle en effet, siècle des Lumières, la colonie de Saint-Domingue est l'exemple classique de la plantocratie, un ordre social, politique et économique hiérarchique avec, à sa tête, un nombre relativement réduit de groupes blancs rivaux, au milieu un groupe d'hommes libres de couleur et de métis et, en bas, une large majorité d'esclaves dont plus de la moitié nés en Afrique [2]. Contrairement aux autres mouvements d'indépendance, la révolution haïtienne est le résultat de l'insurrection des esclaves. Celle-ci débouche, en 1805, sur l'une des Constitutions les plus radicales du Nouveau Monde. Cette Constitution interdit la nobilité, instaure la liberté de culte, s'attaque aux deux concepts de propriété et d'esclavage – quelque chose que la révolution américaine n'avait pas osé faire. La nouvelle Constitution d'Haïti n'abolit pas seulement l'esclavage. Elle autorise également la confiscation des terres appartenant aux colons français, décapitant au passage l'essentiel de la classe dominante ; elle abolit la distinction entre les naissances légitimes et illégitimes et pousse jusqu'à leurs ultimes conséquences les idées alors révolutionnaires d'égalité raciale et de liberté universelle [3].

---

1 Kim BUTLER, *Freedoms Given, Freedom Won. Afro-Brazilians in Post-Abolition São Paulo and Salvador*, Rutgers University Press, New Brunswick, 1998 ; João José REIS, *Slave Rebellion in Brazil. The Muslim Uprising of 1835 in Bahia*, Johns Hopkins University Press, Londres, 1993 ; Colin PALMER, *Slaves of the White God. Blacks in Mexico, 1570-1650*, Harvard University Press, Cambridge, Mass., 1976.

2 John THORNTON, « African soldiers in the Haitian revolution », *Journal of Caribbean History*, vol. 25, n° 1-2, 1991, p. 1101-1114.

3 David GEGGUS (dir.), *The Impact of the Haitian Revolution in the Atlantic World*, University of South Carolina Press, Columbia, 2001 ; Laurent DUBOIS, *A Colony of Citizens. Revolution and Slave Emancipation in the French Caribbean, 1787-1804*, University of North Carolina Press, Chapell Hill, 2004 ; Robin BLACKBURN, *The Overthrow of Colonial Slavery, 1776-1848*, Verso, Londres, 1988 ; et Robin BLACKBURN, « Haiti, slavery, and

Aux États-Unis, les premiers esclaves noirs avaient débarqué en 1619. À la veille de la révolution contre les Anglais, l'on en comptait plus de 500 000 dans les colonies rebelles. En 1776, environ 5 000 se rangèrent du côté des patriotes en tant que soldats alors que la plupart ne jouissaient guère du statut de citoyens. Pour la plupart d'entre eux, la lutte contre la domination britannique et la lutte contre le système esclavagiste allaient de pair. Désertant les plantations de la Georgie et de la Caroline du Sud, près d'une dizaine de milliers rejoignirent les troupes anglaises. Retirés dans les marais et dans les forêts, d'autres entreprirent de se battre pour leur propre libération. Au terme de la guerre, environ 14 000 Noirs, dont certains étaient désormais libres, furent évacués de Savannah, Charleston et New York et transportés en Floride, en Nouvelle-Écosse, en Jamaïque et, plus tard, en Afrique [1]. La révolution anticoloniale contre les Anglais avait abouti à un paradoxe, à savoir d'un côté l'expansion des sphères de liberté pour les Blancs, mais, de l'autre, une consolidation sans précédent du système esclavagiste. Dans une large mesure, les planteurs du Sud avaient acheté leur liberté moyennant le travail des esclaves. Grâce à cette main-d'œuvre servile, les États-Unis firent l'économie de divisions de classe au sein de la population blanche – divisions qui auraient conduit à des luttes de pouvoir aux conséquences incalculables [2].

Au cours de la période atlantique brièvement décrite plus haut, cette petite province de la planète qu'est l'Europe s'installe progressivement dans une position de capitanat sur le reste du monde. Parallèlement, se mettent en place, notamment au cours du XVIIIe siècle, plusieurs discours de vérité sur la nature, la spécificité et les formes du vivant, les qualités, traits et caractères des êtres humains, voire de populations entières que l'on spécifie en termes

---

the age of the democratic revolution », *William and Mary Quarterly*, vol. 63, n° 3, octobre 2006, p. 643-674.

1 Sidney KAPLAN et Emma NOGRADY KAPLAN, *The Black Presence in the Era of the American Revolution*, University of Massachusetts Press, Amherst, 1989.

2 Edmund MORGAN, *American Slavery, American Freedom. The Ordeal of Colonial Virginia*, W.W. Norton & Co., New York, 1973.

d'espèces, de genres ou de races et que l'on classe le long d'une ligne verticale [1].

Paradoxalement, c'est également l'époque au cours de laquelle l'on commence à considérer les peuples et les cultures comme des individualités fermées sur elles-mêmes. Chaque communauté – voire chaque peuple – est prise pour un corps collectif unique. Elle ne serait pas seulement dotée de sa puissance propre. Elle serait également l'unité de base d'une histoire mue, pense-t-on, par des forces qui n'apparaissent que pour annihiler d'autres forces, dans une lutte à mort dont le résultat ne peut être que la liberté ou la servitude [2]. L'élargissement de l'horizon spatial européen va donc de pair avec un quadrillage et un rétrécissement de son imagination culturelle et historique, voire, dans certains cas, une relative clôture de l'esprit. En effet, une fois les genres, les espèces et les races identifiés et classés, il ne reste plus qu'à indiquer par quelles différences ils se distinguent les uns des autres. Cette relative clôture de l'esprit ne signifia point l'extinction de la curiosité en tant que telle. Mais, du Haut Moyen Âge jusqu'à l'époque des Lumières, la curiosité en tant que faculté de l'esprit et sensibilité culturelle est inséparable d'un formidable travail de fabulation qui, lorsqu'il porte notamment sur les mondes-autres, brouille systématiquement les frontières entre le croyable et l'incroyable, le merveilleux et le factuel [3].

La première grande classification des races entreprise par Buffon a lieu dans un climat où le langage sur les mondes-autres est construit sur les préjugés les plus naïfs et les plus sensualistes, tandis que des formes de vie extrêmement complexes sont ramenées à la pure simplicité des épithètes [4]. Appelons cela le moment grégaire de

---

1 Voir ce qu'en dit Michel Foucault, *Les Mots et les Choses. Une archéologie des sciences humaines*, Gallimard, Paris, 1966 (en particulier le chapitre 5).

2 Éric Vogelin, *Race et État*, Vrin, Paris, 2007, p. 265.

3 Cette clôture de l'esprit n'empêche cependant pas le développement d'un esprit de curiosité. Voir Lorraine Daston et Katharine Park, *Wonders and the Order of Nature, 1150-1750*, Zone Books, New York, 2001.

4 Georges-Louis Buffon, « Variétés dans l'espèce humaine », *in Histoire naturelle, générale et particulière, avec la description du Cabinet du Roy*, vol. 3, Imprimerie royale, Paris, 1749, p. 371-530.

la pensée occidentale. C'est celui au cours duquel le Nègre est représenté comme le prototype d'une figure préhumaine incapable de s'affranchir de son animalité, de s'autoproduire et de se soulever jusqu'à hauteur de son dieu. Enfermé dans ses sensations, il peine à briser les chaînes de la nécessité biologique, raison pour laquelle il ne parvient guère à se donner une forme véritablement humaine et à façonner son monde. C'est en cela qu'il s'éloigne de la normalité de l'espèce. Le moment grégaire de la pensée occidentale est par ailleurs celui au cours duquel, la pulsion impérialiste aidant, l'acte de saisir et d'appréhender est progressivement détaché de tout effort de connaître à fond ce dont on parle. *La Raison dans l'Histoire* de Hegel représente le point culminant de ce moment grégaire. Pendant plusieurs siècles, le concept de race – dont on sait qu'il relève, au départ, de la sphère animale – servira d'abord à nommer les humanités non européennes [1]. Ce que l'on appelle alors l'« état de race » correspond, pense-t-on, à un état de dégradation et à une défection de nature ontologique. La notion de race permet de se représenter les humanités non européennes comme frappées par un moindre être. Elles seraient le reflet appauvri de l'homme idéal duquel les séparerait un écart temporel insurmontable, une différence quasiment infranchissable. Parler d'elles, ce serait avant tout remarquer une absence – l'absence du même – ou plutôt une présence seconde, celle de *monstres* et de *fossiles*. Si le fossile, écrit Foucault, est « ce qui laisse subsister les ressemblances à travers toutes les déviations que la nature a parcourues » et s'il fonctionne d'abord comme « une forme lointaine et approximative de l'identité », le monstre, en revanche, raconte avant tout et, « comme en caricature, la genèse des différences » [2]. Sur le grand tableau des espèces, des genres, des races et des classes, le Nègre, dans son obscurité magnifique, représente la synthèse de ces deux figures. Le Nègre n'existe cependant pas en tant que tel. Il est constamment produit. Produire le Nègre, c'est produire un lien social de sujétion

1 Friedrich W. Schelling, *Introduction à la philosophie de la mythologie*, Aubier, Paris, 1945, p. 109.

2 Michel Foucault, *Les Mots et les Choses*, *op. cit.*, p. 170.

et un *corps d'extraction*, c'est-à-dire un corps entièrement exposé à la volonté d'un maître, et duquel l'on s'efforce d'obtenir le maximum de rentabilité. Objet corvéable, le Nègre est aussi le nom d'une injure, le symbole de l'homme aux prises avec le fouet et la souffrance, dans un champ de luttes opposant des groupes et fractions socio-racialement segmentés. Tel est notamment le cas dans la plupart des plantocraties insulaires des Caraïbes. Ces plantocraties sont des univers segmentaires où la loi de la race repose aussi bien sur l'affrontement entre planteurs blancs et esclaves nègres que sur l'opposition entre les Nègres et les « libres de couleur » (très souvent des mulâtres affranchis) dont certains possèdent au demeurant des esclaves.

Le Nègre de la plantation est par ailleurs une figure multiple. Il est chasseur de marrons et de fugitifs, bourreau et aide-bourreau, esclave à talent, indicateur, domestique, maître-coq, affranchi qui demeure soumis, concubine, travailleur des champs affecté à la coupe de la canne, préposé à l'usine, conducteur d'engins, accompagnateur de son maître, guerrier occasionnel. Ces positions sont loin d'être stables. Selon les circonstances, une position peut être « retournée » en une autre. La victime d'aujourd'hui peut, demain, se transformer en bourreau au service de son maître. Il n'est pas rare que l'affranchi d'hier aujourd'hui devienne lui-même un propriétaire et chasseur d'esclaves.

Par ailleurs, le Nègre de la plantation est celui qui est socialisé à la haine des autres et surtout des autres Nègres. Ce qui caractérise cependant la plantation, ce ne sont pas seulement les formes segmentaires de l'assujettissement, la méfiance, les intrigues, rivalités et jalousies, le jeu mouvant des allégeances, les tactiques ambivalentes faites de complicités, d'arrangements de toutes sortes, de conduites de différenciation sur fond de réversibilité des positions. C'est aussi le fait que le lien social d'exploitation n'est pas donné une fois pour toutes. Il est constamment remis en cause et doit être sans cesse produit et reproduit par le biais d'une violence de type moléculaire qui suture et sature la relation servile.

De temps à autre, elle explose sous la forme de soulèvements, insurrections et complots serviles. Institution paranoïaque, la plantation vit constamment sous le régime de la peur. À plusieurs égards, elle revêt tous les aspects d'un camp, d'un parc et d'une société paramilitaire. Le maître esclavagiste a beau enchaîner les coercitions, créer des chaînes de dépendance entre lui et ses esclaves, alterner terreur et évergétisme, son existence est en permanence hantée par le spectre de l'extermination. L'esclave nègre, par contre, est soit celui qui se trouve constamment au seuil de la révolte, tenté qu'il est de répondre à l'appel lancinant de la liberté ou de la vengeance, soit, dans un geste d'avilissement maximal et d'abdication radicale du sujet, celui qui cherche à protéger sa vie en se laissant utiliser dans le projet d'asservissement de soi et d'autres esclaves.

Du reste, entre 1620 et 1640, les formes de la servitude, aux États-Unis en particulier, demeurent relativement floues. Le travail libre coexiste avec le travail d'engagement (qui est une forme de servitude non définitive, à durée déterminée) et l'esclavage (héréditaire ou pas). De profondes divisions de classe existent au sein du colonat. Elles opposent aussi le colonat à la masse des asservis. Ces derniers forment, au demeurant, une classe multiraciale. C'est entre 1630 et 1680 que s'opère la bifurcation. De cette époque date véritablement la naissance de la société de plantation. Le principe de la servitude à vie des gens d'origine africaine stigmatisés du fait de leur couleur devient progressivement la règle. Les Africains et leur progéniture deviennent des esclaves à vie. Les distinctions entre servants blancs et esclaves noirs s'affirment nettement. La plantation se transforme graduellement en une institution économique, disciplinaire et pénale. Les Noirs et leurs descendants peuvent désormais être achetés pour toujours.

Tout au long du XVIIe siècle, un immense travail législatif vient sceller leur sort. La fabrication des sujets de race sur le continent américain commence par leur destitution civique, et donc leur exclusion des privilèges et droits garantis aux autres habitants des colonies. Dès lors, ils ne sont plus des hommes *comme tous les autres*. Elle se poursuit par l'extension de l'asservissement à vie à leurs enfants et à leurs descendants. Cette première phase est complétée par un long processus de construction de l'incapacité juridique. La perte du droit d'en appeler aux tribunaux fait du Noir une non-personne d'un point de vue juridique. À ce dispositif judiciaire viendront s'ajouter une série de codes de l'esclavage, eux-mêmes résultant parfois de soulèvements d'esclaves. Cette codification achevée, l'on peut dire que vers 1720 la *structure nègre du monde*, qui existait déjà dans les Indes occidentales, fait officiellement son apparition aux États-Unis et la plantation en est le corset. Quant au Nègre, il n'est désormais plus qu'un bien meuble, du moins d'un strict point de vue légal. Depuis 1670 se posait la question de savoir comment mettre au travail une grande quantité de main-d'œuvre en vue d'une production commercialisée sur de longues distances. L'invention du Nègre constitue la réponse à cette question. Le Nègre est en effet le rouage qui, en permettant de créer, par le biais de la plantation, l'une des formes les plus efficaces d'accumulation de richesses à l'époque, accélère l'intégration du capitalisme marchand, du machinisme et du contrôle du travail subordonné. La plantation représente à l'époque une innovation de taille, et pas simplement du point de vue de la privation de liberté, du contrôle de la mobilité de la main-d'œuvre et de l'application illimitée de la violence. L'invention du Nègre ouvre également la voie à des innovations cruciales dans les domaines du transport, de la production, de la commercialisation et des assurances.

Ceci dit, tous les Noirs aussi bien dans les Caraïbes qu'aux États-Unis ne sont pas des esclaves. La racialisation de la servitude aux États-Unis en particulier avait poussé les Blancs et surtout les « petits Blancs » prestataires de toutes sortes de travaux à se distinguer le plus possible des Africains réduits au statut d'esclaves. Les hommes libres éprouvaient une peur – que le mur les séparant des esclaves ne soit pas suffisamment étanche. Tout l'Hémisphère fit, à un moment ou à un autre, l'expérience d'hommes libres de couleur dont certains étaient propriétaires de terres et d'esclaves, voire d'engagés blancs. Résultat de vagues d'affranchissement là où cela était possible, et des unions mixtes entre esclaves noires et Blancs libres ou entre femmes blanches libres et Noirs, une population de libres de couleur s'était graduellement accrue. Dans les Caraïbes en particulier, le phénomène des Blancs entretenant des concubines noires devint relativement familier. Bien que la ségrégation raciale fût officiellement de rigueur, le libertinage interracial et le concubinage avec des femmes de couleur, libres ou serviles, étaient chose courante parmi les élites blanches [1].

Recalibrage

Certes, le XXIe siècle n'est pas le XIXe siècle, cette période au cours de laquelle, en lien avec la poussée coloniale en Afrique, l'on assiste à une biologisation décisive de la race en Occident. C'est également l'époque au cours de laquelle, la pensée évolutionniste darwinienne et postdarwinienne aidant, des stratégies eugénistes se répandent dans bien des pays et l'obsession de la dégénérescence et du suicide se généralise [2]. À la faveur du processus de mondialisation et des effets contradictoires que celui-ci partout provoque, la logique de race refait cependant irruption dans la conscience contemporaine [3]. À peu près partout, la fabrication des sujets de race est relancée [4]. Au préjugé de couleur hérité de la traite des esclaves et traduit dans les institutions de la ségrégation (cas des « lois Jim Crow » aux États-Unis et du régime de l'apartheid en Afrique du Sud), au racisme antisémite et au modèle colonial de bestialisation des groupes jugés inférieurs sont venus s'ajouter de

1 Sur les dilemmes résultant de cette mixité, lire Doris GARRAWAY, *The Libertine Colony. Creolization in the Early French Caribbean*, Duke University Press, Durham, 2005 (en particulier les chapitres 4 et 5). Voir, pour les États-Unis, Ira BERLIN, *Slaves Without Masters. The Free Negro in the Antebellum South*, The New Press, New York, 2007 [1974], p. xiii-xxiv ; et Caryn COSSÉ BELL, *Revolution, Romanticism, and the Afro-Creole Protest Tradition in Louisiana, 1718-1868*, Louisiana State University Press, Baton Rouge, 1997.

2 Edwin BLACK, *War Against the Weak. Eugenics and America's Campaign to Create a Master Race*, Thunder's Mouth Press, New York, 2003.

3 Étienne Balibar parle, à ce sujet, du « retour de la race » (Étienne BALIBAR, « Le retour de la race », <www.mouvements.info>, 29 mars 2007).

4 Peter WADE, *Blackness and Race Mixture. The Dynamics of Racial Identity in Colombia*, Johns Hopkins University Press, Baltimore, 1993 ; France W. TWINE, *Racism in a Racial Democracy. The Maintenance of White Supremacy in Brazil*, Rutgers University Press, New Brunswick, N.J., 1998 ; Livio SANSONE, *Blackness without Ethnicity. Constructing Race in Brazil*, Palgrave Macmillan, Basingstoke, 2003.

nouveaux invariants du racisme, sur fond de mutation des structures de la haine et de recomposition des figures de l'ennemi intime [1]. Après un bref intermède, la fin du XXe siècle et le tournant du nouveau siècle coïncident avec le retour à une compréhension biologique des distinctions entre les groupes humains [2]. Loin de marquer la fin du racisme, un nouveau déploiement de la race s'est fait jour dans la pensée génomique [3]. Qu'il s'agisse de l'exploration des bases génomiques des maladies chez certains groupes ou du traçage des racines ou des origines géographiques des individus, le recours à la génétique tend à confirmer les typologies raciales du XIXe siècle (Blanc caucasien, Noir africain, Jaune asiatique) [4]. L'on retrouve la même syntaxe raciale dans les discours sur les technologies reproductives impliquant la manipulation d'ovules et de sperme, ou encore dans ceux qui traitent des choix reproductifs sous forme de sélection des embryons, voire dans les langages concernant la planification de la vie en général [5].

Il en va de même des différentes formes de manipulation du vivant et d'hybridation des éléments organiques, animaux et artificiels. De fait, rien n'empêche que, dans un avenir plus ou moins lointain, les techniques génétiques soient utilisées pour gérer les qualités des populations et écarter, par le biais de la sélection des embryons trisonomiques ou par ceux du téromorphisme (hybridation avec des éléments animaux) ou de la « cyborgisation »

---

1 David Theo Goldberg, *The Racial State*, Blackwell, Oxford, 2002.

2 Troy Duster, « Lessons from history : why race and ethnicity have played a major role in biomedical research », *The Journal of Law, Medicine & Ethics*, vol. 34, n° 3, 2006.

3 Richard S. Cooper, Jay S. Kaufman et Ryk Ward, « Race and genomics », *New England Journal of Medecine*, vol. 348, n° 12, 2003, p. 1166-1170.

4 Alondra Nelson, « Bioscience : genetic genealogy testing and the pursuit of African ancestry », *Social Studies of Science*, vol. 38, n° 5, 2008, p. 759-783 ; Ricardo Ventura Santos et Marcos Chor Maio, « Race, genomics, identities and politics in contemporary Brazil », *Critique of Anthropology*, vol. 24, n° 4, 2004, p. 347-378.

5 Barbara A. Koenig *et alii*, *Revisiting Race in a Genomic Age*, Rutgers University Press, New Brunswick, 2008 ; Nikolas Rose, *The Politics of Life Itself. Biomedicine, Power, and Subjectivity in the Twenty-First Century*, Princeton University Press, Princeton, 2007, p. 132-139 et p. 162-249 ; Michal Nahman, « Materializing Israeliness : difference and mixture in transnational ova donation », *Science as Culture*, vol. 15, n° 3, 2006, p. 199-213.

(hybridation avec des éléments artificiels), les races jugées « indésirables ». Il n'est pas exclu non plus que l'on en arrive à un point où le rôle fondamental de la médecine ne serait plus seulement de ramener à un état de normativité l'organisme détruit par la maladie, mais où l'acte médical consisterait désormais à refaçonner, selon un processus d'ingénierie moléculaire, la vie elle-même en fonction de déterminismes raciaux. Race et racismes n'ont donc pas qu'un passé. Ils ont aussi un avenir, notamment dans un contexte où la possibilité de transformer le vivant et de créer des espèces mutantes ne relève plus uniquement de la fiction.

Les transformations du mode de production capitaliste au cours de la seconde moitié du XXe siècle n'expliquent pas à elles seules la réapparition et les diverses métamorphoses de la Bête. Mais elles en constituent l'indéniable arrière-plan, au même titre que les immenses progrès réalisés dans les domaines de la technologie, de la biologie et de la génétique [1]. Une nouvelle économie politique du vivant se met en place, irriguée par les flux internationaux de savoir et ayant pour composantes privilégiées aussi bien les cellules, les tissus, les organes, les pathologies et les thérapies que la propriété intellectuelle [2]. La réactivation de la logique de race va également de pair avec la montée en puissance de l'idéologie sécuritaire et la mise en place de mécanismes visant à calculer et à minimiser les risques, et à faire de la protection la monnaie d'échange de la citoyenneté.

Tel est notamment le cas en matière de gestion des flux et de la mobilité, dans un contexte où, pense-t-on, la menace terroriste est de plus en plus le fait d'individus regroupés en cellules et réseaux distribués à la surface de la planète. Dans ces conditions, la

---

1 David Theo GOLDBERG, *The Threat of Race. Reflections on Racial Neoliberalism*, Wiley-Blackwell, Londres, 2008 ; Paul GILROY, *Against Race*, Harvard University Press, Cambridge, Mass., 2004.

2 Sur ces discussions, voir Amade M'CHAREK, *The Human Genome Diversity Project. An Ethnography of Scientific Practice*, Cambridge University Press, Cambridge, 2005 ; Jenny REARDON, *Race to the Finish. Identity and Governance in the Age of Genomics*, Princeton University Press, Princeton, 2005 ; Sarah FRANKLIN, *Embodied Progress. A Cultural Account of Assisted Conception*, Routledge, Londres, 1997.

sanctuarisation du territoire devient une condition structurelle de la sécurité des populations. Pour être effective, cette sanctuarisation requiert que chacun reste chez soi ; que tous ceux qui se vivent sur un territoire national donné et qui bougent soient capables de prouver leur identité à tout moment ; qu'un savoir aussi exhaustif que possible soit accumulé au sujet de chaque individu ; et que le contrôle des mouvements des étrangers soit effectué aussi bien aux frontières qu'à distance, de préférence dans leur pays de départ [1]. Le grand mouvement de numérisation en cours à peu près partout dans le monde obéit en partie à cette logique, l'idée étant que toute sécurisation optimale requiert nécessairement la mise en place de dispositifs globaux de contrôle des individus et la prise de pouvoir sur un corps biologique non seulement multiple, mais aussi en mobilité.

La protection elle-même ne relève plus uniquement de l'ordre de la loi. Elle est devenue une question biopolitique. Les nouveaux dispositifs de sécurité ne reprennent pas seulement en compte des éléments des régimes antérieurs (régimes disciplinaires et de la pénalité sous l'esclavage, éléments des guerres coloniales de conquête et d'occupation, techniques juridico-légales d'exception) qu'ils font fonctionner, sur le mode nano-cellulaire, à l'intérieur des tactiques propres à l'âge génomique et de la « guerre contre la terreur ». Ils ont également recours aux techniques élaborées au cours des guerres contre-insurrectionnelles de l'époque de la décolonisation, des « guerres sales » du conflit Est-Ouest (Algérie, Vietnam, Afrique australe, Birmanie, Nicaragua) et des expériences d'institutionnalisation de dictatures prédatrices sous l'impulsion ou avec la complicité des agences de renseignement des puissances occidentales à travers le monde.

Par ailleurs, la montée en puissance de l'État sécuritaire dans les conditions actuelles s'accompagne d'une remodélisation du monde par les technologies et d'une exacerbation des formes

---

1 Sur ces mutations, voir Tamara Vukov et Mimi Sheller, « Border work : surveillant assemblages, virtual fences, and tactical counter-media », *Social Semiotics*, vol. 23, n° 2, 2013, p. 225-241.

d'assignation raciale [1]. Face à la transformation de l'économie de la violence dans le monde, les régimes démocratiques libéraux se considèrent désormais en état de guerre quasi permanente contre des ennemis nouveaux, fuyants, mobiles et réticulaires. Le théâtre de cette nouvelle forme de la guerre (qui exige une conception « totale » de la défense et un relèvement des seuils de tolérance pour l'exception et les dérogations) est à la fois externe et interne. Sa conduite impose que soient mis en place des dispositifs panoptiques serrés et un contrôle accru des personnes, de préférence à distance, *via* les traces qu'elles laissent [2]. Au paradigme classique du combat opposant deux entités sur un champ de bataille bien délimité, et où le risque de mort est réciproque, se substitue une logique verticale. Elle met aux prises deux protagonistes : une proie et un prédateur [3]. Le prédateur dispose d'une maîtrise presque exclusive des espaces aériens et s'en sert pour déterminer, à sa guise, le choix des cibles, le lieu, le temps et la nature des frappes [4]. Le caractère de plus en plus vertical de la guerre et l'utilisation croissante d'engins sans pilotes aidant, donner la mort à l'ennemi s'apparente de plus en plus à un jeu télécommandé – sadisme, spectacle et divertissement [5]. Davantage encore, la conduite de ces nouvelles formes de la guerre à distance requiert une gémellité sans précédent entre les sphères civile, policière et militaire et les sphères du renseignement.

À leur tour, les sphères du renseignement se reconfigurent. Les structures du renseignement ne sont plus uniquement de simples appareils d'État. Il s'agit désormais de chaînes sans extériorité autre

---

1 Michael Crutcher et Matthew Zook, « Placemarks and waterlines. Racialized cyberscapes in post-Katrina Google earth », *Geoforum*, vol. 40, n° 4, 2009, p. 523-534.

2 Lire Louise Amoore, « Biometric borders. Governing mobilities in the war on terror », *Political Geography*, n° 25, 2006, p. 336-351 ; et Chad Harris, « The Omniscient eye. Satellite imagery, "battlespace awareness" and the structures of the imperial gaze », *Surveillance & Society*, vol. 4, n° 1-2, 2006, p. 101-122.

3 Grégoire Chamayou, *op. cit.*

4 Caren Kaplan et Raegan Kelly, « Dead reckoning. Aerial perception and the social construction of targets », *Vectors Journal*, vol. 2, n° 2, 2006.

5 Sur les conséquences de ce travail de la mort en termes de subjectivation des tueurs, voir Peter M. Asaro, « The labor of surveillance and bureaucratized killing : new subjectivities of military drone operators », *Social Semiotics*, vol. 23, n° 2, 2013, p. 196-224.

que formelle et qui, pour fonctionner adéquatement, doivent réquisitionner un ensemble de puissances privées et se prolonger dans des grandes entités commerciales chargées, à l'occasion, d'assurer la collecte des données nécessaires à la surveillance de masse. Du coup, leur objet, c'est le monde quotidien, le monde de la vie, celui des relations, de la communication (notamment par le biais des technologies électroniques) et des transactions. La concaténation des dispositifs du marché et des dispositifs d'État n'est certes pas totale. Mais, dans les conditions contemporaines, elle a pour effet de faciliter la transformation de l'État libéral en *puissance de guerre*, à un moment où, l'on s'en rend désormais compte, le capital non seulement n'en a jamais fini avec sa phase d'accumulation primitive, mais a toujours eu recours, pour ce faire, à des *subsides raciaux*.

Dans ce contexte, le citoyen est redéfini comme le sujet et le bénéficiaire de la surveillance. Celle-ci s'exerce de manière privilégiée par le biais de la transcription des caractéristiques biologiques, génétiques et comportementales en empreintes numériques. Dans ce nouveau régime technétronique caractérisé par la miniaturisation, la dématérialisation et la fluidité dans l'administration de la violence d'État, les empreintes (digitales, de l'iris, de la rétine, de la voix, voire de la forme du visage) permettent de mesurer et d'archiver l'unicité des individus. Les parties inchangeables du corps humain deviennent la pierre angulaire de systèmes inédits d'identification, de surveillance et de répression [1]. Or, si l'État sécuritaire conçoit l'identité et le mouvement des individus (ses citoyens y compris) comme sources de dangers et de risques, la généralisation de l'usage des données biométriques comme source d'identification et d'automatisation de la reconnaissance faciale vise davantage encore la constitution d'une nouvelle espèce de la population prédisposée à l'éloignement et à l'enfermement [2]. C'est

---

1 Ayse Ceyhan, « Technologie et sécurité : une gouvernance libérale dans un contexte d'incertitudes », *Cultures & Conflits*, n° 64, hiver 2006.

2 Lara Palombo, « Mutations of the Australian Camp », *Continuum. Journal of Media & Cultural Studies*, vol. 23, n° 5, 2009, p. 613-627.

ainsi que, dans le contexte de la poussée antimigratoire en Europe, des catégories entières de la population sont indexées, puis soumises à diverses formes d'assignation raciale. Celles-ci font du migrant (légal ou illégal) la figure d'une catégorie essentielle de la différence [1]. Cette différence peut être perçue comme culturelle ou religieuse, voire linguistique. Elle est supposée s'inscrire dans le corps même du sujet migrant où elle se donne à voir sur les plans somatique, physionomique, voire génétique [2].

Pour le reste, la guerre et la race resurgissent en tant que problèmes centraux de l'ordre international. Il en est de même de la torture et des phénomènes d'incarcération de masse. La différence entre la guerre et la paix ne tend pas seulement à s'estomper. La guerre est devenue « un gigantesque processus de travail » et l'ordre militaire tend à imposer son modèle à l'« ordre public de l'état de paix » [3]. Si certaines citadelles s'effondrent, d'autres murs se fortifient [4]. Comme hier, le monde contemporain reste façonné et conditionné en profondeur par cette forme ancestrale de la vie cultuelle, juridique et politique que sont la clôture, l'enceinte, le mur, le camp, le cercle et, en fin de compte, la frontière [5]. Les procédures de différenciation, de classification et de hiérarchisation aux fins d'exclusion, d'expulsion, voire d'éradication, sont partout relancées. De nouvelles voix s'élèvent pour proclamer que l'universel humain soit n'existe pas, soit se limite à ce qui est commun non à tous les hommes, mais seulement à certains d'entre eux. D'autres font valoir la nécessité, pour chacun, de sanctuariser sa

---

1 Paul A. Silverstein, « Immigrant racialization and the new savage slot : race, migration, and immigration in the New Europe », *Annual Review of Anthropology*, vol. 34, 2005, p. 363-384.

2 Carolyn Sargent et Stephanie Larchanche, « The Muslim body and the politics of immigration in France : popular and biomedical representations of Malian migrant women », *Body & Society*, vol. 13, n° 3, 2007, p. 79-102.

3 Ernst Jünger, *L'État universel suivi de La Mobilisation totale*, Gallimard, Paris, 1962, p. 107-110.

4 Wendy Brown, *Walled States, Waning Sovereignty*, Zone Books, New York, 2010.

5 Étienne Balibar, *loc. cit.* ; et Federico Rahola, « La forme-camp. Pour une généalogie des lieux de transit et d'internement du présent », *Cultures & Conflits*, n° 68, hiver 2007.

propre loi et sa propre demeure ou habitation en vouant, d'une manière ou d'une autre, ses propres origines et sa propre mémoire au divin, les soustrayant ainsi à toute interrogation de nature historique et les arrimant pour de bon dans un champ de bout en bout théologique. Tout comme le début du XIXe siècle, le début du XXIe siècle constitue, de ce point de vue, un grand moment de division, de différenciation universelle et de quête de l'identité pure.

Le substantif « nègre »

Dans ces conditions, le substantif « nègre » – qui sert de point d'ancrage à ce livre – est moins polémique qu'il n'y paraît. En ressuscitant ce terme qui appartient à un autre âge, celui du premier capitalisme, ce n'est pas seulement la fiction d'unité dont il est porteur que nous voulons remettre en question. Déjà, en son temps, James Baldwin avait suggéré que le Nègre n'était pas donné en principe. En dépit de liens ancestraux, il n'y avait presque rien qui témoignât d'une unité automatique entre le Nègre des États-Unis, celui des Caraïbes et celui d'Afrique. À titre d'exemple, la présence des Noirs des Caraïbes aux États-Unis datait, pour le moins, du XVIIe siècle. À cette époque, des esclaves venus de La Barbade représentaient une portion importante de la population de Virginie. À plusieurs égards, la Caroline du Sud est, jusqu'au début du XVIIIe siècle, la sous-colonie de La Barbade. Le nombre des Noirs venus des Caraïbes s'accroît sensiblement au lendemain de la guerre civile. Entre 1850 et 1900, il passe de 4 067 à 20 236. La plupart des nouveaux arrivants sont des artisans, des enseignants, des prédicateurs, voire des hommes de droit et des médecins [1]. La contribution des Afro-Caribéens à l'internationalisme nègre et à la montée du radicalisme aux États-Unis et en Afrique fut considérable. Au détour des conflits de divers ordres qui accompagnèrent

---

1 Ira Reid, *The Negro Immigrant. His Background, Characteristics and Social Adjustment, 1899-1937*, Columbia University Press, New York, 1939.

ce processus fut révélée, par ailleurs, la distance qui, en bien des cas, séparait les Nègres d'Amérique et ceux des îles [1].

L'Afrique, les Nègres d'Amérique et des Caraïbes devaient apprendre à l'éprouver – et d'abord sur le mode d'un différend [2]. La plupart des penseurs noirs de l'époque revendiquent aussi bien leur africanité que leur américanité. Bien peu nombreux sont ceux qui cherchent à faire sécession [3]. Tout en constituant une minorité indésirable dans leur pays de naissance, les Nègres des États-Unis appartiennent à un « nous » américain, à une sous-culture à la fois fondamentalement américaine et *lumpen*-atlantique. D'où le motif de la « double conscience » qui, chez des auteurs comme Ralph Ellison, peut aller jusqu'au refus de reconnaître la moindre filiation africaine [4]. Pointe sèche d'une réalité devenue méconnaissable – une césure, des suspensions, la discontinuité –, ceux d'entre eux qui s'approchaient de l'Afrique ou choisissaient d'y vivre ne manquaient jamais d'être dépaysés, assaillis par son étrangeté aussi bien que par son caractère dévorant [5]. Dans les faits, leur rencontre avec les Nègres d'Afrique constituait toujours, au premier abord, une rencontre avec *un autre autrui* [6].

---

1 Lire Winston JAMES, *Holding Aloft the Banner of Ethiopia. Caribbean Radicalism in Early Twentieth-Century America*, Verso, New York, 1998.

2 Voir James BALDWIN, *Nobody…*, *op. cit.*, p. 13-55 ; ou encore Kwame Anthony APPIAH, *In My Father's House. Africa in the Philosophy of Culture*, Oxford University Press, Oxford, 1992. Voir également ce que dit Fanon dans *Peau noire, masques blancs*, *op. cit.*

3 Martin R. DELANY et Robert CAMPBELL, *Search for a Place. Black Separatism and Africa, 1860*, University of Michigan Press, Ann Arbor, 1969.

4 John CALLAHAN (dir.), *The Collected Essays of Ralph Ellison*, Random House, New York, 2003 ; John CALLAHAN et Albert MURRAY (dir.), *Trading Twelves. The Selected Letters of Ralph Ellison and Albert Murray*, The Modern Library, New York, 2000 ; et Ralph ELLISON, *Homme invisible, pour qui chantes-tu ?*, Grasset, Paris, 1969.

5 Kevin K. GAINES, *Black Expatriates and the Civil Rights Era. African Americans in Ghana*, University of North Carolina Press, Chapel Hill, 2006 ; Ibrahim SUNDIATA, *Brothers and Strangers. Black Zion, Black Slavery, 1914-1940*, Duke University Press, Durham, 2003. Plus récemment, voir Maryse CONDÉ, *La Vie sans fards*, JC Lattès, Paris, 2013 ; et Saidiya HARTMAN, *Lose Your Mother. A Journey Along the Atlantic Slave Route*, Farrar, Straus and Giroux, New York, 2008.

6 Richard WRIGHT, *Black Power. A Record of Reactions in a Land of Pathos*, Harper, New York, 1954 ; Margaret WALKER et Richard WRIGHT, *Daemonic Genius*, Warner, New York, 1988, p. 240 *sq* ; Kwame Anthony APPIAH, « A long way from home : Wright in

Ceci dit, une longue tradition de co-identification et de *souci mutuel* aura caractérisé les rapports des Nègres entre eux par-delà la dispersion [1]. Dans sa « Lettre » concernant « les relations et les devoirs des hommes libres de couleur d'Amérique à l'Afrique », Alexander Crummel pose, dès le départ, le principe d'une communauté de parenté entre l'Afrique et tous ses « enfants » et « fils » vivant dans des « pays lointains ». En vertu de cette relation de parenté et de filiation, il les appelle à faire valoir leurs droits en tant qu'héritiers. Ce droit d'héritage, dans le berceau de leurs ancêtres, ne contredit nullement, du moins à ses yeux, leur désir d'appartenir de plein droit à leur « pays de naissance », les États-Unis. Revendiquer la parenté avec l'Afrique et contribuer à sa régénération est un acte d'amour de soi et de respect de soi. C'est, dit-il, se débarrasser du linceul que les Nègres durent porter du fond du tombeau que fut l'esclavage. L'Afrique de Crummel présente deux traits. D'une part, elle est le membre amputé de l'humanité. Prostrée dans l'idolâtrie et les ténèbres, elle vit dans l'attente de la Révélation. D'autre part, l'Afrique est le pays de richesses naturelles insondables. Ses ressources minérales sont colossales. Alors que s'esquisse la course à ses trésors, ses fils au loin ne peuvent guère s'exclure d'eux-mêmes de la table du partage. L'Afrique sortira de la caverne et apparaîtra à la lumière du monde par le biais du commerce et de l'évangélisation. Son salut viendra de l'extérieur – par le biais de sa transformation en un État chrétien [2].

À cause de ce souci mutuel, la rencontre entre le Nègre des États-Unis, celui des Caraïbes et celui d'Afrique n'aura pas été qu'une rencontre avec un autre autrui. Elle aura été, en bien des cas, la rencontre avec d'*autres de ma sorte* – une humanité castrée, une

---

the Gold Coast », *in* Harold Bloom (dir.), *Richard Wright. Modern Critical Views*, Chelsea House, New York, 1987, p. 173-190 ; et Jack B. Moore, « Black Power revisited : in search of Richard Wright », *Missisipi Quarterly*, vol. 41, 1988, p. 161-186.

1 Sur les ambiguïtés de ce processus, voir James Sidbury, *Becoming African in America. Race and Nation in the Early Black Atlantic*, Oxford University Press, Oxford, 2007 ; et Clare Corbould, *Becoming African Americans. Black Public Life in Harlem, 1919-1939*, Harvard University Press, Cambridge, Mass., 2009.

2 Alexander Crummel, *The Future of Africa. Being Addresses, Sermons, Etc., Etc., Delivered in the Republic of Liberia*, Charles Scribner, New York, 1862, chap. 2 et 7 en particulier.

vie qu'il faut à tout prix tirer du cachot, et qui a besoin d'être soignée. Dans cette rencontre, l'Afrique jouera le rôle d'une force plastique, presque poético-mythique – une force qui renverra constamment à un « avant le temps » (celui de l'abaissement) ; une force qui, espère-t-on, permettra de transformer et d'assimiler le passé, de guérir les blessures les plus terribles, de réparer les pertes, de faire une histoire nouvelle avec des événements anciens et, selon les mots de Nietzsche traitant d'autre chose, de « reconstituer sur son propre fonds les formes brisées [1] ».

Mais cette constellation sera toujours travaillée en filigrane par une autre, portée par les forces qui estiment que le Nègre ne trouvera jamais ni paix, ni repos, ni liberté en Amérique. Et, pour que surgisse son génie propre, il doit émigrer [2]. Dans cette constellation, la relation entre liberté et territoire est indissociable. Il ne suffit pas de bâtir des institutions propres dans un contexte de ségrégation aggravée, d'acquérir de l'expertise, de gagner en respectabilité alors que le droit de citoyenneté est fondamentalement contesté, fragile et révocable. Encore faut-il avoir sa nation propre, un État propre à défendre [3]. Cette pensée de l'exode se consolide notamment entre 1877 et 1900. Elle s'exprime sous la forme de trois projets distincts. Le premier est un projet de colonisation. Ce projet a une dimension raciste dans la mesure où, mené en très grande partie par l'American Colonization Society, il vise à débarrasser les États-Unis de leur population noire en déportant celle-ci en Afrique. Le deuxième consiste en une émigration libre, accélérée il est vrai par la montée de la violence et du terrorisme racial dans le Sud notamment. Le troisième se situe dans le cadre de

---

1 Friedrich NIETZSCHE, *Considérations inactuelles I et II*, Gallimard, Paris, 1990 [1873-1876], p. 96.

2 Mary A. SHADD, *A Plea for Emigration : or, Notes of Canada West, in its Moral, Social, and Political Aspect : With Suggestions Respecting Mexico, W. Indies and Vancouver's Island*, George W. Pattison, Detroit, 1852 ; Martin Robinson DELANY, *The Condition, Elevation, Emigration and Destiny of Colored People of the United States : Politically Considered*, Philadelphie, 1852.

3 Sur la complexité de ces enjeux, lire Robert S. LEVINE, *Martin Delany, Frederick Douglass, and the Politics of Representative Identity*, University of North Carolina Press, Chapel Hill, 1997.

l'expansionnisme américain entre 1850 et 1900. Henry Blanton Parks, par exemple, estime que les Noirs d'Amérique et les Africains forment deux races distinctes. Du fait de leur contact prolongé avec la civilisation, les Noirs d'Amérique sont plus évolués que les indigènes d'Afrique [1]. Ces derniers ont, par contre, conservé une force primale. Conjuguée à ce que les Noirs d'Amérique auront ramené de leurs siècles d'accoutumance à la civilisation, elle est de nature à ranimer la virilité de la race nègre en général [2].

Au premier abord, la raison nègre consiste donc en une somme de voix, d'énoncés et de discours, de savoirs, de commentaires et de sottises dont l'objet est la chose ou les gens « d'origine africaine » et ce que l'on affirme être leur nom et leur vérité (leurs attributs et qualités, leur destin et ses significations en tant que segment empirique du monde). Composée de multiples strates, cette raison date pour le moins de l'Antiquité. Ses sources grecques, arabes ou égyptiennes, voire chinoises, ont fait l'objet de maints travaux [3]. Dès ses origines, elle consiste en une activité primale de fabulation. Il s'agit, pour l'essentiel, de prélever des traits réels ou avérés, de tisser des histoires et de constituer des images. L'âge moderne constitue cependant un moment décisif de sa formation grâce d'une part aux récits des voyageurs, des explorateurs, soldats et aventuriers, marchands, missionnaires et colons ; et d'autre part à la constitution d'une « science coloniale » dont l'« africanisme » est le dernier avatar. Sociétés savantes, Expositions universelles, musées, collectes des amateurs d'« art primitif », il existe une gamme d'intermédiaires et d'institutions qui, à l'époque, participent à la

---

1 Henry Blanton Parks, *Africa : The Problem of the New Century. The Part the African Methodist Episcopal Church Is to Have in its Solution*, A.M.E. Church, New York, 1899.

2 Voir l'analyse de Michele Mitchell, *Righteous Propagation. African Americans and the Politics of Racial Destiny after Reconstruction*, University of North Carolina Press, Chapel Hill, 2004, ch. 1 et 2.

3 Engelbert Mveng, *Les Sources grecques de l'histoire négro-africaine, depuis Homère jusqu'à Strabon*, Présence africaine, Paris, 1972 ; Cheikh Anta Diop, *Nations nègres et cultures*, Présence africaine, Paris, 1954, et *Antériorité des civilisations nègres. Mythe ou vérité historique ?*, Présence africaine, Paris, 1967 ; Théophile Obenga, *L'Afrique dans l'Antiquité. Égypte pharaonique, Afrique noire*, Présence africaine, Paris, 1973.

formation de cette raison et à sa transformation en sens commun ou en *habitus*.

Cette raison n'est pas qu'un système de récits et discours à prétention savante. Elle est également un réservoir dans lequel l'arithmétique de la domination de race puise ses justifications. Le souci de vérité ne lui est pas étranger, certes. Mais sa fonction est d'abord de codifier les conditions d'apparition et de manifestation d'un *sujet de race* que l'on appellera le Nègre ou, plus tard et dans les conditions coloniales, l'indigène (« Qui est-il ? » ; « À quoi le reconnaît-on ? » ; « Qu'est-ce qui le différencie de nous ? » ; « Peut-il devenir notre semblable ? » ; « Comment le gouverner et pour quelles fins ? ») [1]. Dans ce contexte, la *raison nègre* désigne aussi bien un ensemble de discours que de pratiques – le travail de tous les jours qui consista à inventer, à raconter, à répéter et à faire varier des formules, des textes, des rituels dont le but était de faire advenir le Nègre en tant que sujet de race et sauvage extériorité passible, à ce titre, de disqualification morale et d'instrumentalisation pratique. Appelons ce texte premier la *conscience occidentale du Nègre*. En cherchant à répondre à la question « Qui est-ce ? », il s'efforce de nommer une réalité qui lui est extérieure et qu'il tient à situer par rapport à un moi tenu pour le centre de toute signification. À partir de cette position, tout ce qui n'est pas identique à soi est anormal.

À ce texte premier – à la vérité une constellation qui ne cessa de se modifier avec le temps et qui, toujours, prit des formes multiples, contradictoires et divergentes – répond un second, qui se veut à la fois geste d'autodétermination, mode de présence à soi, regard intérieur et utopie critique. Ce texte second est une réponse à une autre catégorie d'interrogations posées à la première personne du singulier : « Qui suis-je ? » ; « Suis-je, en vérité, celui que l'on dit que je suis ? » ; « Est-il vrai que je ne suis rien d'autre que *ça* – mon apparaître, ce que l'on dit et voit de moi ? » ; « Quel est mon

---

1 Evelyn Baring Cromer, « The Government of subject races », *Edinburgh Review*, janvier 1908, p. 1-27 ; et *Modern Egypt*, vol. 1 et 2, Macmillan, New York, 1908.

véritable état civil et historique ? » [1]. Si la conscience occidentale du Nègre est un *jugement d'identité*, ce texte second est, *a contrario*, une *déclaration d'identité*. À travers ce texte, le Nègre dit de lui-même qu'il est celui sur qui on n'a pas prise ; celui qui n'est pas là où on le dit, encore moins là où on le cherche, mais plutôt là où il n'est pas pensé [2].

Cette seconde écriture présente un certain nombre de traits distinctifs qu'il importe de rappeler brièvement. Elle s'efforce, en premier lieu, de fonder une archive. La fondation d'une archive est, croit-on, nécessaire si l'on doit pouvoir restituer les Nègres à leur histoire. Mais elle est une tâche singulièrement compliquée. En effet, tout ce que les Nègres ont vécu comme histoire n'a pas forcément laissé de traces ; et, là où elles ont été produites, toutes les traces n'ont pas été préservées. Dès lors, comment, en l'absence de traces, sources des faits historiographiques, écrire l'histoire ? Très tôt, il apparaît donc que l'écriture de l'histoire des Nègres ne peut être faite que sur la base de fragments, lesquels sont mobilisés pour rendre compte d'une expérience elle-même fragmentée, celle d'un peuple en pointillé, en lutte pour se définir non comme un composite disparate, mais une communauté dont les taches de sang sont visibles sur toute la surface de la modernité.

Cette écriture s'efforce, par ailleurs, de faire advenir une communauté. Celle-ci doit être forgée à partir de débris dispersés dans tous les coins du monde. Dans l'Hémisphère occidental, la réalité est celle d'un groupe composé d'esclaves et d'hommes libres

---

1 À propos des diverses formulations de ces questions dans l'historiographie africaine-américaine, voir Stephen G. Hall, *Faithful Account of the Race. African American Historical Writing in Nineteenth-Century America*, University of North Carolina Press, Chapel Hill, 2009. Du côté africain, voir par exemple Cheikh Anta Diop, *Nations nègres et culture*, *op. cit.*

2 Alain Locke, « The Negro Spirituals », *in The New Negro*, Atheneum, New York, 1968 ; William E.B. Dubois, *The Souls of Black Folk*, Library of America, New York, 1990 [1903] ; Samuel A. Floyd Jr., *The Power of Black Music*, Oxford University Press, New York, 1990 ; Paul Gilroy, *The Black Atlantic. Modernity and Double Consciousness*, Harvard University Press, Cambridge, Mass., 1992, et *Darker than Blue*, Harvard University Press, Cambridge, Mass., 2010. Voir également Paul Allen Anderson, *Music and Memory in Harlem Renaissance Thought*, Duke University Press, Durham, 2001.

de couleur vivant, dans la plupart des cas, entre les zones grises d'une citoyenneté nominale, au milieu d'un État qui, tout en célébrant la liberté et la démocratie, n'en reste pas moins, dans son fondement, un État esclavagiste. Au cours de cette période, l'écriture de l'histoire a une dimension performative. La structure de cette performance est, à plusieurs égards, d'ordre théologique. L'objectif est en effet d'écrire une histoire qui rouvre, pour les descendants d'esclaves, la possibilité de redevenir des agents de l'histoire elle-même [1]. Dans le prolongement de l'Émancipation et de la Reconstruction, écrire l'histoire se conçoit, plus que jamais, comme un acte d'imagination morale. Le geste historique par excellence consiste désormais à opérer le passage du statut d'esclave à celui de citoyen *comme les autres*. La communauté nouvelle, celle des hommes libres, s'entend désormais comme celle dont les membres sont liés par la même foi et une certaine idée du travail et de la respectabilité, du devoir moral, de la solidarité et de l'obligation [2]. Cette identité morale doit cependant prendre forme dans des conditions de ségrégation, de violence extrême et de terreur raciale [3].

La déclaration d'identité caractéristique de cette seconde écriture procède cependant d'une profonde ambiguïté. En effet, bien que s'exprimant à la première personne et sur le mode

---

1 Voir, de ce point de vue, David WALKER, *David Walker's Appeal, in Four Articles ; Together with a Preamble, to the Coloured Citizens of the World, but in Particular, and Very Expressly to Those of the United States of America*, Boston, 1830 ; James W. PENNINGTON, *A Text Book of the Origin and History &c. &c. of the Colored People*, L. Skinner, Hartford, 1841 ; Robert Benjamin LEWIS, *Light and Truth. Collected from the Bible and Ancient and Modern History of the Colored and the Indian Race, from the Creation of the World to the Present*, Boston, 1844 ; et Maria W. STEWART, Productions of Mrs. Maria W. Stewart, 1835, *in* Sue E. HOUTCHINS (dir.), *Spiritual Narratives*, Oxford University Press, New York, 1988.

2 John R. OLDFIELD (dir.), *Civilization & Black Progress. Selected Writings of Alexander Crummel on the South*, University Press of Virginia, Charlottesville, 1995.

3 Certains aspects de cette terreur font l'objet d'analyses détaillées dans William E.B. DUBOIS, *Black Reconstruction in America, 1860-1880*, Atheneum, New York, 1992 [1935]. Voir également Steven HAHN, *A Nation Under Our Feet. Black Political Struggles in the Rural South from Slavery to the Great Migration*, Harvard University Press, Cambridge, Mass., 2003 ; et Crystal N. FEIMSTER, *Southern Horrors. Women and the Politics of Rape and Lynching*, Harvard University Press, Cambridge, Mass., 2009.

autopossessif, son auteur est un sujet frappé par la hantise d'être devenu étranger à lui-même, mais qui cherche néanmoins à assumer le monde dans la responsabilité en se donnant à soi-même son propre fondement [1]. L'horizon est la participation pleine et entière à l'histoire empirique de la liberté – une liberté qui n'est pas divisible, au sein d'une « humanité mondiale [2] ». Tel est donc l'autre versant de la *raison nègre* – celui-là où l'écriture cherche à conjurer le démon du texte premier et la structure d'assujettissement qu'il porte ; celui-là où la même écriture se démène pour évoquer, sauver, activer et réactualiser l'expérience originaire (la tradition) et retrouver la vérité de soi non plus hors de soi, mais à partir de son sol propre.

Il existe de profonds décalages, mais aussi d'indéniables solidarités entre ce texte second et le texte premier qu'il s'efforce de réfuter. Dans tous les cas, le texte second porte, de part en part, les traces, les marques, l'incessant bourdonnement voire, dans certains cas, la sourde injonction du premier et sa myopie, y compris là où la revendication de rupture est la plus criante. Appelons ce texte second la *conscience nègre du Nègre*. Ce texte second présente cependant des caractéristiques propres. Littéraire, biographique, historique, politique, il est le produit d'un internationalisme polyglotte [3]. Ses lieux de naissance, ce sont les grandes métropoles des États-Unis et des Caraïbes, puis d'Europe et plus tard d'Afrique. C'est au sein de ce vaste réseau mondial que circulent les idées et que se constitue un imaginaire nègre moderne [4]. Les créateurs de cet imaginaire sont, souvent, des gens en mouvement. Ils vont constamment d'un Continent à l'autre. Parfois impliqués dans la

---

1 Frantz Fanon, *Peau noire..., op. cit.*, p. 250.

2 Fabien Eboussi Boulaga, *La Crise du Muntu. Philosophie africaine et authenticité*, Présence africaine, Paris, 1977, p. 184.

3 Brent Hayes Edwards, *The Practice of Diaspora. Literature, Translation, and the Rise of Black Internationalism*, Harvard University Press, Cambridge, Mass., 2003 ; Roderick Bush, *The End of White World Supremacy. Black Internationalism and the Problem of the Color Line*, Temple University Press, Philadelphia, 2009.

4 Paul Gilroy, *L'Atlantique noire, modernité et double conscience*, Amsterdam, Paris, 2007 [1992].

vie culturelle et politique américaine et européenne, ils participent activement à la mondialisation intellectuelle de leur temps [1].

Ce texte est également le fruit d'une longue histoire de la radicalité. Celle-ci est fécondée par les luttes abolitionnistes et la résistance au capitalisme [2]. Au cours du XIXe siècle en particulier, cette résistance est en grande partie impulsée par l'anarchisme international, principal véhicule d'opposition au capitalisme, à l'esclavage et à l'impérialisme. Mais elle est également portée par de nombreux courants humanitaires et philanthropiques dont les luttes, rappelle Paul Gilroy, posent les fondements d'une généalogie alternative des droits humains. Le contenu de ce texte second est surtout marqué par l'effort des peuples soumis à la colonisation et à la ségrégation, qui cherchent désormais à se défaire des hiérarchies raciales et dont l'intelligentsia développe des formations de la conscience collective qui, tout en embrassant l'épistémologie de la lutte des classes proprement dite, s'attaquent aux dimensions ontologiques résultant de la fabrication des sujets de race [3].

La notion de *raison nègre* renvoie donc à ces différents versants d'une même trame, d'une même constellation. Davantage encore, elle se réfère à un litige, à un différend. Car, historiquement, il y a bel et bien un différend nègre indissociable de l'affaire de notre modernité. Quelque chose est en effet en question dans ce nom, qui concerne de prime abord ce que l'on a appelé l'« homme » dans sa relation avec l'animal, puis la raison dans son rapport avec l'instinct. L'expression « raison nègre » fait signe à l'ensemble des délibérations concernant la distinction entre l'impulsion de l'animal et la *ratio* de l'homme – le Nègre étant le témoin vivant de l'impossibilité même d'une telle séparation. Car, si l'on se fie à une certaine

---

1 Voir, par exemple, Bill SCHWARZ, *West Indian Intellectuals in Britain*, Manchester University Press, Manchester, 2003.

2 Peter LINEBAUGH et Marcus REDIKKER, *The Many-Headed Hydra : Sailors, Slaves, Commoners and the Hidden History of the Revolutionary Atlantic*, Beacon Press, Boston, 2001 ; Claude MCKAY, *Banjo*, Harpers, New York, 1929 ; Robin D.G. KELLEY, *Freedom Dreams. The Black Radical Imagination*, Beacon Press, New York, 2003.

3 Cedric J. ROBINSON, *Black Marxism. The Making of the Black Radical Tradition*, University of North Carolina Press, Chapel Hill, 2000.

tradition de la métaphysique occidentale, le Nègre est un « homme » qui, soit n'en est vraiment pas un pour nous, soit n'est pas comme nous. Si l'homme s'oppose à l'animalité, tel n'est pas son cas, lui qui maintient en lui, dans une certaine ambiguïté, la possibilité animale. Corps étranger dans notre monde, il est habité, sous le pli, par l'animal. Débattre de la *raison nègre*, c'est donc reprendre l'ensemble des disputes concernant les règles de définition du Nègre ; ce par quoi on le reconnaît ; ce par quoi l'on parvient à identifier l'esprit animal qui le possède ; les conditions dans lesquelles la *ratio* peut pénétrer et gouverner cette *animalitas*.

Deuxièmement, cette expression renvoie aux technologies (lois, règlements, rituels) que l'on déploie et aux dispositifs que l'on met en place dans le but de soumettre l'animalité au calcul. Le calcul a pour visée finale d'inscrire l'animal dans le cercle de l'extraction. Or, cette tentative d'inscription est, par principe, paradoxale. D'un côté, elle exige que soit mesuré et calculé le prix de ce qui *est*, simplement (facticité), mais n'a presque pas de prix puisque vide de toute valeur ; ce qui apparemment est sans valeur foncière ou dont la valeur n'est jamais que potentielle. De l'autre, une telle opération dévoile la difficulté de mesurer ce qui est incalculable. Cette difficulté découle en partie du fait que *cela* qui doit être calculé fait partie des choses ontologiques que la pensée elle-même ne peut pas penser, mais qu'elle se démène pourtant à vouloir penser – comme dans le vide. Finalement, ce terme renvoie à ce qui, par principe, n'exige aucun compte à rendre puisque, étant hors compte et n'étant pas susceptible d'être compté, il participe d'une anti-économie. Il n'est nul besoin de le justifier puisqu'il ne fonde absolument rien. Il n'est nul besoin, par ailleurs, de rendre compte puisque, en rigueur de termes, il n'est pas fondé en droit et aucun calcul proprement dit ne peut jamais en garantir, avec assurance, le prix ou la valeur exacts.

Apparences, vérité et simulacres

Ceci dit, quand on parle d'elle, que veut dire à proprement parler le mot « race » ? Il ne suffit pas de dire de la race qu'elle n'a pas d'essence ; qu'elle n'est rien d'autre que l'effet, le profil, la découpe mobile d'un perpétuel procès de pouvoir, d'incessantes transactions qui en modifient, déplacent et font glisser le contenu ; ou encore que, n'ayant pas d'entrailles puisque n'ayant pas d'intérieur, elle consiste simplement en les pratiques qui la constituent comme telle [1]. De même ne suffit-il pas d'affirmer qu'elle est un complexe de microdéterminations, un effet internalisé du regard d'autrui et une manifestation de croyances et désirs aussi bien inassouvis qu'inavouables [2]. D'une part, race et racisme font partie des processus fondamentaux de l'inconscient. En cela, ils ont trait aux impasses du désir humain – appétits, affects, passions et craintes. Ils se symbolisent avant tout du souvenir d'un désir originaire manqué, ou encore d'un traumatisme dont les causes n'ont souvent rien à voir avec celui ou celle qui est la victime du racisme. D'autre part, la race ne relève pas seulement d'un effet optique. Elle n'ouvre pas seulement sur un monde de sensations. Elle est aussi une manière d'asseoir et d'affirmer la puissance. Elle est surtout une réalité spéculaire et une force pulsionnelle. Pour qu'elle puisse opérer en tant qu'affect, pulsion et *speculum*, la race doit se faire image, forme, surface, figure et surtout structure imaginaire. Et c'est en tant que structure imaginaire qu'elle échappe aux limitations du concret, du sensible, voire du fini, tout en participant de, et en se manifestant immédiatement dans, le sensible. Sa force provient de sa capacité à produire sans cesse des objets schizophréniques, à peupler et à repeupler le monde de substituts, des êtres à désigner, à casser, en soutien désespéré de la structure d'un *je* qui défaille.

Par ailleurs, le propre de la race ou du racisme est de toujours susciter ou engendrer un double, un substitut, un équivalent, un masque, un simulacre. Un visage humain authentique est convoqué à la vue. Le travail du racisme consiste à le reléguer à l'arrière-fond ou à le recouvrir d'un voile. À la place de ce visage,

---

1 Voir ce que disait de l'État Michel FOUCAULT, *La Naissance de la biopolitique. Cours au Collège de France, 1978-1979*, Gallimard, Paris, 2004, p. 79.

2 Frantz FANON, *Peau noire…, op. cit.*

l'on fait remonter des profondeurs de l'imagination un fantôme de visage, un simulacre de visage, voire une silhouette qui, ce faisant, prennent la place d'un corps et d'un visage d'homme. Le racisme consiste dès lors, avant tout, à substituer à cela qui est quelque chose d'autre, une autre réalité. Puissance de détournement du réel et fixateur d'affects, il est également une forme de dérangement psychique, ce par quoi le matériel refoulé remonte brutalement à la surface. Pour le raciste, voir un Nègre, c'est ne pas voir qu'il n'est pas là ; qu'il n'existe pas ; qu'il n'est que le point de fixation pathologique d'une absence de relation. La race, il nous faut donc la considérer comme étant à la fois un en deçà et un au-delà de l'être. Elle est une opération de l'imaginaire, le lieu de la rencontre avec la part d'ombre et les régions obscures de l'inconscient.

L'on vient de faire valoir que la race est un lieu de réalité et de vérité – la vérité des apparences. Mais elle est aussi un lieu de déchirure, d'effervescence et d'effusion. La vérité de l'individu assigné à une race est à la fois ailleurs et dans les apparences qui lui sont assignées. Elle est derrière les apparences, en dessous de ce que l'on perçoit. Mais elle est aussi constituée par l'acte même d'assignation – ce par le moyen de quoi certaines formes d'infra-vie sont produites et institutionnalisées, l'indifférence et l'abandon justifiés, la part de l'humain chez l'Autre violée, voilée ou occultée et certaines formes d'internement, voire de mise à mort, rendues acceptables. Traitant du racisme en particulier et de son inscription dans les mécanismes de l'État et du pouvoir, Michel Foucault ne disait-il pas à ce propos qu'il n'y avait guère de fonctionnement moderne de l'État qui, « à un certain moment, à une certaine limite, et dans certaines conditions, ne passe par le racisme » ? La race, le racisme, précisait-il, « c'est la condition d'acceptabilité de la mise à mort dans une société de normalisation ». Et de conclure : « La fonction meurtrière de l'État ne peut être assurée, dès lors que l'État fonctionne sur le mode du biopouvoir, que par le racisme [1]. »

---

1 Michel Foucault, *« Il faut défendre la société ». Cours au Collège de France, 1976*, Seuil/Gallimard, Paris, 1997, p. 227-228.

Celui qui est assigné à une race n'est pas passif. Emprisonné dans une silhouette, il est séparé de son essence. D'après Fanon, l'une des raisons du malheur de son existence est d'habiter cette séparation comme son véritable être, de haïr celui qu'il est et de chercher à être celui qu'il n'est pas. La critique de la race est, de ce point de vue, plus qu'une simple critique de la séparation. Quant à la *scène raciale*, elle est un espace de stigmatisation systématique. L'appel à la race ou encore l'invocation de la race, notamment chez l'opprimé, sont par contre l'emblème d'un désir par essence obscur, ténébreux et paradoxal – le désir de communauté [1]. Désir obscur, ténébreux et paradoxal puisqu'il est doublement habité par la mélancolie et le deuil et par la nostalgie d'un *ça* archaïque à jamais frappé par la disparition. Ce désir est à la fois inquiétude et angoisse – liées à la possibilité d'extinction – et projet. Mieux, il est aussi le langage de la déploration et d'un deuil rebelle à son nom. Il s'articule autour, et se crée au détour, d'un effroyable souvenir – le souvenir d'un corps, d'une voix, d'un visage, d'un nom sinon perdus, du moins violés et souillés, mais qu'il faut à tout prix sauver et réhabiliter [2].

Ainsi, pour les Nègres confrontés à la réalité de l'esclavage, cette perte est d'abord d'ordre généalogique. Dans le Nouveau Monde, l'esclave noir est juridiquement déchu de toute parenté. Il est, de ce fait, un « sans-parents ». La condition de « sans-parents » (*kinlessness*) lui est imposée par la loi et par la force. Cette éviction de l'ordre de la parenté légale est, d'autre part, une condition héritée. Naissance et descendance ne donnent droit à aucune relation d'appartenance sociale en tant que telle [3]. Dans ces conditions, l'invocation de la race ou l'effort de constitution d'une

1 Éric Vogel, *Race et communauté*, Vrin, Paris, 2007.

2 Lire, sur ce plan, John Ernest, *op. cit.* (chapitres 1 à 4 notamment).

3 C'est ce qu'explique bien Frederick Douglass, *My Bondage and My Freedom in Autobiographies*, Library of America, New York, 1994 [1855], p. 149. Lire également Hortense J. Spillers, « Mama's Baby, Papa's Maybe : An American Grammar Book », *in Black, White, and in Color : Essays on American Literature and Culture*, University of Chicago Press, Chicago, 2003 et la synthèse de Nancy Bentley, « The Fourth Dimension : Kinlessness and African American Narrative », *Critical Inquiry*, vol. 35, n° 2, 2009.

communauté raciale visent d'abord à faire naître un lien et à faire surgir un lieu où l'on puisse se tenir debout en réponse à une longue histoire de subjugation et de fracture biopolitique. Chez Aimé Césaire ou les poètes de la Négritude par exemple, l'exaltation de la « race nègre » est un immense cri dont la fonction est de sauver de la déchéance absolue ce qui avait été condamné à l'insignifiance [1]. Ce cri – conjuration, annonce et protestation – exprime la volonté des esclaves et colonisés de sortir de la résignation, de *faire corps* ; de s'autoproduire en tant que communauté libre et souveraine, de préférence à travers son travail et ses œuvres propres ; ou encore de se prendre comme sa propre origine, sa propre certitude et sa propre destination dans le monde [2].

On peut donc dire de l'invocation de la race qu'elle naît d'un sentiment de perte ; de l'idée selon laquelle la communauté a fait l'objet de scission ; qu'elle est menacée d'extermination ; et qu'il faut à tout prix la refonder en lui restituant une ligne de continuité par-delà le temps, l'espace et la dislocation [3]. De ce point de vue, l'appel à la race (qui est différente de l'assignation raciale) est une manière de faire revivre le corps immolé, enseveli et sevré des liens de sang et du sol, des institutions, rites et symboles qui en faisaient précisément un corps vivant. Au cours du XIXe-début XXe siècle en particulier, tel est le sens que prend l'appel à la race dans le discours nègre. Tantôt, cet appel équivaut à la recherche d'une pureté originaire ou à un désir de séparation absolue. C'est, par exemple, le cas chez Marcus Garvey. Et tantôt, il correspond plutôt à la volonté d'échapper au principe de l'immolation et du sacrifice. Dans d'autres cas, il constitue la réponse à un désir de protection face à la menace de disparition – l'instinct de survie et de préservation. Il s'agit alors d'imaginer et de faire advenir un autre lieu où l'on puisse s'isoler afin d'être protégé. Être protégé requiert

1 Aimé Césaire, *Cahier d'un retour au pays natal*, Présence africaine, Paris, 2008 [1939].

2 Voir en particulier Marcus Garvey, *Philosophy and Opinions of Marcus Garvey. Or Africa for the Africans*, Majority Press, Dover, Mass., 1986 [1923-1925].

3 Cette thématique parcourt une grande partie des textes majeurs du XIXe siècle. Voir en particulier Edward W. Blyden, *Christianity, Islam and the Negro Race*, Black Classic Press, Baltimore, 1994 [1888].

une redistribution du sensible et de l'affect, de la perception et de la parole. Quel que soit le cas cependant, la communauté raciale est une communauté fondée sur le souvenir d'une perte – la communauté des sans-parents. Elle est une « communauté de la perte » dans le sens où, traitant de la communauté en général, Jean-Luc Nancy dit de cette dernière qu'elle est indissociable de la mort puisque c'est justement par la mort que la communauté se révèle [1].

Enfin, la race est l'une des matières premières avec laquelle on fabrique la différence et l'*excédent*, c'est-à-dire une sorte de vie qui peut être gaspillée ou dépensée sans réserve. Peu importe qu'elle n'existe pas en tant que telle et pas seulement du fait de l'extraordinaire homogénéité génétique des êtres humains. Elle continue de produire des effets de mutilation parce qu'à l'origine elle est et sera toujours ce au nom de quoi l'on opère des césures au sein de la société, l'on établit des relations de type guerrier, l'on régule les rapports coloniaux, l'on répartit et enferme des gens dont la vie et la présence sont considérées comme des symptômes d'une condition limite et dont l'appartenance est contestée parce qu'ils relèvent, dans les classifications en vigueur, de l'excédent. En tant qu'instrumentalité, la race est donc ce qui permet à la fois de nommer l'excédent et de l'affecter au gaspillage et à la dépense sans réserve. Elle est ce qui autorise à placer, au sein de catégories abstraites, ceux que l'on cherche à stigmatiser, à disqualifier moralement et, éventuellement, à interner ou à expulser. Elle est le moyen par lequel on les réifie et, sur la base de cette réification, on s'en rend maître, décidant dès lors de leur sort de manière telle que l'on ne soit point obligé d'en rendre compte. On peut donc comparer le travail de la race à une coupe sacrificielle – cette sorte d'acte dont on n'est pas obligé de répondre. Cette adresse qui reste lettre morte – voilà précisément ce qui, dans la modernité, régit le principe de race, instituant dès lors ceux qui en sont les cibles comme des figures accomplies de l'extériorité radicale.

1 Jean-Luc Nancy, *La Communauté désœuvrée*, Christian Bourgois, Paris, 1986, p. 39.

La logique de l'enclos

Historiquement, la race a toujours été une forme plus ou moins codée de découpage et d'organisation des multiplicités, de leur fixation et de leur distribution le long d'une hiérarchie et de leur répartition au sein d'espaces plus ou moins étanches – la *logique de l'enclos*. Tel était le cas sous les régimes de la ségrégation. À l'âge de la sécurité, peu importe qu'elle soit volontiers déclinée sous le signe de « la religion » ou de « la culture ». La race est ce qui permet d'identifier et de définir des groupes de populations en tant qu'elles seraient, chacune, porteuses de risques différentiels et plus ou moins aléatoires.

Dans ce contexte, les processus de racialisation visent à marquer ces groupes de populations, à fixer le plus précisément possible les limites au sein desquelles elles peuvent circuler, à déterminer le plus exactement possible les emplacements qu'elles peuvent occuper, bref, à assurer les circulations dans un sens qui permette d'écarter les menaces et d'assurer la sûreté générale. Il s'agit de trier ces groupes de populations, de les marquer à la fois comme des « espèces », des « séries » et comme des « cas », au sein d'un calcul généralisé du risque, du hasard et des probabilités, de manière à pouvoir prévenir les dangers inhérents à leur circulation et, si possible, à les neutraliser d'avance, souvent par l'immobilisation, l'incarcération ou la déportation. La race, de ce point de vue, fonctionne comme un dispositif de sécurité fondé sur ce que l'on pourrait appeler le principe de l'enracinement biologique par l'espèce. Elle est à la fois idéologie et technologie de gouvernement.

Tel était le cas sous le régime de la plantation, à l'époque de l'apartheid et sous la colonie. Dans les trois cas, elle avait pour rôle d'assigner aux êtres vivants des caractères qui permettaient de les répartir dans telle ou telle case du grand tableau des espèces humaines. Mais elle participait également d'une *bio-économie*. En la race venaient se réconcilier masses, classes et populations, c'est-à-dire les trois héritages de l'histoire naturelle, de la biologie et de l'économie politique. Le travail et la production des richesses étaient inséparables des problèmes spécifiques de la vie et de la population, de la régulation des mouvements et des déplacements, bref des processus de circulation et de capture. Et les processus de circulation et de capture constituaient une dimension centrale et des technologies de la sécurité, et des mécanismes d'inscription des gens dans des systèmes juridico-légaux différenciés.

Pour le reste, le racisme et la phobie des autres sont des phénomènes largement partagés. La logique raciste suppose un fort degré de bassesse et de stupidité. Comme l'indiquait Georges Bataille, elle implique également une forme de lâcheté – celle de l'homme qui « donne à quelque signe extérieur une valeur qui n'a d'autres sens que ses craintes, sa mauvaise conscience et le besoin de charger d'autres, dans la haine, d'un poids d'horreur inhérent à notre condition » ; les hommes, ajoutait-il, « haïssent, autant qu'il semble, dans la mesure où ils sont eux-mêmes haïssables » [1]. Il est faux de penser que la logique raciste n'est qu'un symptôme de la déprédation de classe ou que la lutte des classes est le dernier mot de la « question sociale ». Certes, race et racisme sont liés à des antagonismes reposant sur la structure économique des sociétés. Mais il n'est pas vrai que la transformation de cette structure entraîne inéluctablement la disparition du racisme. Pour une large part de l'histoire moderne, race et classe ont entretenu des rapports de co-constitution. Le système de la plantation et la colonie furent en cela des fabriques par excellence de la race et du racisme. Pour le « petit Blanc » en particulier, c'est en nourrissant et en cultivant les différences qui le séparaient du Nègre qu'il avait le sentiment d'être humain. Le sujet raciste voit en lui-même l'humanité non dans ce qui le fait la même chose que les autres, mais dans ce qui l'en distingue. La logique de race dans le monde moderne traverse la structure sociale et économique, interfère avec les mouvements du même ordre, et se métamorphose sans cesse.

En tant qu'esclave, le Nègre représente donc l'une des figures troublantes de notre modernité, dont il constitue au demeurant la part d'ombre, la part de mystère et la part de scandale. Personne

1 Georges BATAILLE, *Œuvres complètes. XII, Articles 2. 1950-1961*, Gallimard, Paris, 1988, p. 98.

humaine dont le nom est honni, le pouvoir de descendance et de génération brouillé, le visage défiguré et le travail spolié, il témoigne d'une humanité mutilée, profondément marquée au fer de l'aliénation. Mais, de par la damnation à laquelle est vouée son existence et la possibilité de soulèvement radical dont il est néanmoins porteur et qui n'est jamais complètement anéantie par les dispositifs d'asservissement, il représente également une sorte de limon de la terre, au point de confluence d'une multiplicité de demi-mondes produits par la double violence de la race et du capital. Fumiers de l'histoire et sujets par-delà la sujétion, le monde dont les esclaves ont été les auteurs reflète, au demeurant, cette sombre contradiction. Opérant du fond des cales, ils auront été les premiers soutiers de notre modernité. Et s'il est quelque chose qui, de bout en bout, hante la modernité, c'est bien la possibilité d'un événement singulier, la « révolte des esclaves », qui signerait non seulement la libération des asservis, mais aussi une radicale refonte sinon du système de la propriété et du travail, du moins des mécanismes de sa redistribution et, partant, des fondements de la reproduction de la vie elle-même.

2

Le puits aux fantasmes

« Afrique » et « Nègre » – un rapport de co-engendrement lie ces deux notions. Parler de l'une, c'est en effet évoquer l'autre. L'une donne à l'autre sa valeur consacrée. On l'a dit, tous les Africains ne sont pas des Nègres. Pourtant, si l'Afrique a un corps et si elle est un corps, un *ça*, c'est le Nègre qui le lui donne – peu importe où il se trouve dans le monde. Et si Nègre est un sobriquet, s'il est *cela*, c'est à cause de l'Afrique. Tous les deux, le *ça* et le *cela* renvoient à la différence la plus pure et la plus radicale et à la loi de la séparation. L'un se confond à l'autre et l'un pèse sur l'autre de sa lourdeur poisseuse, à la fois ombre et matière. Les deux sont le résultat d'un long processus historique de fabrication de sujets de race. C'est ce que fait valoir ce chapitre. L'on y examine la façon dont l'Afrique et le Nègre ont fini par devenir le signe d'une altérité impossible à assimiler, l'effraction même du sens, une joyeuse hystérie.

Une humanité en sursis

Mais que faut-il entendre par « Nègre » ? Il est communément admis que, d'origine ibérique, ce terme ne fait son apparition dans un texte écrit de langue française qu'au début du

XVIe siècle. Ce n'est pourtant qu'au XVIIIe siècle, c'est-à-dire au zénith de la traite des esclaves, qu'il entre définitivement dans l'usage courant [1]. Sur un plan phénoménologique, ce terme désigne au premier abord non quelque réalité signifiante, mais un gisement ou, mieux, une gangue de sottises et de fantasmes que l'Occident (et d'autres parties du monde) a tissés, et dont il a revêtu les gens d'origine africaine bien avant qu'ils ne soient pris dans les rets du capitalisme émergent des XVe et XVIe siècles. Être humain vivace et aux formes bizarres, rôti par la radiation du feu céleste, doté d'une pétulance excessive, pris sous l'empire de la joie et déserté par l'intelligence, le Nègre est avant tout un corps – gigantesque et fantastique –, un membre, des organes, une couleur, une odeur, chair et viande, une somme inouïe de sensations [2]. S'il est mouvement, celui-ci ne peut être qu'un mouvement de contraction sur place, reptation et spasme (Hegel, *La Raison dans l'Histoire*) – le frémissement de l'oiseau, le bruit des sabots de la bête. Et, si force il est, il ne pourrait s'agir que de la force brute du corps, excessive, convulsive et spasmodique, réfractaire à l'esprit ; onde, rage et nervosité tout à la fois, et dont le propre est de susciter dégoût, peur et effroi.

Ainsi de cette scène du Nègre et du petit garçon blanc décrite par Fanon : « Le nègre est une bête, le nègre est mauvais, le nègre est méchant, le nègre est laid ; tiens, un nègre, il fait froid, le nègre tremble, le nègre tremble parce qu'il a froid, le petit garçon tremble parce qu'il a peur du nègre, le nègre tremble de froid, le beau petit garçon tremble parce qu'il croit que le nègre tremble de rage, le petit garçon se jette dans les bras de sa mère : maman, le nègre va me manger [3]. » À travers un processus de dissémination, mais surtout d'inculcation, qui a fait l'objet de nombreuses études, cette

---

1 Frédéric GODEFROY, *Dictionnaire de l'ancienne langue française et de tous ses dialectes du IXe au XVe siècle*, vol. 10, H. Champion, Paris, 1902 ; *Dictionnaire de Trévoux*, édition de 1728 ; Simone DELESALLE et Lucette VALENSI, « Le mot "nègre" dans les dictionnaires de l'Ancien Régime. Histoire et lexicographie », *Langue française*, n° 15, septembre 1972.

2 Voir les remarques de PLINE L'ANCIEN, *Histoire naturelle*, vol. 6-2, Les Belles Lettres, Paris, 1980 ; AL-MAS'UDI, *Les Prairies d'or*, vol. 1, Imprimerie impériale, Paris, 1861.

3 Frantz FANON, *Peau noire…*, *op. cit.*, p. 156.

énorme gangue de sottises, de mensonges et de fantasmes est devenue une sorte d'enveloppe extérieure dont la fonction a été, depuis lors, de se substituer à leur être, leur vie, leur travail et leur langage. Revêtement extérieur à l'origine, cette enveloppe s'est stratifiée, s'est transformée en une membrure et a fini par devenir, au fil du temps, une *coque calcifiée* – une deuxième ontologie – et un chancre – une blessure vive, qui ronge, dévore et détruit celui ou celle qui en est frappé. C'est de cette blessure et des conditions de sa guérison que traite, par exemple, Frantz Fanon dans *Peau noire, masques blancs*. James Baldwin, quant à lui, compare cette blessure à un poison dont il convient de se demander ce qu'il produit en la personne qui le fabrique et le distille, et en la personne à qui il est systématiquement administré.

À partir du XIXe siècle, cette coque et ce chancre prennent une existence quasi autonome, fonctionnant tantôt à la manière d'un motif ornemental, tantôt à l'image d'un double, et, de façon plus sinistre encore, d'une *carcasse* – ce qui reste du corps après qu'il eut été dépecé ou décharné. D'un strict point de vue historique, le mot « Nègre » renvoie donc, en premier, à une fantasmagorie. L'intérêt de l'étude de cette fantasmagorie réside non seulement en ce qu'elle nous dit au sujet de ceux qui l'ont produite, mais aussi au sujet de la problématique, à la vérité vieille, du statut des apparences et de leur commerce avec la réalité – la réalité des apparences et les apparences de réalité –, la symbolique des couleurs. Et le processus de transformation des gens d'origine africaine en « Nègres », c'est-à-dire en corps d'extraction et en sujets de race, obéit, à plusieurs égards, à une triple logique d'ossification, d'empoisonnement et de calcification. Le Nègre n'est pas seulement le prototype du sujet empoisonné et carbonisé. Il est celui dont la vie est faite de débris calcinés.

Le substantif « Nègre » est, ensuite, le nom que l'on donne au produit résultant du procès par lequel les gens d'origine africaine sont transformés en *minerai* vivant dont on extrait du *métal*. Telle est sa double dimension métamorphique et économique. Si sous l'esclavage l'Afrique est le lieu privilégié d'extraction de ce minerai, la plantation dans le Nouveau Monde, par contre, est le lieu de sa fonte, et l'Europe le lieu de sa conversion fiduciaire [1]. Ce passage de l'*homme-minerai* à l'*homme-métal* et de l'*homme-métal* à l'*homme-monnaie* est une dimension structurante du premier capitalisme. L'extraction est d'abord arrachement ou séparation d'êtres humains singuliers des origines où ils tirent leur naissance. Elle est, ensuite, ablation ou extirpation – condition pour que le pressage (sans lequel il n'est point d'extraction aboutie) puisse effectivement avoir lieu. En faisant passer l'esclave par le laminoir et en le pressurant de manière à en extraire le maximum de profit, on ne convertit pas simplement un être humain en objet. On ne le marque pas seulement d'une empreinte indélébile. On produit le Nègre, c'est-à-dire, dans le cas qui nous préoccupera tout au long de ce livre, le sujet de race, ou encore la figure même de ce qui peut être tenu à une certaine distance de soi – ce dont on peut se débarrasser une fois que *cela* n'est plus utile.

Assignation, intériorisation et retournement

Repris en particulier par les mouvements européens avant-gardistes, puis par les poètes d'origine africaine, le terme « nègre » fait l'objet, au début du XXe siècle, d'un retournement radical. Plusieurs facteurs contribuent à ce retournement. La crise de conscience dans laquelle s'engouffre l'Occident à l'orée du siècle a pour pendant une réévaluation de la contribution africaine à l'histoire de l'humanité. Si, sous l'impulsion des militaires aventuriers, la propagande coloniale s'appesantit sur de supposées pratiques cannibales et les haines ancestrales qui auraient toujours opposé les indigènes entre eux, c'est dans le discours esthétique (celui de l'avant-garde notamment) que se cristallise, à partir des années 1920, la référence à l'Afrique comme terre de la différence, réservoir à mystères et royaume par excellence de la catharsis et du

1 Ian Baucom, *Specters of the Atlantic. Finance Capital, Slavery and the Philosophy of History*, Duke University Press, Durham, 2005.

magico-religieux [1]. Des masques africains, Picasso disait par exemple qu'ils étaient des « objets que des hommes avaient exécutés dans un dessein sacré et magique, pour qu'ils servent d'intermédiaire entre eux et les forces inconnues et hostiles qui les entouraient, tâchant ainsi de surmonter leur frayeur en leur donnant couleur et forme ». Dans ce commerce entre l'objet fabriqué et l'univers des formes immatérielles se trouvait, de son point de vue, le sens de la peinture. « Ce n'est pas un processus esthétique ; c'est une forme de magie qui s'interpose entre l'univers hostile et nous, une façon de saisir le pouvoir en imposant une forme à nos terreurs comme à nos désirs », concluait-il [2].

De manière plus décisive encore, l'intérêt croissant pour les cultures dites exotiques dans le courant de la première moitié du XXe siècle a lieu dans un contexte marqué par le matérialisme en politique et dans les sciences et le positivisme en philosophie. L'époque est également à la peur et à l'anxiété suscitées en partie par les guerres et surtout par la réalité de la mort de Dieu annoncée auparavant par des figures telles que Nietzsche ou Sade. L'art africain – et dans une certaine mesure le jazz – apparaît, dans ce contexte, comme la voie astrale d'un possible retour aux origines, ce grâce à quoi les puissances endormies pourraient être réveillées, les mythes et les rituels réinventés, la tradition détournée et minée, et l'inversion du temps accomplie. La figure de l'Afrique en tant que réservoir à mystères représente, au fond, le discours occidental du désir de la fête joyeuse et sauvage, sans entraves ni culpabilité, la quête d'un vitalisme sans conscience du mal – désir qui taraude l'Europe d'après-guerre.

Cette réévaluation de la contribution de l'Afrique au projet d'une humanité à venir a lieu sur fond d'un renouveau de la critique esthétique et politique anticoloniale. Cette critique est notamment le fait du mouvement surréaliste et des tenants du primitivisme. Dès les années 1920, André Breton déclare que le

---

1 Voir Georges HARDY, *L'Art nègre. L'art animiste des Noirs d'Afrique*, Laurens, Paris, 1927.

2 William RUBIN, *Le Primitivisme dans l'art du XXe siècle. Les artistes modernes devant l'art tribal*, Flammarion, Paris, 1992.

surréalisme a partie liée avec les « peuples de couleur » et qu'il existe des affinités entre la pensée dite primitive et la pensée surréaliste. Toutes les deux, affirme-t-il, visent à supprimer l'hégémonie du conscient [1]. Il s'agit, en effet, de remonter les sources perdues des fleuves et de sortir d'une histoire qui, tout en annonçant la décadence et la mort, est aussi porteuse de promesses d'éternité. Le « modèle nègre », dans cette perspective, ouvre la voie à une nouvelle sorte d'écriture [2]. Il s'agit aussi de redécouvrir le caractère sauvage de la langue et de ressusciter le mot, la plénitude du langage ne s'obtenant que grâce à la plasticité de l'idiome [3].

Les relations entre les surréalistes et les militants libertaires et trotskistes après la Seconde Guerre mondiale leur permettent de nouer des rapports avec des militants anticolonialistes [4]. Cette critique esthétique mâtinée d'anarchisme et d'avant-gardisme n'est pas dénuée d'ambiguïté. D'une part, elle est largement tributaire des considérations alors en vogue sur l'« âme africaine » et l'essence supposée de l'« homme noir ». Ces constructions spéculatives sont un héritage direct de l'ethnologie occidentale et des philosophies de l'histoire qui domineront la seconde moitié du XIXe siècle. Elles reposent sur l'idée selon laquelle il existerait deux types de sociétés humaines – les sociétés primitives régies par la « mentalité sauvage » et les sociétés civilisées gouvernées par la raison et dotées, entre autres, du pouvoir que confère l'écriture. La mentalité dite sauvage serait inapte aux procès d'argumentation rationnels. Elle ne serait pas logique, mais « prélogique ». Contrairement à nous, le sauvage vivrait dans un univers de sa fabrication, imperméable à

1 André BRETON, *Entretiens, 1913-1952*, Gallimard, Paris, 1973 [1952], p. 237.

2 Jean-Claude BLACHÈRE, *Le Modèle nègre. Aspects littéraires du mythe primitiviste au XXe siècle chez Apollinaire, Cendrars et Tzara*, Nouvelles Éditions Africaines, Dakar, 1981.

3 Voir, par exemple, Filippo Tommaso MARINETTI, *Mafarka le futuriste. Roman africain*, E. Sansot, Paris, 1909 ; et Clément PANSAERS, *Le Pan Pan au Cul du Nu Nègre*, Éditions Alde, coll. « A.I.O. », Bruxelles, 1920.

4 Voir Carole REYNAUD-PALIGOT, *Parcours politiques des surréalistes, 1919-1969*, CNRS Éditions, Paris, 1995.

l'expérience et inaccessible à nos formes de pensée [1]. La race blanche serait la seule à posséder la volonté et la capacité de construire une vie historique. La race noire en particulier n'aurait ni vie, ni volonté, ni énergie propres. Consumée par d'anciennes haines ancestrales et d'interminables luttes intestines, elle tournerait en rond sur elle-même. Elle ne serait rien qu'une masse inerte, en attente d'être pétrie entre les mains d'une race supérieure [2].

S'il existe un inconscient racial de la politique nègre du monde contemporain, c'est dans ce faux savoir et cette primitive psychologie des peuples et des émotions héritée du XIXe siècle qu'il faut le chercher. C'est là que l'on retrouve une Afrique prostrée dans une enfance du monde dont les autres peuples de la terre seraient sortis il y a longtemps déjà. C'est là également que l'on retrouve le « Nègre », figure naturelle et préhistorique frappée par une sorte de cécité de la conscience, incapable de distinguer l'histoire du mystère et du merveilleux, et dont la vie s'épuise et se consomme elle-même dans l'indifférenciation de la grande nuit de l'innommé.

D'autre part, cette critique esthétique du colonialisme n'a pas totalement rompu avec le mythe de l'existence de « peuples supérieurs » – et par conséquent la menace ou la hantise de dégénérescence ou la possibilité de régénération. Elle n'a pas pris suffisamment de distance par rapport à l'idée selon laquelle le « sang noir » jouerait un rôle central dans l'éveil de l'imagination et du génie artistique. À plusieurs égards, la thématique de l'épuisement des civilisations ou encore de l'opposition entre la vigueur des sauvages et le sang épuisé des civilisés traverse les conceptions de l'art entre 1890 et 1945. Des qualités natives seraient inscrites dans le sang de chaque race. À la race nègre reviendrait l'instinct, les pulsions irrationnelles, la sensualité primaire. Une universelle puissance d'imagination serait rattachée au « principe mélanien », et

---

1 Lucien LÉVY-BRUHL, *Les Fonctions mentales dans les sociétés inférieures*, Félix Alcan, Paris, 1910. Voir, du même auteur, *La Mentalité primitive*, PUF, Paris, 1922 et *L'Âme primitive*, PUF, Paris, 1928.

2 Joseph-Arthur DE GOBINEAU, *Essai sur l'inégalité des races humaines*, in *Œuvres complètes*, tome 1, Gallimard, « Bibliothèque de la Pléiade », Paris, 1983 [1853-1855], p. 623 et p. 1146.

c'est ce qui expliquerait que soit cachée dans le sang des Nègres la source d'où les arts ont jailli [1]. Gobineau en particulier estime qu'en la race nègre réside une profusion de feu, « de flammes, d'étincelles, d'entraînement, d'irréflexion ». Reflet de la sensualité, l'imagination et « toutes les appétitions vers la matière » rendent le Nègre propre à « subir les impressions que produisent les arts, dans un degré d'intensité tout à fait inconnu aux autres familles humaines » [2].

La critique anticoloniale à caractère esthétique, avant-gardiste et anarchiste reprend une grande partie de ces mythes et stéréotypes coloniaux qu'elle s'efforce d'inverser. Elle ne remet pas en question l'existence du cannibale, d'un monde nègre fondamentalement irrationnel et sauvage. Elle cherche à embrasser tous les symptômes de la dégénérescence – en réalité des gouttes de feu – dans l'idée que là, précisément, réside la puissance ardente du Nègre, son furieux amour des formes, des rythmes et des couleurs [3].

Un mouvement similaire s'observe chez bien des poètes de la Négritude. Pour ceux-ci, le substantif « Nègre » ne renvoie plus à l'expérience du vide que l'on doit combler. Dans la création imaginaire des poètes noirs, il devient une « arme miraculeuse ». Les poètes cherchent à en faire une puissance active par le biais de laquelle les Noirs s'apparaîtront à eux-mêmes dans leur particularité et pourront pénétrer jusqu'aux sources les plus profondes de la vie et de la liberté. Substantif transformé en concept, le « Nègre » devient l'idiome par lequel les gens d'origine africaine s'annoncent eux-mêmes au monde, se montrent au monde et s'affirment eux-mêmes comme monde, à partir des ressources de leur puissance et de leur génie propre. Ce grand moment d'apparition à la vie universelle – « grand midi », dira Césaire – revêt, d'emblée, le triple trait d'une annonciation, d'une transfiguration et d'une dénonciation.

---

1 *Ibid.*, p. 472-473.

2 *Ibid.*, p. 473-474.

3 Voir Roger Shattuck, *The Banquet Years. The Origins of the Avant-Garde in France, 1885 to World War I*, Vintage Books, New York, 1968.

« Je ne cherche plus : j'ai trouvé », proclamera le même Césaire ; « ma révolte, mon nom » ; « moi homme, rien qu'homme ! [...] Je veux le seul, le pur trésor, celui qui fait largesse des autres [1] ».

Le Nègre de blanc et le Blanc de nègre

Frantz Fanon a cependant raison, qui suggérait que le Nègre était une figure ou encore un « objet » inventé par le Blanc et « fixé » comme tel par le regard, les gestes, les attitudes de ce dernier, et tissé en tant que tel « de mille détails, anecdotes, récits [2] ». L'on devrait ajouter qu'à son tour le Blanc est, à plusieurs égards, une fantaisie de l'imagination européenne que l'Occident s'est efforcé de naturaliser et d'universaliser. Le même Fanon disait d'ailleurs, à propos des deux figures, que le Noir n'existe pas, pas plus que le Blanc. À l'expérience en effet, il n'existe à proprement parler aucun être humain dont la couleur de la peau serait, *stricto sensu*, blanche – du moins dans le sens où l'on parle du blanc de papier, de la craie, du linceul ou de la chaux. Mais, si ces deux catégories ne renvoient finalement qu'à un vide, d'où est-ce que ce vide, et en l'occurrence la fantaisie du Blanc, tire donc sa force ?

Dans les colonies de peuplement, à l'exemple des États-Unis, le « Blanc » est une catégorie raciale patiemment construite au point de rencontre entre le droit et les régimes d'extorsion de la force de travail. À titre d'exemple, près d'un demi-siècle après la formation de la colonie de Virginie en 1607, les distinctions entre les Africains et les Européens soumis aux mêmes conditions brutales d'exploitation demeurent relativement fluides. Tenus pour « superflus » en Métropole, ces Européens forment, en colonie, une main-d'œuvre captive, temporaire et corvéable, dont le statut est similaire à celui des Africains avec lesquels ils partagent les mêmes pratiques de sociabilité : alcool, sexe, mariages. Au moment de leur

---

1 Aimé Césaire, « Les Armes miraculeuses », *in Œuvres complètes*, vol. 1, Éditions Désormaux, Fort-de-France, p. 107, puis p. 88-89.

2 Frantz Fanon, *Peau noire...*, *op. cit.*, p. 153 et p. 155.

affranchissement, certains Africains ont au demeurant droit à un lopin de terre. Et, sur cette base, ils réclament des droits, y compris celui de posséder des esclaves. Cette communauté subalterne par-delà la race est responsable, dans les années 1660, d'une série de rébellions (cas de la rébellion des Servants en 1661, de la rébellion de Bacon en 1676 et des émeutes du tabac en 1682).

En réponse à la menace d'insurrections répétées menées par des classes subalternes réunies par-delà la race, la Royal African Company fait l'objet d'une réorganisation en 1685. Grâce aux approvisionnements en esclaves africains, le gros de la force de travail dans la colonie est désormais composé d'esclaves. Au cours des dernières années du XVIIe siècle, la figure de l'esclave est de plus en plus racialisée. À partir de 1709, la composition de la force de travail a basculé. Le nombre d'Africains qui sont esclaves à vie dépasse de loin celui des corvéables d'origine européenne astreints aux travaux forcés temporaires et bénéficiant, au terme de leur captivité, d'un affranchissement.

Ce processus s'accompagne d'une énorme activité réglementaire dont le but est d'établir des distinctions nettes entre les corvéables et esclaves africains et les corvéables d'origine européenne. À partir de 1661, le système des peines obéit désormais à une logique explicitement raciale. Les corvéables d'origine européenne qui s'unissent aux Africains dans la pratique du marronnage voient leur période de captivité allongée. Les relations sexuelles entre les races sont bannies. La mobilité des esclaves est drastiquement réduite et les « petits Blancs » sont chargés d'assurer les patrouilles. Il est interdit à tout Nègre de porter des armes. À l'opposé, à chaque affranchi d'origine européenne il est remis un mousqueton.

Trois déterminants historiques expliquent par conséquent la force qu'est la fantaisie du Blanc. Et d'abord nombreux sont ceux qui y croient. On vient de l'expliquer : loin d'être spontanée, cette croyance a été cultivée, alimentée, reproduite et disséminée par un ensemble de dispositifs théologiques, culturels, politiques, économiques et institutionnels dont l'histoire et la théorie critique de la race ont bien rendu compte de l'évolution et des conséquences au long des siècles. Au demeurant, en plusieurs régions du monde, un immense travail fut accompli pour faire de cette croyance un dogme, un habitus. Ce fut notamment le cas aux États-Unis, dans d'autres pays esclavagistes, dans la plupart des colonies de peuplement et, jusque récemment, en Afrique du Sud où la sémiotisation de la ségrégation raciale relevait à la fois de la foi, de la doctrine et du droit, toute transgression de l'une ou de l'autre étant passible de châtiments divers, y compris la mort.

Deuxièmement, la fonction de ces dispositifs a souvent été de transformer cette croyance en sens commun et, davantage encore, en désir et fascination. Car tant que la croyance ne s'est pas faite désir et fascination, épouvante pour les uns et dividende pour les autres, elle ne peut opérer à la manière d'une puissance autonome et internalisée. La fantaisie du Blanc agit, de ce point de vue, comme une constellation d'objets de désir et de marques publiques de privilège. Ces objets et marques touchent aussi bien le corps que l'image, le langage et la richesse. Par ailleurs, l'on sait que toute fantaisie cherche toujours à s'instituer dans le réel sur le mode d'une vérité sociale effective. La fantaisie du Blanc y est parvenue parce que, *in fine*, elle est devenue la marque d'une manière occidentale de présence au monde, d'une certaine figure de la brutalité et de la cruauté, d'une forme singulière de la prédation et d'une capacité inégalée d'assujettissement et d'exploitation de peuples étrangers.

Cette puissance s'est manifestée de diverses façons selon les époques et les contextes – génocides et exterminations dans le Nouveau Monde et en Australie, traite des esclaves dans le triangle atlantique, conquêtes coloniales en Afrique, en Asie et en Amérique du Sud, apartheid en Afrique du Sud, et à peu près partout dépossessions, déprédations, expropriations et pillages au nom du capital et du profit, et, pour couronner le tout, vernacularisation de l'aliénation. C'est cette violence structurale et la façon dont elle a contribué à une redistribution profondément inégalitaire des ressources de la vie et des privilèges de la citoyenneté sur une échelle planétaire qui confèrent au fantasme du Blanc une partie de son aplomb – à quoi il faudrait ajouter les prouesses techniques et scientifiques, les créations de l'esprit, des formes d'organisation de la vie politique relativement disciplinées, du moins en apparence, et, lorsqu'il l'a fallu, cruauté sans mesure et, ainsi que le suggéra autrefois Aimé Césaire, propension au meurtre sans raison.

Chez Fanon, le terme « Nègre » relève davantage d'un mécanisme d'assignation que d'autodésignation. Je ne suis pas noir, déclare Fanon, pas plus que je ne suis un Nègre. Nègre n'est ni mon nom, ni mon prénom, encore moins mon essence et mon identité. Je suis une personne humaine et cela s'arrête là. L'Autre peut me disputer cette qualité, mais il ne parviendra jamais à m'en dépouiller ontologiquement. Le fait d'être esclave, d'être colonisé, d'être l'objet de discriminations ou de toutes sortes de brimades, vexations, privations et humiliations en vertu de la couleur de la peau n'y change absolument rien. Je demeure une personne humaine foncière quelle que soit la violence des tentatives visant à me faire croire que je n'en suis pas une. Cet *excédent inéliminable*, qui échappe à toute capture et fixation dans un statut social et juridique, et que même la mise à mort ne saurait interrompre, aucun nom, aucune mesure administrative, aucune loi ou assignation, aucune doctrine et aucun dogme ne peuvent l'effacer. « Nègre » est donc un sobriquet, la tunique dont m'a affublé quelqu'un d'autre et dans laquelle il a cherché à m'enfermer. Mais entre le sobriquet, ce qu'on veut lui faire dire et la personne humaine appelée à l'endosser, il y a quelque chose qui restera toujours de l'ordre de l'écart. Et c'est cet écart que le sujet est appelé à cultiver, voire à radicaliser.

De fait, le substantif « Nègre » aura rempli trois fonctions essentielles dans la modernité – des fonctions d'assignation, d'intériorisation et de retournement. En premier lieu, il aura servi à désigner non pas des personnes humaines *comme toutes les autres*, mais une humanité (et encore) *à part*, d'un genre particulier ; des gens qui par leurs apparences physiques, leurs us et coutumes et leurs manières d'être au monde semblaient témoigner de la *différence dans sa brute manifestation* – somatique, affective, esthétique et imaginaire. Ceux que nous appelons « les Nègres » nous seront ensuite apparus comme des gens qui, précisément du fait de leur différence ontique, représentaient jusqu'à la caricature le *principe d'extériorité* (par opposition au principe d'inclusion). Il nous aura été par conséquent très difficile d'imaginer qu'ils fussent comme nous ; qu'ils fussent des nôtres. Et justement parce qu'ils n'étaient ni comme nous, ni des nôtres, le seul lien qui pouvait nous unir à eux était – paradoxe – le *lien de séparation*. Constituant un monde *à part*, la *part à part*, ils ne pouvaient devenir les sujets à part entière de notre vie en communauté. Mise *à part*, mise à l'écart, part à part – c'est ainsi que le Nègre en vint à signifier, en son essence, et avant toute parole, l'injonction de ségrégation.

Dans l'histoire, il est arrivé que ceux qui avaient été affublés de ce sobriquet – et avaient, en conséquence, été mis *à part* ou à l'écart – aient fini par l'habiter. Celui-ci est donc passé dans l'usage commun, mais cela le rend-il plus authentique ? Dans un geste conscient de renversement parfois poétique et parfois carnavalesque, d'autres ne l'ont endossé que pour mieux retourner contre ses inventeurs ce patronyme honni, symbole de l'abjection, dont ils entendaient désormais faire un symbole de beauté et de fierté et qu'ils entendaient désormais utiliser comme l'insigne d'un défi radical, voire d'un appel au soulèvement, à la désertion et à l'insurrection. En tant que catégorie historique, le Nègre n'existe donc pas en dehors de ces trois moments que sont le moment d'assignation, le moment de reprise et d'intériorisation et le moment du retournement ou du renversement – ce dernier inaugurant par ailleurs la récupération pleine et sans condition du statut d'humanité autrefois raturé par le fer et le fouet.

Par ailleurs, le Nègre a toujours été le nom par excellence de l'esclave – l'*homme-métal*, l'*homme-marchandise* et l'*homme-monnaie*. Le complexe esclavagiste atlantique, au cœur duquel se trouve le système de la plantation dans les Caraïbes, au Brésil ou aux États-Unis, fut un chaînon manifeste dans la constitution du capitalisme moderne. Ce complexe atlantique ne produisit ni le même type de sociétés, ni les mêmes types d'esclaves que le complexe islamo-transsaharien ; ou même celui qui lia l'Afrique au monde océano-indien. Et s'il est quelque chose qui distingue les régimes de l'esclavage transatlantique des formes autochtones de l'esclavage dans les sociétés africaines précoloniales, c'est bel et bien le fait que ces dernières ne purent jamais extraire de leurs captifs une plus-value comparable à celle qui s'obtint dans le Nouveau Monde. L'esclave d'origine africaine dans le Nouveau Monde représente donc une figure relativement singulière du Nègre, celui-là dont la particularité fut d'être un des rouages essentiels d'un processus d'accumulation à l'échelle mondiale.

À travers le triple mécanisme de capture, d'évidement et d'objectification, l'esclave est arrimé de force à un dispositif qui l'empêche de faire librement de sa vie (et à partir de sa vie) une œuvre véritable ; quelque chose qui se tienne par soi et qui soit doté d'une consistance propre. En fait, tout ce que produit l'esclave lui est enlevé – produits du travail, progéniture, œuvres de l'esprit. Il n'est considéré comme l'auteur de rien qui lui appartienne en propre. Les esclaves sont, selon les circonstances, à la fois des marchandises, des objets de luxe ou d'utilité que l'on achète et que l'on peut revendre à d'autres. En même temps, ils sont des personnes humaines dotées du don de la parole et capables de créer et de manipuler des outils. Souvent privés de tout lien de parenté, ils le sont également de tout héritage et de toute jouissance des produits de leur labeur. Si leur humanité plénière est niée par ceux à qui ils appartiennent et qui en extraient du travail non rémunéré, elle n'est cependant pas entièrement effacée, du moins sur un plan purement ontologique. Elle est, par la force des choses, une *humanité en sursis*, en lutte pour sortir de la fixation et de la répétition et désireuse de rentrer dans un mouvement de création autonome.

Le propre de cette humanité suspendue, condamnée à se reconstituer sans cesse, est d'annoncer un désir radical, insubmersible et à venir de liberté ou de vengeance, surtout lorsque cette humanité ne fait pas l'objet d'une abdication radicale du sujet. En effet, même lorsqu'ils sont juridiquement définis comme des biens meubles, les esclaves demeurent toujours, malgré les pratiques de cruauté, d'avilissement et de déshumanisation, des êtres humains. Par leur labeur au service d'un maître, ils continuent de créer un monde. À travers le geste et la parole, ils tissent des relations et un univers de significations, inventent des langues, des religions, des danses et des rituels, et créent une « communauté » [1]. Leur destitution et l'abjection dont ils sont frappés n'éliminent pas entièrement leur capacité de symbolisation. De par son existence même, la *communauté des esclaves* ne cesse de déchirer le voile d'hypocrisie et de mensonge dont sont revêtues les sociétés esclavagistes. Par ailleurs, les esclaves sont capables de rébellion et, à l'occasion, ils peuvent disposer de leur propre vie à travers le suicide, dépossédant ainsi leur maître de ce qu'il considérait comme son bien et abolissant, *de facto*, le lien de servitude.

Placés de force dans un monde à part tout en gardant leurs qualités de personnes humaines par-delà la sujétion, ceux qui avaient été affublés du nom « Nègre » ont historiquement produit des pensées bien à eux, des langues propres. Ils ont inventé leurs propres littératures, leurs musiques, leurs manières de célébrer le culte divin. Ils ont été obligés de fonder leurs propres institutions – des écoles, des journaux, des organisations politiques, une sphère publique qui ne se ramenait pas à la sphère publique officielle. Dans une large mesure, le terme « Nègre » fait signe à cet état de minorisation et de claustration. Il est une sorte d'îlot de respiration dans un contexte d'oppression raciale et parfois de déshumanisation objective.

Paradoxes du nom

Le terme « Afrique » renvoie généralement à un fait physique et géographique – un continent. À son tour, ce fait géographique fait signe à un état de choses, à un ensemble d'attributs, de propriétés, voire à une condition raciale. Viennent ensuite s'accoler à ces divers renvois une série d'images, de mots, d'énoncés, de stigmates qui sont supposés épeler cet état premier, physique, géographique, climatique des choses, les attributs

1 Sur les contradictions de ce procès et le rôle des femmes, lire Angela Y. Davis, « Reflections on the Black Woman's Role in the Community of Slaves », *in* Joy James (dir.), *The Angela Y. Davis Reader*, Blackwell, Oxford, 1996, p. 111-128.

supposés des populations qui habitent cet espace, leur état de pauvreté, de spoliation et en particulier leur rapport à une forme de vie dont la durée n'est jamais certaine parce que la paillasse où superstition, mort et laideur sont allongées n'est jamais loin. « Afrique » est donc le mot par lequel l'âge moderne en particulier s'efforce de désigner deux choses. Et d'abord une certaine figure litigieuse de l'humain murée dans la précarité absolue et le vide d'être. Et ensuite la question générale de l'inextricabilité de l'humain, de l'animal et de la nature, de la mort et de la vie, de la présence de l'une dans l'autre, de la mort qui vit dans la vie et qui donne à cette dernière la rigidité d'un cadavre – la répétition de la mort dans la vie par le biais d'un jeu de dédoublement et de répétition dont l'Afrique serait le masque aussi bien que le creux solaire.

Par ailleurs, dans la conscience moderne, « Afrique » est le nom que l'on octroie généralement à des sociétés jugées impotentes, c'est-à-dire incapables de produire l'universel ou d'attester de celui-ci. D'une part, on reconnaît ces sociétés à la façon dont elles sont gouvernées. Elles sont en effet commandées par des bouffons de haut vol, des gens parés de fétiches et de plumes d'oiseaux, costumés en moines à cagoules, qui boivent les plus grands vins dans des vases en or et vont jusqu'à se prostituer le vendredi saint. Il s'agit généralement de potentats dont la tête d'homme a depuis longtemps pris une existence animale autonome, porteurs de rien sinon de cadavres d'ennemis réels et imaginaires que l'on tue net avant de les laisser sur place à la merci des corbeaux. D'autre part, il s'agit essentiellement de sociétés de la superstition. Le monde des sociétés impotentes est assujetti à, et ruiné par, la guerre tribale, la dette, la sorcellerie et la pestilence. Il est l'envers négatif de notre monde à nous puisque, pour l'essentiel, il est le symbole du geste maladroit, de la corruption du temps et de son dérèglement. D'une telle réalité, nous ne pouvons en parler que sous une forme lointaine et anecdotique, à la manière d'une parenthèse grise, comme d'une cavité invisible où les choses sont hors d'accès, où tout est vide, désert et animal, vierge et sauvage, un amas de choses groupées dans un étonnant désordre [1].

---

1 Raymond ROUSSEL, *Nouvelles Impressions d'Afrique*, Pauvert, Paris, 1963.

Figure vivante de la dissemblance, le terme « Afrique » renvoie par conséquent à un monde à part, à ce dont nous ne sommes guère responsables ; à ce avec quoi beaucoup de nos contemporains éprouvent de la difficulté à s'identifier. Monde accablé de dureté, de violence et de dévastation, l'Afrique serait le simulacre d'une force obscure et aveugle, murée dans un temps en quelque sorte pré-éthique, voire prépolitique [1]. Elle est ce avec quoi il nous est difficile d'éprouver un lien d'affinité. Car, à nos yeux, la vie là-bas n'est jamais une vie humaine tout court. Elle apparaît toujours comme la vie de quelqu'un d'autre, d'autres gens dans quelque autre lieu, loin de chez nous, ailleurs. Faute de partager un monde commun, eux et nous, la politique africaine de notre monde ne peut guère être une *politique du semblable.* Elle ne saurait être qu'une politique de la différence – la politique du Bon Samaritain, celle qui se nourrit soit du sentiment de culpabilité, soit du ressentiment, soit de la pitié, mais jamais de la justice et de la responsabilité. On a beau dire, il n'y a guère, entre eux et nous, similitude en humanité. Le lien qui nous unit à eux n'est pas un lien entre des êtres semblables. Nous ne partageons pas un monde commun. Voilà pour la fonction d'attestation.

Mais que serait l'Afrique sans les fétiches et leurs mystères ? À première vue symboles de la pétrification, de l'érosion et de la fossilisation, ils représentent la porte d'entrée dans la « terre des 50 degrés à l'ombre, des convois d'esclaves, des festins cannibales, des crânes vides, de toutes les choses qui sont mangées, corrodées, perdues [2] ». À travers eux, mythe et réalité, pour la première fois, donnent l'impression de coïncider. Une fois cette infranchissable frontière franchie, le rêve d'un ailleurs libérateur et cathartique devient possible. L'écriture aussi. Possédé par l'Afrique, l'on peut enfin changer d'identité, briser la barrière de l'altérité, surmonter le sentiment d'effritement, le désir de suicide et l'angoisse de la mort. Mais un tel voyage n'a de sens que parce qu'au bout se trouve

---

1 Hegel le résume mieux que quiconque dans *La Raison dans l'Histoire*, Hachette, Paris, 2012.

2 Michel Leiris, *L'Afrique fantôme*, Gallimard, Paris, 1990, p. 225.

la montagne des signes. L'on ne peut y pénétrer qu'au moyen de la danse et de la transe, sur fond des musiques de guérison, au milieu de cris, de gestes, de mouvements – la voix, le souffle, une nouvelle idée de l'homme. Trouver l'Afrique, c'est faire l'expérience d'une perte identitaire qui autorise la possession. C'est se soumettre à la violence du fétiche qui nous possède et vivre, à travers cette perte et par la médiation du fétiche, une jouissance non symbolisable. C'est à cette condition que l'on peut déclarer, comme Michel Leiris aux portes de Gondar en Abyssinie : « Je suis un homme. J'existe [1]. » Car enfin, le fétiche aura révélé sa vraie nature : le devenir-forme de la force et le devenir-force de la forme. Cette métamorphose de la forme en force et de la force en forme étant par principe inachevée et inachevable, toute relation à l'Afrique sera, par principe, agonistique – un mélange de désir, de déception et, incidemment, de regret. Sauf si, suivant en cela Leiris, l'on en vient à comprendre que l'existence archaïque ne se trouve pas dans un ailleurs, au loin, mais en soi ; et qu'au fond l'Autre n'est rien d'autre que nous-mêmes.

Quant à la dimension polémique du terme, elle découle précisément de l'étrange puissance que porte le nom « Afrique », et la terrible ambiguïté que recèle le mot, à la manière du masque. On le sait, l'une des fonctions du masque est, toujours, de cacher un visage en le doublant – le pouvoir du double, au croisement de l'être et de l'apparence. L'autre fonction est de permettre à celui qui est masqué de voir les autres tout en n'étant pas vu ; de voir le monde à la manière d'une ombre cachée en dessous de la surface des choses. Mais, si dans le masque se croisent l'être et l'apparence, il est vrai aussi que dans l'impossibilité de voir le visage que cache le masque – cette minuscule béance – le masque toujours finit par s'autodénoncer comme masque. Or donc, dans la dramatique de l'existence contemporaine, le nom « Afrique » joue précisément la fonction d'un masque. Car, chaque fois que l'on convoque ce nom, l'on revêt automatiquement chaque corps singulier d'une multitude d'étoffes opaques. Il est, en effet, dans l'essence même de ce

---

1 Michel Leiris, *Miroirs de l'Afrique*, Gallimard, coll. « Quarto », Paris, 1996, p. 230.

nom, de toujours inviter à une opération d'effacement originaire et de voilement qui compromet la possibilité même du langage. Plus grave encore, l'Afrique n'est-elle pas le tombeau même de l'image, un énorme sarcophage où la lumière est incapable de se retourner, et les membres inaptes à permettre le déplacement ?

La dimension polémique du terme découle ensuite du fait que ce nom est, fondamentalement, une forme vide qui échappe, *stricto sensu*, au critère du vrai et du faux. Vrai, dit Gilles Deleuze, « signifie qu'une désignation est effectivement remplie par l'état de choses [...]. Faux signifie que la désignation n'est pas remplie, soit par un défaut des images sélectionnées, soit par impossibilité radicale de produire une image associable aux mots [1] ». S'agissant du terme « Afrique », tout part effectivement de l'extraordinaire difficulté de produire une image vraie associable à un mot lui aussi vrai. Car peu importe en vérité le sujet qui parle ou qui s'exprime. Chaque fois qu'il est question de l'Afrique, la correspondance entre les mots, les images et la chose importe peu, et il n'est pas nécessaire que le nom ait un répondant ou que la chose réponde à son nom. Au demeurant, la chose peut, à tout moment, perdre son nom et le nom sa chose sans que cela entraîne quelque conséquence que ce soit sur l'énoncé même, ce qui est dit et ce qui est produit, celui qui le dit et le produit. Car, ici, seul compte le pouvoir du faux.

Le nom « Afrique » renvoie donc non seulement à ce dont nul n'est censé répondre, mais encore à une sorte d'arbitraire primordial – cet arbitraire des désignations auxquelles rien en particulier ne semble devoir répondre sinon le préjugé inaugural dans sa régression infinie. En effet, lorsque l'on prononce le mot « Afrique », l'on suppose toujours, de manière générale, une abdication foncière de responsabilité. C'est le concept de tort qui est évacué par principe. L'on présuppose en outre que le non-sens est compris, déjà là, dans le mot lui-même. En d'autres termes, dire « l'Afrique » consiste donc, toujours, à bâtir des figures et des légendes – n'importe lesquelles – au-dessus d'un vide. Il suffit de choisir des mots ou des images presque semblables, d'y ajouter des

1 Gilles Deleuze, *Logique du sens*, Minuit, Paris, p. 23.

images et mots pareils mais pris dans des sens différents, et l'on finit toujours par retrouver le conte dont on avait déjà, de toutes les façons, connaissance. C'est ce qui fait de l'Afrique un ensemble proliférant par excellence, une puissance d'autant plus dévorante qu'elle ne sécrète presque jamais son propre onirisme, mais tend, presque toujours, à renvoyer au rêve d'un autre. Parce que ici le nom peut devenir objet d'un nouveau nom qui désigne tout autre chose que l'objet premier, on peut donc dire de l'Afrique qu'elle est le *symbole de ce qui est aussi bien hors-vie qu'au-delà de la vie*. Elle est ce qui s'offre à la répétition et à la réduction – la mort réitérée dans la vie et la vie qui habite le masque de la mort, aux frontières de cette impossible possibilité qu'est le langage.

Impossible possibilité pour deux raisons. Et d'abord parce que, comme le dit Foucault, le langage – et, *mutatis mutandis*, la vie elle-même – se donne à lire « comme un soleil ». Le langage, en effet, ne constitue pas seulement le lieu des formes. Il est le système même de la vie. Il est supposé donner des choses au regard, mais dans une visibilité si éclatante que cette visibilité cache ce que le langage a à dire et ce que la vie a à montrer. Il « sépare d'une mince couche de nuit l'apparence et la vérité, le masque et le visage ». Et Foucault d'ajouter : « le soleil du langage est enfoui dans le secret, mais au cœur de cette nuit où il est maintenu, il devient merveilleusement fécond, faisant naître au-dessus de lui-même, dans la lumière du jardin en fête, des machines et des cadavres automates, des inventions inouïes et de soigneuses imitations ». Pendant ce temps, la vie prend la forme d'un « imminent au-delà [1] ». Impossible possibilité aussi en raison, comme l'explique Deleuze, du paradoxe que constitue, d'un côté, « la plus haute puissance du langage » et, de l'autre, « la plus grande impuissance de celui qui parle », « mon impuissance à dire le sens de ce que je dis, à dire à la fois quelque chose et son sens » [2]. Car, comme le dit Foucault, « le langage ne parle qu'à partir d'un manque qui lui est essentiel [3] ».

1 Michel Foucault, *Raymond Roussel*, Gallimard, Paris, 1963, p. 205-206.
2 Gilles Deleuze, *op. cit.*, p. 41.
3 Michel Foucault, *op. cit.*, p. 208.

Or, à y regarder de près, le terme « Afrique » présente les mêmes caractéristiques que celles que Deleuze et Foucault croient déceler dans le langage – un écart essentiel ou, pour utiliser une fois de plus les mots de Foucault, un « creux solaire » qui éblouit, mais qui, puisqu'il est son propre miroir, entretient toujours un envers nocturne que le regard peine à traverser, et contre lequel viennent chaque fois trébucher non seulement les mots, mais la vie tout court. Au demeurant, Fanon l'avait bien compris, pour qui toute interrogation sur les conditions de production de soi en contexte colonial devait commencer par une critique du langage [1]. Cette critique de la vie en tant que critique du langage est précisément ce à quoi nous invite le terme « Afrique ».

Le kolossos *du monde*

Dans ce processus, le Nègre joue une fonction témoin. Il tient lieu de *kolossos* même du monde, le double du monde, son ombre froide. Ainsi que l'explique Jean-Pierre Vernant, le terme *kolossos* dans la Grèce ancienne désigne d'abord une effigie de dimension gigantesque. Mais il s'agit d'une effigie que l'on enterre dans une tombe vide, à côté des objets appartenant au trépassé. Dans la nuit du tombeau, le *kolossos* figure comme substitut du cadavre absent. Il y tient la place du défunt. Il ne vise pas, dit Vernant, « à reproduire les traits du défunt, à donner l'illusion de son apparence physique. Ce n'est pas l'image du mort qu'il incarne et fixe dans la pierre, c'est sa vie dans l'au-delà, cette vie qui s'oppose à celle des vivants, comme le monde de la nuit au monde de la lumière. Le *kolossos* n'est pas une image ; il est un "double", comme le mort lui-même est un double du vivant [2] ».

Le Nègre tient lieu de *kolossos* de notre monde dans l'exacte mesure où notre monde pourrait être assimilé tantôt à un immense

1 Voir le premier chapitre de Frantz FANON, *Peau noire…*, *op. cit.*

2 Jean-Pierre VERNANT, « Figuration de l'invisible et catégorie psychologique du double : le kolossos », *in Œuvres : Religions, Rationalités, Politique*, Seuil, Paris, 2007, p. 534.

tombeau vide, tantôt à une caverne. Dans cet immense tombeau vide, dire « Nègre », ce serait évoquer tous les cadavres absents dont ce nom serait le substitut. Du coup, chaque fois que l'on évoque le mot « nègre », on fait remonter à la lumière du jour les déchets de notre monde, cet excédent dont l'absence dans le tombeau est aussi insolite que terrifiante. En tant que *kolossos* du monde, le Nègre est ce feu qui éclaire les choses de la caverne, ou encore du tombeau vide qu'est notre monde, telles qu'elles sont réellement. Il est le pôle ombreux du monde, comme l'Hadès d'Homère, le royaume des choses périssables où la vie humaine se caractérise par sa fugacité et son extraordinaire fragilité. Le terme « nègre » est une sorte de *mnèma,* un signe destiné à rappeler la façon dont, dans la politique de notre monde, mort et vie en sont arrivées à être définies si étroitement l'une par rapport à l'autre qu'il est devenu presque impossible de délimiter clairement la frontière qui sépare l'ordre de la vie et l'ordre de la mort. Dans l'horizon philosophique de notre temps, le terme « Afrique » ne signifierait donc rien d'autre que cette manière de nommer la question politique de la dessiccation du vivant ; une manière d'interroger politiquement la dureté, la sécheresse et la rugosité de la vie ou encore les formes visibles, mais opaques et aveugles que la mort a fini par revêtir dans le commerce contemporain entre les vivants.

Derrière le mot – ce qu'il dit et ce qu'il cache, ou encore ce qu'il ne sait pas dire, voire ce qu'il dit sans pouvoir susciter l'*écoute* – se dressent donc une certaine figure de notre monde, de son corps et de son esprit, certaines des réalités les plus immondes de notre temps, le *scandale de l'humanité,* le témoin vivant, sans doute le plus inquiétant, de la violence de notre monde et de l'iniquité qui en est le ressort principal, celui qui pose à la pensée de notre monde et du devenir humain les exigences sans doute les plus urgentes et les plus radicales, à commencer par celles de la responsabilité et de la justice. Le mot « Afrique » tient la place d'une négation fondamentale de ces deux termes.

Cette négation est, au fond, le résultat du travail de la race – la négation de l'idée même du commun, voire d'une communauté humaine. Il contredit l'idée d'une même humanité, d'une ressemblance et d'une proximité humaine essentielle. Certes, l'Afrique géographique et humaine n'a jamais été le seul objet de cette négation. Au demeurant, un processus d'« africanisation » d'autres parties du monde est en cours. De ce fait, il y a quelque chose dans le nom qui *juge* le monde et qui appelle à la réparation, à la restitution et à la justice. Cette présence spectrale du nom au monde ne peut être comprise que dans le cadre de la critique de la race.

Partition du monde

Car, dans un passé pas très lointain, la race était, sinon la mère de la loi, du moins la langue privilégiée de la guerre sociale. Elle était l'unité de mesure de la différence et de l'inimitié, le critère déterminant de la lutte pour la vie, le principe d'élimination, de ségrégation ou de purification de la société. La « modernité » est en réalité l'autre nom du projet européen d'expansion illimitée qui se met en place durant les dernières années du XVIIIe siècle. L'une des questions politiques les plus importantes de la fin du XVIIIe siècle et du début du XIXe siècle est celle de l'expansion des empires coloniaux européens. Le XIXe siècle est le siècle triomphant de l'impérialisme. C'est l'époque au cours de laquelle, grâce au développement de la technique, aux conquêtes militaires, au commerce et à la propagation de la foi chrétienne, l'Europe exerce sur les autres peuples à travers le monde une autorité proprement despotique – la sorte de pouvoir que l'on n'exerce qu'au-delà de ses propres frontières et sur des gens avec lesquels on estime n'avoir rien en commun.

Cette question de la race et de l'absence de communauté de destin est au cœur de la pensée politique européenne pendant un demi-siècle, jusque vers 1780. Elle marque profondément la réflexion de penseurs tels que Bentham, Burke, Kant, Diderot ou Condorcet. Le libéralisme européen se forge en parallèle avec l'essor impérial. C'est au détour de cette expansion que la pensée politique libérale en Europe est confrontée à des questions telles que l'universalisme, les droits de la personne, la liberté des échanges, le rapport entre les moyens et les fins, la communauté nationale et la capacité politique, la justice internationale, voire la nature des rapports de l'Europe avec les mondes extra-européens, la relation entre un gouvernement despotique en dehors de ses frontières et un gouvernement représentatif responsable dans son pays.

À plusieurs égards, notre monde demeure, bien qu'il ne veuille l'admettre, un « monde de races ». Le signifiant racial est encore, à plus d'un titre, le langage incontournable, bien que parfois nié, du récit de soi et du monde, du rapport à l'Autre, à la mémoire et au pouvoir. La critique de la modernité demeurera inachevée tant que nous n'aurons pas compris que son avènement coïncide avec l'apparition du *principe de race* et la lente transformation de ce principe en matrice privilégiée des techniques de domination, hier comme aujourd'hui. Pour sa reproduction, le principe de race dépend d'un ensemble de pratiques dont la cible immédiate, directe, est le corps d'autrui et dont le champ d'application est la vie dans sa généralité. Ces pratiques, au départ prosaïques, disparates, plus ou moins systématiques, sont ensuite érigées en coutumes et prennent corps dans des institutions, des lois et des techniques dont on peut suivre historiquement les traces et décrire les effets. Par principe de race, il faut par ailleurs entendre une forme spectrale de la division et de la différence humaine susceptible d'être mobilisée aux fins de stigmatisation et d'exclusion, de ségrégation par lesquelles l'on cherche à isoler, à éliminer, voire à détruire physiquement un groupe humain.

Il est désormais admis que la transcription sociobiologique de la race date, pour l'essentiel, du XIXe siècle. Mais si la transcription sociobiologique de la race est un fait récent, tel n'est pas le cas du discours multiséculaire de la lutte des races dont on sait par ailleurs qu'il précède historiquement le discours sur la lutte des classes. Il se trouve cependant que, au détour de la traite des esclaves et du colonialisme, l'on assiste à un déplacement et à une jonction inédite des deux discours – le discours sur la race au sens biologique du terme (même si ce sens biologique est loin d'être stable) et le discours sur la race en tant que métaphore d'un propos plus général sur l'ancienne question de la division et de la sujétion, de la résistance et de la fragilité du politique, du lien par définition toujours ténu et pourtant inséparable entre le politique et la vie, le politique et le pouvoir de tuer ; le pouvoir et les mille manières de tuer ou de laisser (sur)vivre.

D'après Hannah Arendt, c'est en effet à la faveur de la « mêlée pour l'Afrique » que l'on a recours, pour la première fois à l'âge moderne, à la race en tant que principe du corps politique (substitut de la nation) et à la bureaucratie comme technique de domination. Même s'ils furent conçus et se développèrent indépendamment, c'est en Afrique que racisme et bureaucratie se révèlent étroitement liés pour la première fois [1]. De ce lien étroit résultent des potentialités inédites d'accumulation du pouvoir de déposséder, de produire et de gérer des déchets d'hommes. Mais la combinaison de la race et de la bureaucratie entraîne également une démultiplication des potentialités de destruction, massacre et administration servant, comme en Afrique du Sud et dans le Sud-Ouest africain, à fonder des communautés politiques gouvernées par le principe de race. La race, dit Arendt, « apportait une explication de fortune à l'existence de ces êtres qu'aucun homme appartenant à l'Europe ou au monde civilisé ne pouvait comprendre et dont la nature apparaissait si terrifiante et si humiliante aux yeux des immigrants qu'ils ne pouvaient imaginer plus longtemps appartenir au même genre humain [2] ».

C'est que, à la faveur de la colonisation, des groupes qui ne se revendiquent ni des mêmes origines, ni de la même langue, encore moins de la même religion sont amenés à cohabiter ensemble au sein d'entités territoriales forgées au fer des conquêtes. Strictement parlant, ces entités sont loin, du moins à l'origine, de former des corps politiques. Le lien entre les groupes qui les habitent trouve ses origines directes dans la violence de la guerre et de l'assujettissement. Il est maintenu à travers des modes d'exercice du pouvoir

1 Voir notamment le deuxième chapitre de Hannah Arendt, *Les Origines du totalitarisme. Tome 2 : L'Impérialisme*, Fayard, Paris, 1982.

2 *Ibid.*, p. 111.

dont l'une des fonctions est de fabriquer littéralement des races, de les classifier, d'établir les hiérarchies nécessaires entre elles, l'une des tâches de l'État étant alors d'assurer l'intégrité et la pureté de chacune d'elles, c'est-à-dire de les maintenir toutes dans un rapport permanent d'hostilité.

La thématique des races en lutte biologique pour la vie, la question de la différenciation des espèces et de la sélection des plus forts, trouve son application la plus poussée en Afrique du Sud au cours d'une très longue période qui va du XVIIIe au XXe siècle et dont l'apartheid représente le point culminant, lorsque, de manière explicite, l'État fait de la race le levier d'une lutte sociale générale destinée à parcourir désormais l'ensemble du corps social et à soutenir en permanence un certain rapport au droit et à la loi. Mais, pour bien saisir les paradoxes de ce qui deviendra en 1948 l'apartheid, il importe de remonter jusqu'à la gigantesque prise des terres et la partition du globe au cours de la période qui s'étend du XVe au XIXe siècle. La conscience historique et spatiale que nous avons de la planète aujourd'hui trouve en très grande partie son origine dans la série d'événements qui, initiés dès le XVe siècle, aboutissent au XIXe siècle à la division et au partage de la terre tout entière.

Ces événements sont, en retour, la conséquence d'une formidable migration des peuples qui, au cours de cette période, prend quatre formes. La première est l'extermination de peuples entiers, notamment dans les Amériques. La deuxième est la déportation, dans des conditions inhumaines, de cargaisons de plusieurs millions de Nègres dans le Nouveau Monde où un système économique fondé sur l'esclavage contribuera de manière décisive à l'accumulation primitive d'un capital d'ores et déjà transnational et à la formation de diasporas noires. La troisième est la conquête, l'annexion et l'occupation d'immenses terres jusque-là inconnues de l'Europe, et la soumission de leurs gens à la loi de l'étranger là où auparavant ils s'étaient gouvernés eux-mêmes selon des modalités fort diverses. La quatrième a trait à la formation d'États racistes et aux logiques d'« autochtonisation » des colons, à l'exemple des Afrikaners en Afrique du Sud.

Cette brutale ruée hors d'Europe sera connue sous le terme « colonisation » ou « impérialisme ». En tant que l'une des manières à travers lesquelles se manifeste la prétention européenne à la domination universelle, la colonisation est une forme de pouvoir constituant dont le rapport au sol, aux populations et au territoire associe, de façon inédite dans l'histoire de l'humanité, les trois logiques de la race, de la bureaucratie et du négoce (*commercium*). Dans l'ordre colonial, la race opère en tant que principe du corps politique. La race permet de classifier les êtres humains en catégories distinctes dotées supposément de caractéristiques physiques et mentales propres. La bureaucratie émerge comme un dispositif de domination, tandis que le réseau qui lie et la mort et le négoce opère en tant que matrice essentielle du pouvoir. La force désormais fait loi et la loi a pour contenu la force elle-même.

Au cours de la même période, les puissances européennes ne se livrent pas seulement à une féroce concurrence hors d'Europe. Elles sont également engagées dans un processus complexe de sécularisation du politique qui aboutit, en France par exemple, vers la fin du XVIe siècle, à la fin de la guerre civile des partis religieux et à la naissance d'un État souverain juridiquement conscient de sa souveraineté. La concurrence intra-européenne et les rivalités qu'elle engendre sont néanmoins tempérées par deux facteurs. D'une part, les « nations chrétiennes d'Europe » se définissent comme « créatrices et porteuses d'un ordre valable pour la terre entière » [1]. Confondant la « civilisation » avec l'Europe elle-même, elles sont persuadées que cette dernière est le centre de la terre. Athènes, Jérusalem et Rome font partie de ses âges lointains. L'islam est son vieil ennemi. Ce n'est que plus tard, avec l'émergence des États-Unis, que la prétention de l'Europe à être le centre de la terre s'étiole.

D'autre part, et même si, à partir du XVIIIe siècle notamment, un intérêt croissant est marqué envers les peuples étrangers, la plupart des puissances européennes adhèrent progressivement à la pensée raciale et cette dernière apparaît, dès le XIXe siècle, comme une

1 Carl SCHMITT, *Le Nomos de la terre dans le droit des gens du* Jus publicum europaeum, PUF, Paris, 2001, p. 88.

partie constitutive de l'esprit du monde occidental et de sa sensibilité. Ainsi que l'a également montré Arendt, la politique des races de l'époque épouse au moins trois buts. Elle cherche d'abord, comme en Allemagne, à unir le peuple contre toute domination étrangère en éveillant en lui la conscience d'une origine commune. D'où l'émergence de nationalismes qui accordent une importance capitale aux liens du sang, aux attaches familiales, à l'unité tribale et au culte des origines sans mélange, la conviction étant que chaque race est une totalité distincte et achevée. Les lois des peuples sont alors conçues comme l'équivalent des lois de la vie animale. Cette politique des races opère ensuite comme un instrument de division interne. De ce point de vue, elle est une arme de la guerre civile avant de devenir une arme des guerres nationales.

Mais il est un troisième courant de la pensée raciale et c'est celui-là qui trouve sa traduction la plus conséquente en Afrique du Sud. C'est un courant qui place en son centre l'idée du surhomme doté de droits exceptionnels, d'un génie supérieur et d'une mission universelle – celle de gouverner le monde. Il s'élève contre le concept de l'unité de l'espèce humaine et de l'égalité de tous les hommes – égalité fondée sur une commune descendance. Il insiste sur les différences physiques et se convainc que les peuples non européens n'ont jamais su trouver par eux-mêmes une expression adéquate de la raison humaine [1]. C'est ce courant qui alimente le fier langage de la conquête et de la domination de race. Comme le rappelle Arendt, il n'a pas exercé de monopole sur la vie politique des nations européennes. Il aurait d'ailleurs, selon toute vraisemblance, disparu « le moment venu en même temps que le reste de ces opinions irresponsables du XIXe siècle si la "mêlée pour l'Afrique" et l'ère nouvelle de l'impérialisme n'étaient venues exposer l'humanité occidentale au choc de nouvelles expériences [2] ».

Toutes ces pensées sont convaincues qu'au-delà de la clôture européenne règne l'état de nature – un état où ni la foi ni la loi ne

1 Hannah Arendt, *op. cit.*, p. 99.
2 *Ibid.*, p. 117.

font droit. La paix, l'amitié et les traités qui codifient les relations intra-européennes ne se rapportent qu'à l'Europe et aux États chrétiens. Tel étant le cas, chaque puissance peut légitimement procéder à des conquêtes lointaines, y compris aux dépens de ses voisins et rivaux. Il est donc admis que l'ordre du monde est délimité en sphères, séparant l'intérieur et l'extérieur. La sphère intérieure est régie par le droit et la justice, conditions non seulement de la vie en société, mais aussi de la vie internationale qu'il faut tracer, borner et cultiver. C'est ici, pense-t-on, que se sont développées les idées de propriété, de rétribution du travail et de droit des gens. Ici ont été édifiés des cités et des empires, le commerce, bref une civilisation humaine. Mais il y a aussi, ailleurs, un libre champ de non-droit, sans loi, que l'on peut piller et rançonner en toute bonne conscience, et où le travail des pirates, des flibustiers, boucaniers, aventuriers, criminels et toutes sortes d'« éléments au ban de toute société saine et normale [1] » peut avoir libre cours pour autant qu'il est justifié par les deux principes du libre commerce et de la liberté de répandre l'Évangile. Ce libre champ est dépourvu de frontières en tant que telles. Il n'a ni barrières, ni sanctuaires que l'on ne puisse, *a priori*, violer.

Mais surtout, la ligne séparant l'Europe et cet « outre-Monde », on la reconnaît au fait que là prend fin la limitation de la guerre. De l'autre côté de la ligne, dit Carl Schmitt, commence une zone où compte seul le droit du plus fort, faute de toute borne juridique imposée à la guerre. À l'origine et s'agissant de l'outre-Monde, chaque fois que l'Europe évoque le principe de la « liberté », ce à quoi elle fait référence, c'est donc avant tout l'absence de droit, d'état civil ordonné, et par conséquent l'usage libre et sans scrupule de la force. Le présupposé est le suivant : qu'il s'agisse des indigènes ou d'autres rivaux, l'outre-Monde est le lieu où il n'est de principe de conduite autre que le droit du plus fort. En d'autres termes, tout ce qui se passe au-delà de l'enceinte européenne se situe directement « hors des critères juridiques, moraux et politiques reconnus en deçà de la ligne ». Si droit il y a là-bas, si justice il y a, ce ne peut

1 *Ibid.*, p. 110.

être que le droit « apporté et transplanté par les conquérants européens, que ce soit par leur mission chrétienne [ou par] une administration conçue au sens européen [1] ».

L'outre-Monde est donc l'au-delà de la ligne, la frontière que l'on ne cesse de recréer, cet espace libre de la lutte sans frein, ouvert à une libre compétition et à une libre exploitation, où les hommes sont libres de s'affronter en bêtes sauvages [2], et où la guerre ne peut être jugée juridiquement et moralement qu'à travers ses résultats effectifs. Cet outre-Monde n'est pas seulement une frontière. Il est aussi une clôture. « Au commencement se trouve la clôture, explique Schmitt. Le monde façonné par l'homme est conditionné en profondeur et jusqu'au niveau conceptuel par la clôture, l'enceinte, la frontière. C'est l'enceinte qui produit le sanctuaire en le soustrayant au commun, en le plaçant sous sa propre loi, en le vouant au divin [3]. » Et le même d'ajouter : « le cercle qui enceint, la haie formée par les hommes, le cercle d'hommes est une forme ancestrale de la vie cultuelle, juridique et politique [4] ». Il en est ainsi pour deux raisons : d'abord parce qu'il n'y a rien de commun à tous les hommes en général, le commun ne se partageant qu'entre hommes doués de raison ; ensuite parce que la guerre ne peut pas être abolie et ne peut dès lors faire que l'objet de limitations. La guerre permanente – tel est, au demeurant, le problème central de tout ordre juridique. Une manière de limiter la guerre est d'édifier des citadelles fortifiées, de différencier et de classer ceux qui sont protégés dans l'enceinte de la citadelle et ceux qui n'y ont pas droit et qui ne peuvent, par conséquent, jouir de la protection des armes et du droit.

Vient ensuite la question de la prise des terres et de l'occupation. Ici, le problème aura toujours été de savoir si l'Autre, l'indigène, est un être humain au même titre que les preneurs de terres et au nom de quoi il peut être dépouillé de tout droit. Dans le cas du témoin,

1 Carl Schmitt, *op. cit.*, p. 94-95.
2 Voir *Léviathan* et *Béhémoth* (*in* Thomas Hobbes, *Œuvres*, vol. 6 et vol. 9, Vrin, Paris).
3 Carl Schmitt, *op. cit.*, p. 78.
4 *Ibid.*, p. 78-79.

on fait valoir dès le début que les sauvages adorent des idoles. Leurs dieux ne sont pas de vrais dieux. Ils pratiquent des sacrifices humains, le cannibalisme et d'autres catégories de crimes inhumains que l'homme propre ne commettrait point ou encore qui sont proscrits par la nature elle-même. Le sauvage est donc celui qui est contre l'humanité et contre la nature à la fois, et donc étranger à la condition humaine sous un double rapport. De ce point de vue, l'outre-Monde est l'équivalent d'une zone hors l'humanité, hors de l'espace où s'exerce le droit des hommes. C'est un espace où le droit des hommes ne saurait s'exercer qu'en tant que suprématie des hommes sur ceux qui ne le sont point tout à fait. Car, si homme il y a dans ces contrées, il s'agit d'un homme foncièrement inhumain.

Pour justifier son assujettissement, l'on allègue qu'il est esclave par nature et, à ce titre, un ennemi. L'idée à l'époque est que la guerre contre des non-chrétiens est autre chose que la guerre entre chrétiens. D'où des distinctions tranchées entre différentes sortes d'ennemis et différentes sortes de guerres. Ces distinctions renvoient elles-mêmes à d'autres, entre les humains, leurs différences et leurs statuts. Tous les hommes n'ont pas les mêmes droits. En réalité, il existe un droit pour les civilisés de dominer les non-civilisés, de conquérir et d'asservir les barbares à cause de leur infériorité morale intrinsèque, d'annexer leurs terres, de les occuper et de les assujettir. Ce droit originaire d'intervention participe du « bon droit ». Ce bon droit s'applique aussi bien aux guerres d'extermination qu'aux guerres d'asservissement. Du « bon droit » de guerre naît le « bon droit » de propriété. « L'État colonial, poursuit Schmitt, peut considérer la terre coloniale qu'il a prise comme terre sans maître du point de vue de la propriété privée, tout comme elle est sans maître du point de vue de l'*imperium* au regard du droit des gens. Il peut abolir le droit foncier des indigènes et se déclarer seul et unique propriétaire de tout le sol ; il peut s'arroger les droits des chefs indigènes et continuer à les exercer, peu importe qu'on veuille y voir une véritable succession ou non ; il peut créer une propriété fiscale d'État et la combiner avec une certaine reconnaissance des droits d'usage des indigènes ; il peut introduire une propriété fiduciaire publique de l'État ; il peut aussi laisser subsister les droits d'usage des indigènes et les coiffer par une sorte de *dominium eminens*. Toutes ces diverses possibilités se sont concrétisées dans la pratique de l'expansion coloniale des XIXe et XXe siècles [1]. »

Le droit est donc, dans ce cas, une manière de fonder juridiquement une certaine idée de l'humanité en tant que cette dernière est divisée entre une race de conquérants et une autre d'asservis. Seule la race des conquérants peut légitimement s'attribuer la qualité humaine. La qualité d'être humain n'est pas donnée d'emblée à tous. Mais, même si elle l'était, cela n'abolirait pas les différences. D'une certaine façon, la différenciation entre le sol de l'Europe et le sol colonial est la conséquence logique de l'autre distinction entre gens européens et sauvages. Jusqu'au XIXe siècle, même par l'occupation coloniale, le sol colonial ne s'identifie pas au territoire européen de l'État occupant. Il est toujours distinct de ce dernier, qu'il s'agisse des colonies de plantations, d'extraction ou de peuplement. Ce n'est que vers la fin du XIXe siècle que s'esquissent des tentatives d'intégrer les territoires coloniaux dans les systèmes de gouvernement et d'administration des États colonisateurs.

Le national-colonialisme

Mais, pour qu'elle devienne un habitus, la logique des races doit être couplée à la logique du profit, à la politique de la force et à l'instinct de corruption – définition exacte de la pratique coloniale. L'exemple de la France montre, de ce point de vue, le poids de la race dans la formation de la conscience d'empire et l'immense travail qu'il fallut déployer pour que le signifiant racial – qui est inséparable de tout schéma colonial – pénètre à l'intérieur des fibres molles de la culture française.

L'on ne soulignera jamais assez la complexité et l'hétérogénéité de l'expérience coloniale. D'une époque à l'autre et d'un pays à l'autre, les variations furent remarquables. Ceci dit, le signifiant racial fut une structure primordiale et même constitutive de ce qui

1 *Ibid.*, p. 199.

allait devenir le projet impérial. Et s'il y a une subjectivité des rapports coloniaux, sa matrice symbolique et sa scène originaire sont bel et bien la race. Prenons le cas de la France. La conscience d'empire fut le résultat d'un investissement politique et psychique singulier dont la race fut à la fois la monnaie d'échange et la valeur d'usage. Vers la fin des années 1870, la France, consciemment, entreprend de transformer le corps politique de la nation en une structure politique d'empire. À l'époque, ce processus revêt une double dimension. D'une part, il s'agit d'assimiler les colonies dans le corps national en traitant les peuples conquis à la fois en « sujets » et, éventuellement, en « frères ».

D'autre part, il s'agit de mettre progressivement en place un ensemble de dispositifs grâce auxquels le Français ordinaire est amené, parfois sans s'en rendre compte, à se constituer comme sujet raciste tant dans son regard, ses gestes, ses comportements que son discours. Ce processus s'étale sur une durée relativement longue. Il s'appuie en particulier sur une psycho-anthropologie dont la fonction est la classification raciale du genre humain. Cette classification est soutenue par les théories de l'inégalité entre les races et, dans une moindre mesure, par la validation de pratiques eugénistes. Cette classification trouve son point d'effervescence dans les formes que prennent les guerres de conquête et les brutalités coloniales d'une part, puis, dans les années 1930 en particulier, dans l'antisémitisme [1]. Au tournant du XIXe siècle, la formation de la conscience raciste, l'accoutumance au racisme, est l'une des pierres d'angle du processus de socialisation citoyenne. Fonctionnant comme une surcompensation face au sentiment d'humiliation nationale provoqué par la défaite devant la Prusse en 1870, elle est l'une des étoffes, sinon l'une des matières de la fierté nationale et de la culture patriotique. Connue sous le terme d'« éducation coloniale des Français », cette entreprise présente la colonisation

1 Voir les travaux de Carole REYNAUD-PALIGOT, *La République raciale, paradigme racial et idéologie républicaine (1860-1930)*, PUF, Paris, 2006 ; et *Races, racisme et antiracisme dans les années 1930*, PUF, Paris, 2007.

comme la voie de passage vers un nouvel âge de virilité [1]. La colonie est, quant à elle, le lieu d'exaltation de la puissance où se retrempe l'énergie nationale. Cette entreprise exigea des efforts colossaux de la part de l'État et des milieux d'affaires. Elle ne visait pas seulement à légitimer et à promouvoir le projet impérial. Elle avait aussi pour but de cultiver et de disséminer les réflexes et l'*ethos* racialiste, nationaliste et militariste qui en étaient les éléments constitutifs.

Déjà à partir de 1892 s'esquisse un vaste mouvement que l'on pourrait appeler le *national-colonialisme*. Le mouvement national colonialiste français rassemble l'ensemble des familles politiques de l'époque, des républicains du centre aux radicaux, des boulangistes et des monarchistes aux progressistes. Il compte en son sein des avocats, hommes d'affaires et hommes d'Église, des journalistes et des soldats, une nébuleuse d'organisations, d'associations et de comités qui, s'appuyant sur un réseau de journaux, périodiques et bulletins, de sociétés dites savantes, cherchent à donner politiquement et culturellement une voix forte et expressive à l'idée coloniale [2]. La grande nervure de ce projet impérial est la différence raciale. Cette grande nervure prend corps dans un ensemble de disciplines telles que l'ethnologie, la géographie ou la missiologie. À son tour, la thématique de la différence raciale fait l'objet d'une normalisation au sein de la culture de masse à travers l'établissement d'institutions telles que les musées et les zoos humains, la publicité, la littérature, les arts, la mise en place d'archives, la dissémination de récits fantastiques relayés par la presse populaire (cas du *Journal Illustré*, de *L'Illustration*, du *Tour du Monde*, des suppléments illustrés du *Petit Journal* et du *Petit Parisien*), la tenue d'expositions internationales.

Des générations de Français ont été exposées à cette pédagogie de l'accoutumance au racisme. Pour l'essentiel, elle repose sur le

1 Judith Sirkus, *Sexing the Citizen. Masculinity and Morality in France, 1870-1920*, Cornell University Press, Ithaca, NY, 2006.

2 Lire Christopher M. Andrew et Alexander S. Kanya-Forstner, « The French colonial party : its composition, aims and influence, 1885-1914 », *Historical Journal*, vol. 14, n° 1, 1971, p. 99-128 ; Raoul Girardet, *L'Idée coloniale en France de 1871 à 1962*, La Table ronde, Paris, 1972.

principe selon lequel le rapport aux Nègres est un rapport de non-réciprocité. Et cette non-réciprocité est justifiée par la *différence de qualité entre les races*. La thématique de la différence de qualité entre les races est alors inséparable de la vieille thématique du sang dont on sait qu'elle avait été utilisée autrefois pour asseoir les privilèges de la noblesse. Cette fois, elle est redéployée par le projet colonial. L'on est alors persuadé que c'est avec du sang blanc que se crée la civilisation de l'avenir. Tous les peuples qui ont accepté le croisement des races seraient tombés dans l'abjection. Le salut réside dans la séparation absolue des races. Les multitudes nègre et jaune sont prolifiques – encombrant troupeau qu'il faut déporter ailleurs ou, comme certains s'efforceront de le faire valoir plus tard, dont les mâles doivent, à la limite, être stérilisés [1]. L'on rêve également du jour futur où l'on pourra fabriquer de la vie, obtenir ce que l'on aura décidé d'obtenir comme être vivant au choix. Le projet colonial se nourrit d'une forme inédite de raciologie dont l'une des pierres angulaires est le rêve de bouleversement des règles de la vie et, en fin de compte, la possibilité de création d'une race de géants.

Le thème de la différence de qualité entre les races est vieux [2]. Il parasite et traverse la culture au cours du dernier quart du XIXe siècle. Mais c'est dans les années 1930 qu'il devient banal, au point de relever du sens commun [3]. Il nourrit alors les peurs au sujet de la dépopulation, de l'immigration de la « greffe raciale », voire les fantasmes concernant la possibilité d'un impérialisme asiatique [4]. Les routes vicinales par lesquelles ont cheminé et l'idée coloniale et l'*ethos* raciste qui en était le corollaire sont multiples. L'une d'elles est le pouvoir scolaire. Pierre Nora range, par exemple, le *Petit Lavisse* parmi ses « lieux français de la mémoire », au même

1 Charles RICHET, *La Sélection humaine*, Félix Alcan, Paris, 1919.

2 Sean QUINLAN, « Colonial bodies, hygiene and abolitionist politics in eighteenth-century France », *History Workshop Journal*, n° 42, 1996, p. 106-125.

3 William S. SCHNEIDER, *Quality and Quantity. The Quest for Biological Regeneration in Twentieth-Century France*, Cambridge University Press, Cambridge, 2001.

4 Jean PLUYETTE, *La Doctrine des races et la sélection de l'immigration en France*, Pierre Bossuet, Paris, 1930 ; Arsène DUMONT, *Dépopulation et civilisation. Étude démographique*, Lecrosnier et Babé, Paris, 1890 ; Paul LEROY-BEAULIEU, *La Question de la population*, Félix Alcan, Paris, 1913.

titre que *Le Tour de France par deux enfants* (1887) de « G. Bruno » (pseudonyme d'Augustine Fouillée) et *À la recherche du temps perdu* de Marcel Proust. Dans le *Petit Lavisse* en particulier, le discours républicain est trempé aux valeurs nationalistes et militaristes [1]. Système éducatif et système militaire communiquent bien avant l'adoption des lois Ferry de 1881-1882 rendant obligatoire la scolarité. Les écoliers sont éduqués pour devenir des citoyens-soldats. Pédagogie citoyenne et pédagogie coloniale se déploient sur fond d'une crise de la masculinité et d'apparent désarmement moral. Dès les années 1880 en effet, tous les écoliers d'une dizaine d'années durent étudier l'œuvre coloniale de leur pays à partir de manuels d'histoire (Augé et Petit en 1890 ; Cazes en 1895 ; Aulard et Debidour en 1900 ; Calvet en 1903 ; Rogie et Despiques en 1905 ; Delagrave en 1909 ; Lavisse) [2]. À ce schéma prescriptif de régularités s'ajoute la littérature pour la jeunesse (cas de l'œuvre de Jules Verne, des périodiques illustrés tels que *Le Petit Français Illustré, Le Petit Écolier, Le Saint-Nicolas, Le Journal de la Jeunesse, L'Alliance Française Illustrée* et ainsi de suite).

Dans tous ces ouvrages, l'Africain est présenté non seulement comme un enfant, mais comme un enfant idiot, la proie d'une poignée de roitelets, potentats cruels et acharnés. Cette idiotie est la conséquence d'un vice congénital à la race noire. La colonisation est une manière d'assistance, d'éducation et de traitement moral de cette idiotie. Elle est aussi un antidote à l'esprit de cruauté et au fonctionnement anarchique des « peuplades indigènes ». De ce point de vue, elle est un bienfait de la civilisation. Elle est la règle de traitement général de l'idiotie des races prédisposées à la dégénérescence. C'est ce qui, en 1925, fait dire à Léon Blum lui-même : « Nous admettons le droit et même le devoir des races supérieures

---

1 Denis M. Provencher et Luke L. Eilderts, « The nation according to Lavisse : teaching masculinity and male citizenship in Third Republic France », *French Cultural Studies*, vol. 18, n° 1, 2007, p. 31-57.

2 Voir Hélène d'Almeida-Topor, « L'histoire de l'Afrique occidentale enseignée aux enfants de France », *in* Catherine Coquery-Vidrovitch (dir.), *L'Afrique occidentale au temps des Français. Colonisateurs et colonisés, 1860-1960*, La Découverte, coll. « Textes à l'appui », Paris, 1992, p. 49-56.

d'attirer à elles celles qui ne sont pas parvenues au même degré de culture et de les appeler aux progrès réalisés grâce aux efforts de la science et de l'industrie [1]. » Les colons sont, non des maîtres cruels et avides, mais des guides et des protecteurs. Les troupes françaises sont héroïques et intrépides. Elles enlèvent aux esclaves les colliers qui emprisonnent leur cou et les cordes qui lient leurs jambes. Ces pauvres gens qui viennent d'être délivrés sont si joyeux qu'ils font des cabrioles – ce qui prouve bien que la France est bonne et généreuse pour les peuples qu'elle soumet. C'est ce qu'affirmait par exemple aussi Jean Jaurès en 1884 : « Nous pouvons dire à ces peuples sans les tromper que [...] là où la France est établie, on l'aime ; que là où elle n'a fait que passer, on la regrette ; que partout où sa lumière resplendit, elle est bienfaisante ; que là où elle ne brille pas, elle a laissé derrière elle un long et doux crépuscule où les regards et les cœurs restent attachés [2]. »

À première vue, les raisons avancées pour justifier le colonialisme étaient d'ordre économique, politique, militaire, idéologique ou humanitaire : conquérir des terres nouvelles afin d'y installer l'excédent de notre population ; trouver de nouveaux débouchés pour les produits de nos fabriques et de nos mines et des matières premières pour nos industries ; planter l'étendard de la « civilisation » parmi les races inférieures et sauvages et percer les ténèbres qui les enveloppent ; assurer, par notre domination, la paix, la sécurité et la richesse à tant de malheureux qui jamais auparavant ne connurent ces bienfaits ; établir sur des sols encore infidèles une population laborieuse, morale et chrétienne en répandant l'Évangile chez les païens ou encore détruire par le commerce l'isolement que le paganisme engendre. Mais toutes ces raisons mobilisaient simultanément le signifiant racial. Au demeurant, celui-ci ne fut jamais considéré comme un facteur subsidiaire. Dans l'argumentaire colonial, la race apparaît toujours à la fois comme une matrice

1 Déclaration à la Chambre des députés, 9 juillet 1925.

2 *Conférence de Jean Jaurès, maître de conférences à la Faculté des lettres de Toulouse*, brochure de l'Alliance française, association nationale pour la propagation de la langue française dans les colonies et à l'étranger, Imprimerie Pezous, Albi, 1884, p. 9.

matérielle, une institution symbolique et une composante psychique de la politique et de la conscience d'empire. Dans la défense et l'illustration de la colonisation, aucune justification n'échappe *a priori* au discours général sur ce que l'on désigne à l'époque comme les *qualités de la race*.

Il en est ainsi parce que, notamment à la fin du XIXe siècle et au début du XXe siècle, prévaut en Occident un système d'interprétation du monde et de l'histoire qui fait de cette dernière une lutte à mort pour l'existence. Comme l'indiquent en particulier nombre d'écrits publiés par exemple dans les années 1920 par des essayistes plus ou moins connus, l'époque est en effet traversée par un pessimisme racial radical, au sein d'une culture hantée par l'idée de dégénérescence, cet envers du darwinisme social [1]. Certes, ces idées sont également contestées et combattues. Mais nombreux sont ceux qui croient fermement que cette lutte pour la vie oppose des groupes humains, des peuples ou des races porteuses de caractéristiques supposées stables et dotées d'un patrimoine biologique propre qu'il importe de défendre, de protéger et de préserver intact. Cette croyance n'est pas seulement le fait d'individus privés. Elle est une dimension cardinale de la politique coloniale des États européens et de la manière dont ils conçoivent le droit de guerre contre les peuples et entités politiques non européens.

Comme l'explique à l'époque Paul Leroy-Beaulieu, l'ordre colonial est une manière d'entériner les rapports de force issus de cette lutte. La colonisation, affirme-t-il, « est la force expansive d'un peuple, c'est sa puissance de reproduction, c'est sa dilatation et sa multiplication à travers les espaces ; c'est la soumission de l'univers ou d'une vaste partie à sa langue, à ses mœurs, à ses idées et à ses lois [2] ». L'ordre colonial repose sur l'idée selon laquelle l'humanité est divisée en espèces et sous-espèces que l'on peut différencier, séparer et classer hiérarchiquement. Tant du point de vue de la loi

---

1 Voir par exemple Émile FOURNIER-FABRE, *Le Choc suprême ou la mêlée des races*, G. Flicker, Paris, 1921 ; ou encore Maurice MURET, *Le Crépuscule des nations*, Payot, Paris, 1925.

2 Paul LEROY-BEAULIEU, *De la colonisation chez les peuples modernes*, Guillaumin, Paris, 1874, p. 605-606.

qu'en termes d'arrangements spatiaux, ces espèces et sous-espèces doivent être tenues à distance les unes des autres. Le *Précis de législation et d'économie coloniales* d'Alexandre Mérignhac (publié en 1912 et réédité en 1925) est aussi explicite. Coloniser, y lit-on, « c'est se mettre en rapport avec des pays neufs, pour profiter des ressources de toute nature de ces pays [...]. La colonisation est donc un établissement fondé dans un pays neuf par une race à civilisation avancée, pour réaliser le [...] but que nous venons d'indiquer [1] ». Aussi, dire de l'État colonial qu'il fonctionne par étatisation du biologique n'est guère une exagération.

Frivolité et exotisme

À plusieurs égards, la logique française d'assignation raciale se caractérise par trois traits distinctifs. Le premier – et sans doute le trait capital – est le refus de voir – et donc la pratique de l'occultation et de la dénégation. Le deuxième est la pratique de ravalement et de travestissement, et le troisième la frivolité et l'exotisme. En effet, il existe en France une très longue tradition d'effacement, de relégation de la violence de la race dans le champ de ce qui ne mérite pas d'être montré, d'être su ou d'être donné à voir. Cette tradition de la dissimulation, du déni et du camouflage dont on peut constater la réactualisation dans les conditions contemporaines date précisément des XVIe-XVIIe siècles. Elle émerge dans un contexte fondateur, à un moment où la France entreprend de codifier ses rapports avec ses esclaves.

En effet, en 1570, est promulgué un édit qui limite non seulement l'entrée des Noirs sur le territoire métropolitain mais aussi l'exhibition ou le chargement d'esclaves noirs dans les ports du pays [2]. À travers ce geste inaugural, la France marque sa volonté de

---

1 Alexandre MÉRIGNHAC, *Précis de législation et d'économie coloniales*, Sirey, Paris, 1912, p. 205.

2 Voir Sue PEABODY et Tyler STOVALL (dir.), *The Color of Liberty. Histories of Race in France*, *op. cit.*

ne rien savoir des victimes de sa logique des races – logique dont l'esclave noir représente, à l'époque, le témoin accompli. Que l'esclave fasse l'objet d'une telle interdiction s'explique alors sans doute par le fait qu'en l'esclave noir il n'y a strictement rien à voir sinon un « rien d'être ». Mais, en excluant du champ du représentable tout ce qui y ferait apparaître la figure de l'esclave noir, l'on cherche sans doute aussi à jeter un voile sur les mécanismes économiques et marchands par lesquels l'esclave vient à être produit et à exister en tant qu'esclave.

Mais ce lent travail date au moins de la traite des esclaves. C'est en effet au cours du XVIIIe siècle, c'est-à-dire en pleine époque des Lumières, que la traite atlantique atteint son point culminant. Le développement des nouvelles idées concernant les rapports entre les sujets et l'autorité a lieu alors que la France est profondément impliquée dans la « machine triangulaire », c'est-à-dire dans la production de l'esclavage et de la servitude outre-mer. Rousseau et Voltaire en particulier reconnaissent philosophiquement le caractère vil du commerce des esclaves, mais font semblant d'ignorer le trafic alors en cours et les chaînes réelles qui le rendaient possible. Ils inaugurent ce faisant une tradition qui, plus tard, deviendra l'une des caractéristiques centrales de la conscience d'empire – faire de l'esclavage une métaphore de la condition de l'homme dans la société européenne moderne. Ce geste de métaphorisation des événements tragiques concernant les sauvages – et dans lesquels notre responsabilité est impliquée – est aussi un geste d'ignorance et d'indifférence. Cette dialectique de la distance et de l'indifférence dominera les Lumières françaises [1].

Le deuxième trait distinctif de la logique française d'assignation raciale est la pratique du ravalement, de la défiguration et du travestissement. Dans le cas qui nous préoccupe, l'assignation de l'esclave noir dans le champ de l'irreprésentable et de *ce dont on ne veut rien savoir* n'est pas l'équivalent d'une interdiction pure et simple de mise en figure ou de mise en scène du Noir. Au contraire,

1 Christopher L. MILLER, *The French Atlantic Triangle. Literature and Culture of the Slave Trade*, Duke University Press, Durham, 2008.

dès l'origine, la logique française des races opère toujours par annexion de l'Autre racial et son ravalement dans le triple filet de l'exotisme, de la frivolité et du divertissement. Ainsi, le Noir que l'on admet de voir doit toujours faire, au préalable, l'objet de déguisement soit par le costume, soit par la couleur ou par les décors. Jusqu'à une époque relativement récente, il fallait, dans la peinture ou dans le théâtre par exemple, toujours l'affubler d'un costume oriental, de turbans et plumages, de culottes bouffantes ou de petits habits verts [1]. Paradoxalement, pour qu'il émerge dans l'ordre du visible, sa figure ne doit surtout pas évoquer la violence fondatrice qui, l'ayant au préalable destitué de son humanité pure et simple, le reconstitue précisément en tant que « Noir ».

Qu'à tous les autres toujours l'on préfère les petites négresses au teint d'ébène, les négrillons et jeunes pages moricauds jouant les compagnons des dames qui les prennent pour des perruches, bichons et autres levrettes, les nègres rigolards, insouciants et bons danseurs, les bons nègres et leurs bons maîtres, affranchis mais reconnaissants et fidèles, dont le rôle est de faire valoir la magnanimité du Blanc – tout cela ne date pas d'aujourd'hui. L'habitus, progressivement, s'est sédimenté. Dès le XIXe siècle, ce sont de tels nègres que l'on tolère à la cour, dans les salons, dans la peinture, au théâtre. Comme l'indique Sylvie Chalaye, « ils égayent les assemblées mondaines, apportent une touche d'exotisme et de couleur au cœur des fêtes galantes, comme le montrent les peintres de l'époque : Hogarth, Raynolds, Watteau, Lancret, Pater, Fragonard, Carmontelle [2] ». Dans une large mesure, le racisme à la française a donc été volontiers un racisme insouciant, libertin et frivole [3]. Historiquement, il a toujours été profondément associé à une société

---

1 Voir Ulrike SCHNEEBAUER, *Le Personnage de l'esclave dans la littérature francophone contemporaine à travers trois œuvres de Maryse Condé, Mahi Binebine et Aimé Césaire*, mémoire de magistère de philosophie, Université de Vienne, 2009.

2 Voir Petrine ARCHER-STRAW, *Negrophilia : Avant-Garde Paris and Black Culture in the 1920s*, Thames & Hudson, New York, 2000.

3 George E. BROOKS, « Artists' Depiction of Senegalese Signares : Insights Concerning French Racist and Sexist Attitudes in the Nineteenth-Century », *Journal of the Swiss Society of African Studies*, vol. 18, n° 1, 1979, p. 75-89.

elle-même insouciante, voire délurée, qui n'a jamais voulu ouvrir les yeux sur l'« horrible fumier qui se cache sous les dorures et la pourpre [1] ».

Il importe de s'arrêter un instant sur la figure de la négresse tant cette dernière joue une fonction clé dans l'articulation du racisme, de la frivolité et du libertinage en France. Les trois instances privilégiées de cette articulation sont la littérature, la peinture et la danse. Ici également, la tradition est ancienne. Il n'est pas exclu, par exemple, que les fleurs baudelairiennes du mal renvoient directement à la figure de la négresse dont on sait qu'elle hante de bout en bout l'œuvre du poète. Qu'il s'agisse de Dorothée l'Africaine (rencontrée à l'Île Bourbon en 1841) ou de Jeanne Duval (née en Haïti et dont Baudelaire fut l'amant pendant vingt ans), l'évocation des « beautés noires » va toujours de pair avec celle de leur svelte volupté, leurs seins nus, leur arrière-train et leurs ceintures de plumes, avec ou sans les culottes de satin [2]. La négresse constitue chez le poète l'une des sources les plus fécondes de la création artistique. Figure centrale de l'exotisme français, elle ne manque cependant pas d'ambivalence. Elle appelle d'un côté les sens du monde physique, le rythme et les couleurs. De l'autre, elle est associée à l'idéal de l'hermaphrodite. Par ailleurs, les « beautés noires » seraient des femmes indolentes, disponibles et soumises. C'est en tant qu'exemples vivants du triomphe de la lubricité qu'elles déclenchent les pulsions fantasmatiques du mâle français. Du coup, ce dernier s'imagine en explorateur blanc aux confins de la civilisation. Découvrant les sauvages, il se mêle à eux en faisant l'amour avec une ou plusieurs de leurs femmes, dans un paysage fait de navires en rade, paradis tropical de palmiers miroitants et d'arômes des fleurs des îles.

Chez Chateaubriand, des scènes colorées et similaires sont entrecoupées des amours des lions. Libre sous les bananiers, pipes chargées d'encens, lait de coco sous l'arcade de figuiers et de forêts

1 Sylvie Chalaye, *Du Noir au nègre. L'image du Noir au théâtre (1550-1960)*, L'Harmattan, Paris, 1998.

2 Elvire Jean-Jacques Maurouard, *Les Beautés noires de Baudelaire*, Karthala, Paris, 2005.

de girofliers et d'acajou, je voudrais, dit l'un de ses héros, « dévorer les feuilles de ton lit, car ta couche est divine comme le nid des hirondelles africaines, comme ce nid qu'on sert à la table de nos rois et que composent avec des débris de fleurs les aromates les plus précieux [1] ». Dans sa *Reine noire*, Apollinaire recourt à la même fibre poético-exotique tout en conjuguant beauté, nudité et sensualité. Sa négresse se caractérise en effet par ses dents blanches, ses toisons sombres, son corps bleu et ses seins droits. Pour le reste, on connaît l'*Haïtienne* de Matisse (1943) et ses chuchotements de dentelles, symbole de la lumière du désir et de la sensualité heureuse ; *Les Demoiselles d'Avignon* (1907), la *Femme nue* (1910) et la *Femme au bord de la mer* (*Baigneuse*, 1909) de Picasso et leur coup d'œil au fantasme d'une sexualité féminine noire dévorante ; ou encore *La Femme assise* de Braque (1911).

Dans l'imaginaire exotique de la France, c'est sans doute le personnage de Joséphine Baker qui cimente, dans la culture populaire, cette forme de racisme désinvolte, insouciant et libertin. Le récit suivant de deux scènes que la troupe de Baker donne lors d'une répétition à Paris dans les années 1920 résume bien cette modalité du racisme : « On ne comprend pas leur langue, on ne cherche pas à relier le fil des scènes, mais c'est toutes nos lectures qui défilent devant notre imagination ravie : romans d'aventures, chromos entrevus ou d'énormes paquebots engloutissant des grappes de Nègres chargés de riches ballots, une sirène miaulant dans un port inconnu encombré de sacs et d'hommes de couleur, des histoires de missionnaires et de voyageurs, Stanley, les frères Tharaud, Batouala, les danses sacrées, le Soudan, des demi-nudités illustrées de la farce d'un gibus, des paysages de plantations, toute la mélancolie des chansons de nourrices créoles, toute l'âme nègre avec ses convulsions animales, ses joies enfantines, la tristesse d'un passé de servitude, nous avons eu tout cela en entendant cette chanteuse à la voix de forêt vierge [2]. »

---

1 François-René DE CHATEAUBRIAND, *Les Natchez*, Éditions G. Chinard, p. 398-399.

2 Phyllis ROSE, *Joséphine Baker. Une Américaine à Paris*, Fayard, Paris, 1982.

Auto-aveuglement

L'autre clef de voûte de la conscience d'empire a toujours été la formidable volonté d'ignorance qui, chaque fois, veut passer pour du savoir. L'ignorance dont il est question ici est d'une espèce particulière – une ignorance désinvolte et frivole, qui ruine par avance toute possibilité de rencontre et de relation autre que celle que fonde la force. Dans sa *Lettre sur l'Algérie* (1837), Tocqueville met précisément le doigt sur cette politique de l'ignorance. Il suggère que, dans le contexte de la politique d'empire (qui est l'autre nom de la politique de la guerre), cette volonté d'ignorance repose sur le principe selon lequel « sur un champ de bataille la victoire est [...] au plus fort et non au plus savant [1] ». Que l'on ne sache pratiquement rien et que l'on ne s'inquiète guère d'apprendre s'explique par la conviction selon laquelle, dans les rapports avec les Africains, la force compensera toujours l'absence de vérité et la vacuité du droit.

Pendant longtemps, dans l'imaginaire occidental, l'Afrique faisait partie des terres inconnues. Mais cela n'empêchait guère philosophes, naturalistes, géographes, missionnaires, écrivains, n'importe qui, de se prononcer sur l'un ou l'autre des aspects de sa géographie ou encore de la vie, des mœurs et des coutumes de ses habitants. Malgré le flot d'informations auxquelles nous avons désormais accès et le nombre d'études savantes dont nous disposons aujourd'hui, il n'est pas certain que cette volonté d'ignorance ait disparu, et encore moins cette disposition séculaire qui consiste à se prononcer au sujet de ce dont on ne sait rien ou si peu. L'idée selon laquelle s'agissant de l'Afrique la vérité n'importe guère, Jean-Baptiste Labat la résumait déjà de façon lapidaire lorsqu'il proclamait en 1728 : « J'ai vu l'Afrique, mais je n'y ai jamais mis le pied [2]. » Précisément, à partir du XVIIIe siècle, l'on voit

1 Alexis DE TOCQUEVILLE, *De la colonie en Algérie*, Complexe, Bruxelles, 1988, p. 38. Parlant des premiers moments de la présence française en Algérie.

2 Jean-Baptiste LABAT, *Nouvelle Relation de l'Afrique occidentale*, vol. 1, G. Cavalier, Paris, 1728, cité *in* Andrew CURRAN, « Imaginer l'Afrique au siècle des Lumières », *Cromohs*, n° 10, 2005.

fleurir en France et dans une très grande partie de l'Europe des récits en tous genres que l'on consigne dans des encyclopédies, des ouvrages de géographie, des traités d'histoire naturelle, de morale ou d'esthétique, des romans, des pièces de théâtre, voire des recueils de poésie. La plupart de ces légendes, rêveries ethnographiques et parfois récits de voyages ont pour objet l'Afrique. Le continent est en effet devenu, depuis le début de la traite atlantique, un intarissable puits aux fantasmes, la matière d'un gigantesque travail de l'imagination dont on ne soulignera jamais assez les dimensions politiques et économiques, et dont on ne dira jamais assez qu'il continue d'informer, jusque dans le présent, nos représentations des Africains, de leur vie, de leur travail et de leur langage.

Comme on vient de l'indiquer, ce faux savoir est donc d'abord méconnaissance et affabulation. Mais, ici, on ne fabule que pour mieux exclure, pour mieux se refermer sur soi-même. On ne fabule que pour mieux voiler la sorte de souverain mépris qui, toujours, va de pair avec la revendication selon laquelle cet Autre est notre « ami », que cette « amitié » soit réelle ou imaginaire, réciproque ou non. Toujours, cette variante française de la violence de la race fait signe à un visage qui, à peine né sous le regard, doit être aussitôt rendu à l'invisible. Toujours, il s'agit de convoquer une voix qui, à peine rendue audible, doit aussitôt être brouillée, réduite au silence et empêchée de s'exprimer à la première personne du singulier. L'objet imaginaire qui fait irruption dans la vie psychique de l'Occident à l'orée de la traite des Nègres a deux faces qui se relaient l'une et l'autre, à la manière d'un masque et de son double, dans un tragique jeu de miroirs.

Il y a d'abord une face diurne – un lieu géographique et une région du monde dont on ne sait presque rien, mais que l'on décrit avec une apparente autorité, l'autorité de la fiction. Cette description oscille constamment entre deux extrêmes. Ainsi l'Afrique est tantôt une terre étrange, merveilleuse et aveuglante, tantôt une zone torride et inhabitable. Parfois elle apparaît comme une région affligée d'une irrémédiable stérilité, et parfois encore comme une contrée bénie d'une fécondité spontanée. Elle est aussi, bien souvent, le nom de quelque chose d'autre, quelque chose de colossal et d'impénétrable, dont l'énormité se confond avec toutes les figures du monstrueux et de la licence absolue – licence parfois poétique, parfois carnavalesque, trop souvent cynique et ténébreuse, un affreux mélange de fétichisme et de cannibalisme. Mais, quelles que soient la beauté ou la laideur de son visage, le destin de l'Afrique est d'être possédée.

C'est ce que Victor Hugo explique en des termes phalliques lors d'un banquet commémorant l'abolition de la traite des esclaves en 1879 : « Il est là, devant vous, ce bloc de sable et de cendre, ce monceau inerte et passif qui depuis six mille ans fait obstacle à la marche universelle, ce monstrueux Cham qui arrête Sem par son énormité, l'Afrique. Quelle terre que cette Afrique ! L'Asie a son histoire, l'Amérique a son histoire, l'Australie elle-même a son histoire, qui date de son commencement dans la mémoire humaine. L'Afrique n'a pas d'histoire. Une sorte de légende vaste et obscure l'enveloppe. Rome l'a touchée pour la supprimer et quand elle se crut délivrée de l'Afrique, Rome a jeté sur cette morte immense une des épithètes qui ne se traduisent pas. *Africa portentosa*, c'est plus et moins que le prodige, c'est ce qui est absolu dans l'horreur ; le flamboiement tropical, en effet, c'est l'Afrique, et il semble que voir l'Afrique, ce soit être aveuglé : un excès de soleil est un excès de nuit [1]. »

Et d'y aller de cette injonction : « L'Afrique impose à l'univers une telle suppression de mouvement et de circulation qu'elle entrave la vie universelle et la marche humaine ne peut s'accommoder plus longtemps d'un cinquième du globe paralysé [...]. Rendre la vieille Afrique maniable à la civilisation, tel est le problème. L'Europe le résoudra. Allez, peuples, emparez-vous de cette terre. Prenez-la. À qui ? À personne ! Prenez cette terre à Dieu. Dieu donne la terre aux hommes. Dieu offre l'Afrique à l'Europe. Prenez-la ! [...] Versez votre trop-plein dans cette Afrique, et du même coup, résolvez vos questions sociales. Changez vos prolétaires en propriétaires [...]. Allez, faites des routes, faites des ports, faites des

1 Victor Hugo, « Discours sur l'Afrique », *Actes et Paroles*, tome 4, Laffont, coll. « Bouquins », Paris, p. 1010.

villes, croissez, cultivez, multipliez, et que sur cette terre, de plus en plus dégagée des prêtres et des princes, l'esprit divin s'affirme par la paix, et l'esprit humain par la liberté [1]. »

À l'époque, la connaissance que l'on a du continent a beau être lacunaire, elle a beau, pour l'essentiel, n'être fondée que sur des rumeurs, des croyances erronées et invérifiables, des fantasmes et des suppositions – dont on ne sait s'ils fonctionnent comme métonymie des carences morales de l'époque ou de mécanisme par lequel l'Europe de l'époque cherche à se rassurer elle-même et à combler son propre sentiment d'insuffisance –, peu importe. Comme le fait remarquer Jonathan Swift dans *On Poetry* (1733), sur les cartes d'Afrique, de sages géographes n'auront de cesse de combler « chaque lacune de dessins sauvages ». Et « sur les collines où nul n'habite », ils mettront « un éléphant à défaut de gîte » [2].

Puis il y a la face nocturne. En effet, on ne se donne pas seulement un objet imaginaire. On se donne aussi un homme imaginaire, le « Noir ». On l'appellera d'abord le « Nègre » (sorte d'homme matière puisque marchandise quantifiable), puis l'« homme noir » et on lui trouvera une substance impérissable que l'on désignera comme l'« âme noire ». À l'origine, le vocable « homme noir » sert d'abord à décrire et à imaginer la différence africaine. Peu importe que le « Nègre » désigne l'esclave tandis que le « Noir » désigne l'Africain qui n'a pas encore subi l'esclavage. À partir de l'époque de la traite des esclaves en particulier, c'est son vide présumé d'humanité qui caractérise cette différence. La couleur n'est, de ce point de vue, que le signe extérieur d'une indignité foncière, d'un avilissement premier. Au cours des XVIIIe et XIXe siècles, c'est à ce vide inaugural que renvoient l'épithète ou l'attribut « noir ». À l'époque, le terme « homme noir » est le nom que l'on donne à une espèce d'homme qui, quoique homme, mérite à peine le nom d'homme. Cette espèce d'homme dont on ne sait s'il en est vraiment un est tantôt décrite comme « la plus atroce

---

1 *Ibid.*

2 Voir Harold WILLIAMS (dir.), *The Poems of Jonathan Swift*, vol. 2, Oxford University Press, Oxford, 1958, p. 645-646.

créature de la race humaine », tantôt comme une masse sombre et une matière indifférenciée de chair et d'os, tantôt comme un homme simplement « naturel », comme le fait par exemple François Le Vaillant en 1790.

Le vocable « homme noir » est aussi le nom que l'on donne au polygame que son tempérament et sa misère prédisposent au vice, à l'indolence, à la luxure et au mensonge. D'ailleurs, traitant plus tard de la sexualité de cette espèce d'homme, l'écrivain Michel Cournot dira de lui qu'il a une « épée » : « Quand [l'épée du Noir] a passé ta femme à son fil, elle a senti quelque chose » qui est de l'ordre de la « révélation » [1]. Mais une telle épée a également laissé derrière elle un gouffre. Et dans ce gouffre, précisait-il, « ta breloque est perdue [2] ». Et de comparer la verge du Noir au palmier et à l'arbre à pain qui ne débanderait pas pour un empire. C'est un homme dont les femmes, généralement nombreuses, sont esclaves des danses lubriques et des plaisirs sensuels, comme l'indique déjà Olfert Dapper dès 1686 [3]. À cette hypersexualité s'ajoute l'idolâtrie, primitivisme et paganisme allant au demeurant de pair. Finalement, la différence de l'« homme noir », on la reconnaît distinctement à sa membrane noire, à sa chevelure laineuse, à son odeur et à ses facultés intellectuelles limitées.

Dans le dispositif lexical du XIXe siècle, le terme est une pièce maîtresse de la taxonomie de la ségrégation qui domine le discours sur la diversité humaine. Ce terme sert à désigner « cet homme » à la rencontre duquel l'Europe ne cesse de s'interroger : « Est-ce un autre homme ? Est-ce un autre que l'homme ? Est-il un exemplaire du même ou bien est-il un autre que le même ? » Du coup, dire de quelqu'un qu'il est un « homme noir », c'est dire qu'il est un être prédéterminé biologiquement, intellectuellement et culturellement par son irréductible différence. Il appartiendrait à une espèce distincte. Et c'est en tant qu'espèce distincte qu'il devrait être décrit et catalogué. Pour la même raison, il devrait faire l'objet d'une classification

---

1 Michel Cournot, *Martinique*, Gallimard, Paris, 1949, p. 13.

2 *Ibid.*

3 Olfert Dapper, *Description de l'Afrique*, W. Waesberge, Amsterdam, 1686, p. 5.

morale elle aussi distincte. Dans le discours proto-raciste européen dont il est ici question, dire l'« homme noir », c'est donc évoquer les disparités de l'espèce humaine et renvoyer au statut d'être inférieur auquel est consigné le Nègre, à une période de l'histoire au cours de laquelle tous les Africains ont un statut potentiel de marchandise ou, comme on le disait à l'époque, de *pièce d'Inde* [1].

Des limites de l'amitié

Venons-en à cet autre aspect du vocabulaire de l'époque – celui qui a trait à l'amitié envers les Africains. Ici également, il existe une vieille tradition française. Elle n'est pas dépourvue d'ambiguïté [2]. Elle a pour objet de mettre un terme à l'hostilité raciale caractéristique de la conscience esclavagiste et de la conscience d'empire. Cette tradition a deux visages. Sous sa face majeure, cette amitié est principalement mue par une logique d'universalisation dans laquelle intervenaient directement les questions d'éthique et de droit, et, sinon d'égalité tout court, du moins d'équité et de justice. Cette amitié ne découlait d'aucun lien de parenté ou même de familiarité ou de proximité avec les Noirs. Elle se voulait une amitié de citation et une apostrophe – citation de l'esclave dont la société française ne voulait rien savoir et apostrophe, protestation, qui prenait alors une dimension politique. Elle s'énonçait au nom d'une autre politique que la politique de l'hostilité et du pessimisme racial. Cette autre politique exigeait que l'on se conduise d'une façon juste à l'égard des Noirs, dans la reconnaissance qu'il existait entre eux et nous une certaine mutualité – l'obligation de répondre d'eux. Au fondement de cette amitié était l'idée selon laquelle, après tout, la différence entre eux et nous n'était pas irréductible.

1 Voir Stanley Engerman, Seymour Drescher et Robert Paquette (dir.), *Slavery*, Oxford University Press, Oxford, 2001, p. 184.

2 Voir l'étude de Marcel Dorigny et Bernard Gainot, *La Société des Amis des Noirs (1788-1799). Contribution à l'histoire de l'abolition de l'esclavage*, UNESCO, Paris, 1998.

Sous sa face mineure, cette amitié était fondamentalement une amitié de compassion, d'empathie et de sympathie au vu des souffrances dont les Noirs ont été les victimes. Dès le XVIIIe siècle, et sous l'influence d'auteurs tels que Jean-Baptiste Du Tertre et Jean-Baptiste Labat ou encore des travaux de l'abbé Raynal (*Histoire des deux Indes*, 1770), de Louis-Sébastien Mercier (*L'An 2440*, 1771), du marquis de Condorcet (*Réflexion sur l'esclavage des Nègres*, 1781), le public français est au courant du caractère cruel et inhumain de la traite des Nègres. La plupart de ces travaux ne militent cependant que pour une application éclairée des politiques coloniales et du Code noir institué par Louis XIV en 1685, même si quelques-uns plaident la cause de l'égalité des races. L'idée dominante à l'époque est que, à cause de leur infériorité, les Noirs sont aptes à l'esclavage et leur bonheur ne peut être atteint qu'au service d'un bon maître. À plusieurs égards, l'action de la Société des Amis des Noirs s'inscrit dans cette politique de la bonté.

Cette politique de la bonté marque également la fiction et le roman de l'époque. On la retrouve par exemple dans le livre d'Aphra Ben *Oroonoko*, traduit en français en 1745. Ce livre ouvre la voie à un courant négrophile de la littérature française qui se manifeste à travers les œuvres de Jean-François Saint-Lambert (*Ziméo*, 1769), Joseph Lavallée (*Le Nègre comme il y a peu de Blancs*, 1789), Germaine de Staël (*Mirza*, 1795). La pièce d'Olympe de Gouges *L'Esclavage des Noirs* est jouée à la Comédie-Française en 1789. Mais cette sympathie décroît largement suite à l'insurrection des esclaves à Saint-Domingue et les massacres de colons en Guadeloupe dans les années 1790. Ces événements permettent de réduire au silence nombre d'abolitionnistes pour les décennies suivantes, notamment sous Napoléon dont la politique est profondément négrophobe [1]. Ce n'est qu'à partir des années 1820 que l'on voit renaître des courants de sympathie à l'égard des Noirs avec Prosper Mérimée (*Vivre*, 1829), Claire Duras (*Limites*, 1823), George Sand (*Indiana*, 1832) et Alphonse de Lamartine (*Louverture*, 1850).

1 Yves Benot, *La Révolution française et la fin des colonies, 1789-1794*, La Découverte, Paris, 2004.

Certaines variantes de cette sorte d'amitié fondée elle-même sur la politique de la bonté ne contestaient pas fondamentalement le préjugé d'infériorité rattaché aux Noirs. Elles souscrivaient à l'idée selon laquelle l'« homme noir » vivait dans une condition misérable et sordide et qu'il existait des disparités physiques, anatomiques et mentales entre Européens et Africains. Elles estimaient cependant que, malgré ce statut d'infériorité, les Africains étaient doués de la parole. Ils méritaient la compassion accordée aux autres êtres humains. Leur infériorité ne nous conférait guère le droit d'abuser de leurs faiblesses. Au contraire, elle nous imposait le devoir de les sauver et de les élever jusqu'à nous.

Ainsi, au cours de la période de la traite des esclaves, la plupart des « Amis des Noirs » étaient persuadés que les Africains leur étaient inférieurs. Mais ils n'estimaient pas qu'ils méritaient pour autant d'être réduits en esclavage à cause de cette prétendue infériorité [1]. Ils attribuaient à l'« homme noir » un rôle allégorique au sein d'une histoire largement spéculative de l'humanité. À leurs yeux, le Noir était le symbole vivant d'une humanité ancienne, heureuse et simple. Sous la période coloniale, ce titre est dévolu au « paysan africain », prototype de l'humanité-enfant et de la vie simple, joyeuse et sans artifice. Dans sa sauvage noblesse, l'humanité-enfant, drapée dans la nuit de l'innocence des temps premiers, vivrait en harmonie avec la nature et avec les esprits dont certains peuplent la forêt tandis que d'autres chantent dans les fontaines. Les « Amis des Noirs » pouvaient récuser l'institution de l'esclavage et en condamner les effets. Face à la cruauté et la cupidité des colons esclavagistes, Voltaire, par exemple, sait faire preuve d'universalisme et de pitié. Mais, tout en dénonçant le système inique de l'esclavage, il continue d'inscrire son discours dans le paradigme de la condescendance.

Ainsi, dans son *Essai sur les mœurs et l'esprit des nations* (1769), peut-il affirmer : « Leurs yeux ronds, leur nez épaté, leurs lèvres toujours grosses, leurs oreilles différemment figurées, la laine de leur

---

1 Sur ce sujet, voir Roxann Wheeler, *The Complexion of Race*, University of Pennsylvania Press, Philadelphia, 2000, p. 256.

tête, la mesure même de leur intelligence, mettent entre eux et les autres espèces d'hommes des différences prodigieuses. Et ce qui démontre qu'ils ne doivent point cette différence à leur climat, c'est que des Nègres et des Négresses transportés dans les pays les plus froids y produisent toujours des animaux de leur espèce, et que les mulâtres ne sont qu'une race bavarde d'un Noir et d'une Blanche, ou d'un Blanc et d'une Noire [1]. » Victor Hugo, quant à lui, ne jure que par un détail « qui n'est qu'un détail, mais qui est immense : [...] le Blanc a fait du Noir un homme ; [...] l'Europe fera de l'Afrique un monde [2] ». C'est de ce même détail que se réclamait en 1885 Jules Ferry dans sa défense d'une politique coloniale faisant fi des droits de l'homme – doctrine que les gouvernements successifs de la France se sont fait fort d'appliquer en Afrique depuis lors. « Il faut parler plus haut et plus vrai ! » s'exclamait Ferry. Et d'ajouter : « Il faut dire ouvertement qu'en effet les races supérieures ont un droit vis-à-vis des races inférieures... » La Déclaration des droits de l'homme n'a pas « été écrite pour les Noirs de l'Afrique équatoriale ». « Je répète qu'il y a pour les races supérieures un droit parce qu'il y a un devoir pour elles. Elles ont le devoir de civiliser les races inférieures [3]. »

Ce dogme de la « mission civilisatrice » plombera la plupart des tentatives de solidarité avec les Nègres y compris au moment des luttes anticoloniales. L'anticolonialisme français ne constitua jamais un bloc [4]. Il incluait d'une part ceux qui voulaient un empire colonial mais un empire fondé sur l'humanisme et l'efficacité, et de l'autre ceux qui refusaient de reconnaître le droit de la France à imposer sa volonté à des peuples étrangers, fût-ce au nom de la civilisation. Entre les années 1890 et le début du XXᵉ siècle par exemple, Jean Jaurès accepte le concept de la mission civilisatrice qu'il définit en termes de bénévolat. Sa position change vers 1905 lorsque

---

1 VOLTAIRE, *Œuvres complètes*, vol. 11, Garnier Frères, Paris, 1878, p. 6.

2 Victor HUGO, « Discours sur l'Afrique », *loc. cit.*

3 *1885 : le tournant colonial de la République*, Paris, La Découverte, 2006, p. 60-61.

4 Henri BRUNSCHWIG, *Mythes et réalités de l'impérialisme colonial français, 1871-1914*, Armand Collin, Paris, 1960, p. 173-184 ; Charles-Robert AGERON, *L'Anticolonialisme en France de 1871 à 1914*, PUF, Paris, 1973.

Gustave Rouanet de *L'Humanité* expose les scandales au Congo [1]. Avant sa conversion au nationalisme, Charles Péguy publie dans ses *Cahiers de la Quinzaine* des exposés sur les conditions dans les deux Congos [2]. Il appelle à la réforme et non à l'abandon de la mission civilisatrice. On trouve néanmoins une critique sans concession du colonialisme chez le socialiste Paul Louis et parmi des anarchistes [3]. Paul Louis en particulier considère le colonialisme comme la manifestation organique du capitalisme à l'ère de l'extension du machinisme, de la ruine de la petite industrie et du grossissement continu de l'armée prolétarienne. La critique anticoloniale est faite à partir d'une position qui privilégie la classe ouvrière – institution d'unification de l'humanité future. Elle est menée au nom de la capacité du colonialisme à universaliser les conflits de classe. Elle se déploie à une époque au cours de laquelle les luttes ouvrières commencent à imposer une relative limitation des formes de surexploitation dans les pays du capitalisme central. Un salariat plus ou moins intégré aux circuits de l'accumulation élargie fait son apparition. Pour que ce fragile équilibre puisse tenir, les méthodes les plus brutales de surexploitation sont délocalisées dans les colonies. Pour pallier les crises de l'accumulation, le capital ne peut guère se passer de subsides raciaux.

---

1 Harvey GOLDBERG, *The Life of Jean Jaurès*, University of Wisconsin Press, Madison, 1968, p. 202-203.

2 Pierre MILLE et Félicien CHALLAYE, *Les Deux Congos. Devant la Belgique et devant la France, Cahiers de la Quinzaine*, Paris, 1906.

3 Paul LOUIS, *Le Colonialisme*, Société Nouvelle de Librairie et d'Édition, Paris, 1905 ; Paul VIGNÉ D'OCTON, *Les Crimes coloniaux de la IIIe République. Vol. 1 : La Sueur du burnous*, Éditions de la Guerre sociale, Paris, 1911.

3

Différence et autodétermination

Qu'il s'agisse de la littérature, de la philosophie, des arts ou de la politique, le discours nègre aura donc été dominé par trois événements – l'esclavage, la colonisation et l'apartheid. Ils constituent la sorte de prison dans laquelle, aujourd'hui encore, ce discours se débat. Une certaine intelligence s'est efforcée d'assigner à ces événements des significations canoniques. Trois, en particulier, méritent d'être évoquées. D'abord, comme on l'a suggéré dans les chapitres précédents, celle de la *séparation d'avec soi*. Cette séparation aurait entraîné une perte de familiarité d'avec soi au point où le sujet, rendu étranger à lui-même, aurait été relégué dans une identité aliénée et presque sans vie. Ainsi, à la place de l'être-auprès-de soi-même (autre nom de la tradition) dont il aurait toujours dû faire l'expérience, il se serait constitué en une altérité en laquelle le soi ne se reconnaîtrait plus : le spectacle de la scission et de l'écartèlement [1]. Ensuite, l'idée de la *désappro-*

1 Qu'elle le présente sous le vocable de l'aliénation ou du déracinement, la critique francophone a sans doute le mieux conceptualisé ce procès de « sortie de soi ». Voir, en particulier, Aimé CÉSAIRE, *Discours sur le colonialisme*, Présence africaine, Paris, 1955 ; Frantz FANON, *Peau noire…, op. cit.* ; Cheikh HAMIDOU KANE, *L'Aventure ambiguë*, Julliard, Paris, 1961 ; Fabien EBOUSSI BOULAGA, *La Crise du Muntu, op. cit.* ; et, du même

priation [1]. Ce processus renverrait d'un côté à des procédures d'ordre juridico-économique ayant entraîné expropriation et dépossession matérielle ; et, de l'autre, à une expérience singulière d'assujettissement caractérisée par la falsification de soi par autrui, puis l'état d'extériorité maximale et l'appauvrissement ontologique qui en découleraient [2]. Ces deux gestes (l'expropriation matérielle et l'appauvrissement ontologique) constitueraient les éléments singuliers de l'expérience nègre et du drame qui en serait le corollaire. Enfin, l'idée de l'*avilissement* : la condition servile n'aurait pas seulement plongé le sujet nègre dans l'humiliation, l'abaissement et une souffrance sans nom. Ce dernier aurait, quant au fond, subi une expérience de mort civile caractérisée par le déni de dignité, la dispersion et la tourmente de l'exil [3].

Dans les trois cas, les événements fondateurs que seraient l'esclavage, la colonisation et l'apartheid sont supposés servir de centre unifiant au désir du Nègre de se-savoir-soi-même (le moment de la souveraineté) et de se-tenir-de-soi-même dans le monde (le mouvement d'autonomie).

---

auteur, *Christianisme sans fétiche. Révélation et domination*, Présence africaine, Paris, 1981.

1 Ceci s'applique en particulier aux travaux anglophones d'économie politique marxiste. Il arrive que les mêmes s'appuient sur les thèses nationalistes et dépendantistes. À titre d'exemple, voir Walter RODNEY, *How Europe Underdeveloped Africa*, Howard University Press, Washington, DC, 1981 ; ou encore les travaux d'auteurs comme Samir AMIN, *Le Développement inégal. Essai sur les formations sociales du capitalisme périphérique*, Minuit, Paris, 1973.

2 S'agissant de la falsification et de la nécessité de « rétablir la vérité historique », voir par exemple les travaux des historiens nationalistes : Joseph KI-ZERBO, *Histoire de l'Afrique d'hier à demain*, Hatier, Paris, 1972 ; Cheikh ANTA DIOP, *Antériorité des civilisations nègres*, Présence africaine, Paris, 1967.

3 Sur la problématique de l'esclavage en tant que « mort sociale », voir Orlando PATTERSON, *Slavery and Social Death. A Comparative Study*, Harvard University Press, Cambridge, Mass., 1982.

Libéralisme et pessimisme racial

Il est vrai que, d'un point de vue historique, l'émergence des institutions que sont la plantation et la colonie coïncide avec la très longue époque au cours de laquelle une nouvelle raison gouvernementale s'esquisse et, finalement, s'affirme en Occident. Il s'agit de la raison mercantile. Celle-ci tient le marché pour le mécanisme par excellence des échanges et le lieu privilégié de véridiction aussi bien du politique que de la valeur et de l'utilité des choses en général. L'essor du libéralisme comme doctrine économique et art spécifique de gouverner a lieu sur fond du commerce des esclaves, à un moment où, soumis à une rude concurrence, les États européens s'affairent à majorer leur puissance et considèrent le reste du monde comme leur possession et domaine économique.

En gestation depuis la seconde moitié du XVe siècle, la plantation en particulier et plus tard la colonie constituent de ce point de vue des rouages essentiels d'un nouveau type de calcul et de conscience planétaire. Ce nouveau type de calcul pense la marchandise comme la forme élémentaire de la richesse, le mode de production capitaliste se présentant, dans ces conditions, comme une immense accumulation de marchandises. Les marchandises n'ont de valeur que parce qu'elles contribuent à la formation des richesses. C'est d'ailleurs dans cette perspective qu'elles sont utilisées ou échangées. Dans la perspective de la raison mercantiliste, l'esclave nègre est à la fois un objet, un corps et une marchandise. En tant que corps-objet ou objet-corps, il a une forme. Il est également une substance potentielle. Cette substance, qui fait sa valeur, découle de son énergie physique. C'est la substance-travail. Le Nègre est, de ce point de vue, une matière énergétique. Telle est la première porte par laquelle il rentre dans le processus de l'échange.

Il existe une seconde porte à laquelle il a accès de par son statut d'objet d'usage qui peut être vendu, acheté et utilisé. Le planteur qui achète un esclave nègre ne l'achète ni pour le détruire ni pour le tuer, mais pour l'utiliser, pour produire et augmenter sa propre force. Tous les esclaves nègres n'ont pas le même prix. La variabilité des prix dit quelque chose au sujet de la qualité formelle supposée de chacun d'entre eux. Le moindre usage de l'esclave diminue cependant cette qualité formelle supposée. Et une fois soumis à l'usure, consommé ou épuisé par son propriétaire, l'objet revient à la nature, statique et désormais inutilisable. Dans le système mercantiliste, le Nègre est donc ce corps-objet et cette marchandise qui passe d'une forme à l'autre et, une fois la phase terminale, celle de l'épuisement, atteinte, fait l'objet d'une dévalorisation universelle. La mort de l'esclave signe la fin de l'objet et la sortie du statut de marchandise.

La raison mercantiliste pense par ailleurs le monde comme un marché sans limites, un espace de libre concurrence et de libre circulation. L'idée du monde comme surface parcourue par des relations commerciales qui traversent les frontières des États et menacent de rendre obsolète leur souveraineté est, à bien des égards, contemporaine de la naissance du droit international, du droit civil et du droit cosmopolite dont la visée est de garantir la « paix perpétuelle ». L'idée moderne de la démocratie, tout comme le libéralisme lui-même, est donc inséparable du projet de planétarisation commerciale dont la plantation et la colonie représentent des chaînes nodales. Or, l'on sait qu'aussi bien la plantation que la colonie sont, à l'origine, des dispositifs raciaux dans un calcul général dont le pilier est la relation d'échange appuyée sur la propriété et le profit. Il y a donc, dans le libéralisme comme dans le racisme, une part qui relève du naturalisme.

Dans son étude sur *La Naissance de la biopolitique*, Foucault fait valoir qu'à l'origine le libéralisme « implique en son cœur un rapport de production/destruction [avec] la liberté [1] ». Il oublie de préciser qu'historiquement l'esclavage des Nègres représente le point culminant de cette destruction de la liberté. D'après Foucault, le paradoxe du libéralisme est qu'il « faut d'une main produire la liberté, mais ce geste même implique que, de l'autre, on établisse des limitations, des contrôles, des coercitions, des obligations

1 Michel Foucault, « Leçon du 24 janvier 1979 », *in La Naissance de la biopolitique. Cours au Collège de France, 1978-1979*, Gallimard/Seuil, Paris, 2004, p. 65.

appuyées sur des menaces, etc.[1] ». La production de la liberté a donc un coût dont le principe de calcul est, ajoute Foucault, la sécurité et la protection. En d'autres termes, l'économie du pouvoir propre au libéralisme et à la démocratie du même nom repose sur le jeu serré de la liberté, de la sécurité et de la protection contre l'omniprésence de la menace, du risque et du danger. Ce danger peut résulter du mal-ajustement de la mécanique des intérêts des diverses composantes de la communauté politique. Mais il peut aussi s'agir de dangers d'origine extérieure. Dans les deux cas, « le libéralisme s'engage dans un mécanisme où il aura à chaque instant à arbitrer la liberté et la sécurité des individus autour de cette notion de danger[2] ». L'esclave nègre représente ce danger.

L'animation permanente, la réactualisation et la mise en circulation de la topique du danger et de la menace – et par conséquent la stimulation d'une culture de la crainte – font partie des moteurs du libéralisme. Et si cette stimulation de la culture de la crainte est la condition, le « corrélatif psychologique et culturel interne du libéralisme[3] », alors historiquement l'esclave nègre en est le conduit. Le danger racial, en particulier, a, depuis les origines, constitué l'un des piliers de cette culture de la crainte intrinsèque à la démocratie libérale. La conséquence de cette crainte, comme le rappelle Foucault, a toujours été la formidable extension des procédures de contrôle, de contrainte et de coercition qui, loin d'être des aberrations, constituent la contrepartie des libertés. La race, et en particulier l'existence de l'esclave nègre, a joué un rôle moteur dans la formation historique de ces contreparties.

Le problème que posaient le régime de la plantation et, plus tard, le régime colonial était en effet celui de la race comme principe d'exercice du pouvoir, règle de la sociabilité et mécanisme de dressage des conduites en vue de l'augmentation de la rentabilité économique. Les idées modernes de liberté, d'égalité, voire de démocratie sont, de ce point de vue, historiquement inséparables

1 *Ibid.*
2 *Ibid.*, p. 67.
3 *Ibid.*, p. 68.

de la réalité de l'esclavage. C'est dans les Caraïbes, et précisément dans la petite île de La Barbade, que cette réalité prend forme pour la première fois avant de se disséminer dans les colonies anglaises de l'Amérique du Nord où la domination de race survivra à presque tous les grands moments historiques : la révolution au XVIIIe siècle, la guerre civile et la reconstruction au XIXe, jusqu'aux grandes luttes pour les droits civiques un siècle plus tard. La révolution faite au nom de la liberté et de l'égalité s'accommode alors fort bien de la pratique de l'esclavage et de la ségrégation raciale.

Ces deux fléaux sont pourtant au cœur des débats sur l'indépendance. Aux esclaves, les Anglais font miroiter la promesse de libération. Ils cherchent à les enrôler à leur service, contre la révolution. Le spectre d'une insurrection généralisée des esclaves – vieille peur du système américain depuis ses origines – pèse au demeurant sur la guerre d'Indépendance. De fait, pendant les hostilités, des dizaines de milliers d'esclaves proclament leur libération. D'importantes défections ont lieu en Virginie. Un écart existe entre la façon dont les Nègres conçoivent leur libération (comme quelque chose à conquérir) et l'idée que s'en font les révolutionnaires (en tant qu'elle doit leur être octroyée graduellement). Au sortir du conflit, le système esclavagiste n'est guère démantelé. La Déclaration d'indépendance et la Constitution représentent manifestement des textes de libération, sauf en ce qui touche à la race et à l'esclavage. Au moment où on se libère d'une tyrannie, on consolide une autre. L'idée d'égalité formelle entre citoyens blancs émerge, par contre, au détour de la révolution. Elle est la conséquence d'un effort conscient de création d'une distance sociale entre les Blancs d'une part et les esclaves africains et les Indiens d'autre part, dont on justifie la dépossession par la paresse et la luxure. Et si, plus tard, au cours de la guerre civile, il y a une relative égalité dans le sang versé par les Blancs et les Noirs, l'abolition de l'esclavage n'entraîne aucune compensation au profit des anciens esclaves.

Intéressant à cet égard est le chapitre qu'Alexis de Tocqueville consacre, dans son portrait de la démocratie américaine, à « l'état actuel et l'avenir probable des trois races qui habitent le territoire des États-Unis ». Il s'agit d'une part de la race des hommes « par excellence », les Blancs, premiers en lumière, en puissance et en bonheur ; et de l'autre des « races infortunées » que représentent les Nègres et les Indiens. Ces trois formations raciales n'appartiennent pas à la même famille. Elles ne se distinguent pas seulement les unes des autres. Tout, ou presque, les sépare – l'éducation, la loi, l'origine, leurs apparences extérieures – et la barrière qui les divise est, de son point de vue, quasi insurmontable. Ce qui les unit, c'est leur potentielle inimitié, le Blanc étant « aux hommes des autres races ce que l'homme lui-même est aux animaux » dans la mesure où « il les fait servir à son usage, et quand il ne peut les plier, il les détruit » [1]. Ce procès de destruction, les Nègres en ont été les sujets privilégiés puisque l'oppression leur a enlevé « presque tous les privilèges de l'humanité ». « Le Nègre des États-Unis, ajoute Tocqueville, a perdu jusqu'au souvenir de son pays ; il n'entend plus la langue qu'ont parlée ses pères ; il a abjuré leur religion et oublié leurs mœurs. En cessant ainsi d'appartenir à l'Afrique, il n'a pourtant acquis aucun droit aux biens de l'Europe ; mais il s'est arrêté entre les deux sociétés ; il est resté isolé entre les deux peuples ; vendu par l'un et répudié par l'autre ; ne trouvant dans l'univers entier que le foyer de son maître pour lui offrir l'image incomplète de la patrie [2]. »

Chez Tocqueville, l'esclave nègre présente tous les traits de l'avilissement et de l'abjection. Il suscite aversion, répulsion et dégoût. Bête de troupeau, il est le symbole de l'humanité castrée et atrophiée dont émane une exhalaison empoisonnée, quelque chose comme une horreur constitutive. Rencontrer l'esclave, c'est faire l'expérience d'un vide aussi spectaculaire que tragique. Ce qui le caractérise, c'est l'impossibilité de trouver un chemin qui ne ramène pas constamment au point de départ qu'est la servitude. C'est le goût de l'esclave pour sa soumission. Il « admire ses tyrans plus encore qu'il ne les hait, et trouve sa joie et son orgueil dans la

---

1 Alexis de Tocqueville, *De la démocratie en Amérique. Tome 1*, Flammarion, Paris, 1981, p. 427.

2 *Ibid.*, p. 427.

servile imitation de ceux qui l'oppriment [1] ». Propriété d'un autre, il est inutile à lui-même. Ne disposant pas de la propriété de sa personne, « le soin de son propre sort ne lui est pas dévolu ; l'usage même de la pensée lui semble un don inutile de la Providence, et il jouit paisiblement de tous les privilèges de sa bassesse [2] ». Cette jouissance des privilèges de la bassesse est une disposition presque innée. C'est également un esclave qui n'est pas en lutte contre son maître. Il ne risque rien, pas même sa vie. Il ne lutte pas pour satisfaire ses besoins animaux, et encore moins pour exprimer une quelconque souveraineté. Il préfère la servitude et recule chaque fois devant la mort. « La servitude l'abrutit » et « la liberté le fait périr » [3]. Le maître, en revanche, vit dans la peur constante de la menace. La terreur qui l'enveloppe est la possibilité d'être tué par son esclave, c'est-à-dire une figure de l'homme qu'il ne reconnaît point comme humaine à part entière.

Qu'il n'y ait point de Nègre qui soit venu librement sur les rivages du Nouveau Monde, tel est justement, aux yeux de Tocqueville, l'un des dilemmes insolubles de la démocratie américaine. Pour lui, il n'y a pas de solution au problème des rapports entre race et démocratie même si le fait premier de la race constitue un des dangers futurs de la démocratie : « Le plus redoutable de tous les maux qui menacent l'avenir des États-Unis naît de la présence des Noirs sur leur sol [4]. » Et d'ajouter : « Vous pouvez rendre le Nègre libre, mais vous ne sauriez faire qu'il ne soit pas vis-à-vis de l'Européen dans la position d'un étranger [5]. » En d'autres termes, l'affranchissement des esclaves n'efface guère les taches d'ignominie dont ils sont frappés du fait de leur race – ignominie qui fait que Nègre rime nécessairement avec servitude. « Le souvenir de l'esclavage déshonore la race, et la race perpétue le souvenir de l'esclavage », relève Tocqueville. Par ailleurs, « cet homme qui est né dans la bassesse ; cet étranger que la servitude a introduit parmi nous, à peine

1 *Ibid.*, p. 428.
2 *Ibid.*
3 *Ibid.*
4 *Ibid.*, p. 454.
5 *Ibid.*, p. 453.

lui reconnaissons-nous les traits généraux de l'humanité. Son visage nous paraît hideux, son intelligence nous semble bornée, ses goûts sont bas ; peu s'en faut que nous ne le prenions pour un être intermédiaire entre la brute et l'homme [1] ».

Dans la démocratie libérale, l'égalité formelle peut donc aller de pair avec le préjugé naturel qui porte l'oppresseur à mépriser celui qui a été son inférieur longtemps après l'affranchissement de ce dernier. Au demeurant, sans la destruction du préjugé, cette égalité ne peut être qu'imaginaire. La loi viendrait-elle à faire de lui notre égal que le Nègre ne serait toujours pas notre semblable. Un « espace infranchissable », insiste Tocqueville, sépare ainsi le Nègre d'Amérique de l'Européen. Cette différence est immuable. Elle a ses fondements dans la nature elle-même, et le préjugé qui l'entoure est indestructible. C'est la raison pour laquelle les rapports entre les deux races ne peuvent qu'osciller entre l'avilissement des Nègres ou leur mise en esclavage par les Blancs d'un côté, et, de l'autre, le risque de destruction des Blancs par les Nègres. Cet antagonisme est insurpassable.

La seconde forme de la peur éprouvée par le maître blanc est de se confondre avec la race avilie et de ressembler à son ancien esclave. Il importe donc de le tenir soigneusement à l'écart et de s'en éloigner le plus possible. D'où l'idéologie de la séparation. Le Nègre peut avoir obtenu la liberté formelle, « mais il ne peut partager ni les droits, ni les plaisirs, ni les travaux, ni les douleurs, ni même le tombeau de celui dont il a été déclaré l'égal ; il ne saurait se rencontrer nulle part avec lui, ni dans la vie ni dans la mort [2] ». Et Tocqueville de préciser : « On ne lui ferme point les portes du Ciel ; à peine cependant si l'inégalité s'arrête au bord de l'autre monde. Quand le Nègre n'est plus, on jette ses os à l'écart, et la différence des conditions se retrouve jusque dans l'égalité de la mort [3]. » Au demeurant, le préjugé racial « semble croître à proportion que les Nègres cessent d'être esclaves et que l'inégalité se grave

1 *Ibid.*, p. 455.
2 *Ibid.*, p. 457.
3 *Ibid.*

dans les mœurs à mesure qu'elle s'efface dans les lois [1] ». L'abolition de principe de la servitude ne signifie pas nécessairement la libération des esclaves et l'égalité des partages. Elle ne contribue qu'à faire d'eux « de malheureux débris [2] » destinés à la destruction.

Tocqueville estime que la question des rapports entre race et démocratie ne peut être réglée que de deux manières : « Il faut que les Nègres et les Blancs se confondent entièrement ou se séparent [3]. » Mais il écarte définitivement la première solution : « je ne pense pas que la race blanche et la race noire en viennent nulle part à vivre sur un pied d'égalité [4] » – une telle « mêlée » ne pouvant, selon lui, être conduite à terme que sous un régime despotique. Sous la démocratie, la liberté des Blancs ne peut être viable que si elle va de pair avec la ségrégation des Nègres et l'isolement des Blancs en compagnie de leurs semblables. Si donc la démocratie est foncièrement incapable de résoudre la question raciale, l'interrogation est dès lors de savoir comment l'Amérique peut se délivrer des Nègres. Pour éviter la lutte des races, les Nègres doivent disparaître du Nouveau Monde et retourner chez eux, d'où ils sont originairement venus. On se délivrerait ainsi de l'esclavage « sans avoir rien à redouter des Nègres libres [5] ». Toute autre option ne peut que résulter dans la « ruine de l'une ou de l'autre race [6] ».

Un homme comme les autres ?

À l'époque de Tocqueville, les termes de la question étaient donc clairs : les Nègres pouvaient-ils s'autogouverner ? Le doute sur l'aptitude des Nègres à s'autogouverner renvoyait à un autre, plus fondamental et qui, lui, s'inscrivait dans la façon dont les Temps modernes avaient résolu le problème – complexe – de l'altérité en

1 *Ibid.*, p. 458.
2 *Ibid.*, p. 467.
3 *Ibid.*, 472.
4 *Ibid.*
5 *Ibid.*, p. 477.
6 *Ibid.*

général et du statut du *signe africain* au sein de cette économie de l'altérité en particulier. Afin de bien saisir les implications politiques de ces débats, peut-être faut-il rappeler que, la révolution romantique nonobstant, une tradition bien établie de la métaphysique occidentale définit l'humain par la possession de la langue et de la raison. En effet, il n'y a pas d'humanité sans langage. La raison en particulier confère à l'être humain une identité générique, d'essence universelle, et à partir de laquelle découle un ensemble de droits et de valeurs. Elle unit tous les êtres humains. Elle est identique chez chacun d'eux. C'est de l'exercice de cette faculté que procèdent non seulement la liberté et l'autonomie, mais également la capacité de conduire la vie individuelle selon des principes moraux et une idée du bien. Tel étant le cas, la question, à l'époque, est de savoir si les Nègres sont des êtres humains comme tous les autres. Retrouve-t-on, chez eux aussi, toujours la même humanité, simplement dissimulée sous des désignations et des figures différentes ? Peut-on déceler dans leur corps, dans leur langage, dans leur travail et dans leur vie le produit d'une activité humaine, la manifestation d'une subjectivité, bref, la présence d'une conscience comme la nôtre – présence qui nous autoriserait à considérer chacun d'eux, pris individuellement, comme un *alter ego* ?

Ces questions donnèrent lieu à trois types de réponses aux implications politiques relativement distinctes. La première réponse consistait à placer l'expérience humaine du Nègre dans l'ordre de la différence fondamentale. L'humanité du Nègre n'avait pas d'histoire en tant que telle. Cette humanité sans histoire ne connaissait ni le travail, ni l'interdit, et encore moins la loi. Ne s'étant guère libéré du besoin animal, donner ou recevoir la mort n'était point violence aux yeux du Nègre. Un animal pouvait toujours en manger un autre. Le *signe africain* avait donc quelque chose de distinct, de singulier, voire d'indélébile qui le séparait de tous les autres signes humains. Rien ne témoignait mieux de cette spécificité que le corps, ses formes et ses couleurs [1]. Ce dernier n'abritait

---

1 Sur la centralité du corps en tant qu'unité idéale du sujet, lieu de reconnaissance de son unité, de son identité et de sa vérité, voir Umberto GALIMBERTI, *Les Raisons du corps*, Grasset/Mollat, Paris/Bordeaux, 1998.

aucune conscience et ne présentait aucun des traits de la raison et de la beauté. L'on ne pouvait, par conséquent, lui donner le sens d'un corps de chair semblable au mien puisqu'il ne relevait que de la matière étendue et de l'objet voué au péril et à la destruction. C'est cette centralité du corps – et surtout de sa couleur – dans le calcul de la sujétion qui explique l'importance que prendront, au cours du XIXe siècle, les théories de la régénération physique, morale et politique des Nègres. Ces derniers avaient développé des conceptions de la société, du monde et du bien qui ne témoigneraient en rien du pouvoir d'invention et de l'universalité propres à la raison. Aussi bien leurs représentations, leur vie, leur travail, leur langage que leurs actes, la mort y compris, n'obéissaient à aucune règle et à aucune loi dont ils pouvaient, de leur propre autorité, concevoir le sens et justifier la validité. C'est en vertu de cette radicale différence ou encore de cet *être-à-part* que se justifiait leur exclusion en fait et en droit de la sphère de la citoyenneté humaine plénière : ils n'auraient rien à apporter au travail de l'esprit et au projet de l'universel [1].

Un déplacement significatif s'opère au moment de l'abolitionnisme et au sortir de la traite. La thèse du Nègre en tant qu'« homme à part » persiste, certes. Un léger glissement s'opère cependant à l'intérieur de l'ancienne économie de la différence, faisant émerger le deuxième type de réponse. La thèse de la *non-similitude* n'est pas répudiée, mais elle ne se fonde plus uniquement sur le vide du signe en tant que tel. Il s'agit, désormais, de remplir le signe d'un contenu. Si le Nègre est un être *à part*, c'est qu'il a des choses à lui, des coutumes qu'il ne s'agit ni d'abolir, ni de détruire, mais d'amender. Il s'agit d'inscrire la différence dans un ordre institutionnel distinct tout en contraignant cet ordre distinct à opérer

---

1 Sur ce point et sur tout ce qui précède, voir, entre autres, Pierre PLUCHON, *Nègres et Juifs au XVIIIe siècle. Le racisme au siècle des Lumières*, Tallandier, Paris, 1984 ; MONTESQUIEU, *De l'esprit des lois*, tome 1, Garnier/Flammarion, Paris, 1979 ; VOLTAIRE, « Essais sur les mœurs et l'esprit des nations et sur les principaux faits de l'histoire depuis Charlemagne jusqu'à Louis XIV », *in Œuvres complètes*, tome 16, Imprimerie de la Société littéraire et typographique, Paris, 1784-1789 ; Emmanuel KANT, *Observations sur le sentiment du Beau et du Sublime*, Vrin, Paris, 1988.

dans un cadre fondamentalement inégalitaire et hiérarchisé. Le sujet de cet ordre est l'indigène (*native*) et le mode de gouvernement qui lui sied est l'administration indirecte – forme de domination peu onéreuse et qui, dans les colonies britanniques notamment, permet de commander les indigènes d'une manière régulière, avec peu de soldats, mais en se servant de leurs passions et coutumes et en les opposant les uns aux autres [1]. La différence est donc relativisée, mais elle continue de justifier à la fois le droit de commander et la relation d'inégalité. Tenue au demeurant pour naturelle, cette inégalité n'en est pas moins justifiée par la différence [2]. Plus tard, l'État colonial utilisera la coutume, c'est-à-dire le principe de la différence et de l'inégalité, à des fins de ségrégation. Des formes de savoir spécifiques (la science coloniale) seront produites dans le but de documenter la différence, d'en éliminer la pluralité et l'ambivalence et de la fixer dans un canon. Le paradoxe de ce processus d'abstraction et de réification est que, d'un côté, il présente les apparences de la reconnaissance ; de l'autre, il constitue en soi un jugement de moralité puisque, finalement, la coutume n'est singularisée que pour mieux indiquer à quel point le monde de l'indigène, dans sa naturalité, ne coïncide en rien avec le nôtre ; bref, ne fait pas partie de notre monde et ne saurait, dès lors, servir de base à l'expérience d'une commune citoyenneté.

Un troisième type de réponse relève de la politique dite d'assimilation. Dans son principe, l'idée de l'assimilation repose sur la possibilité d'une expérience du monde qui serait commune à tous les êtres humains ou, mieux, sur l'expérience d'une universelle humanité fondée sur une essentielle similitude entre les êtres humains. Ni ce monde commun à tous les êtres humains, ni cette similitude ne seraient cependant donnés d'emblée à l'indigène. Ce dernier devrait y

1 Thomas R. Metcalf, *Ideologies of the Raj*, Cambridge University Press, Cambridge, 1995.

2 La forme institutionnelle la plus achevée de cette économie de l'altérité est le régime de l'apartheid, dans lequel les hiérarchies sont d'ordre biologique. Son versant mineur est l'*indirect rule*. Voir Lucy P. Mair, *Native Policies in Africa*, Routledge and Kegan Paul, Londres, 1936 ; Frederick D. Lugard, *The Dual Mandate in British Tropical Africa*, W. Blackwood & Sons, Londres, 1980.

être converti. Cette éducation serait la condition pour qu'il soit perçu et reconnu comme notre semblable et pour que son humanité cesse d'être infigurable et insaisissable. Dans ces conditions, l'*assimilé* est un individu à part entière et non un sujet de la coutume. Il peut détenir des droits et en jouir, non pas en vertu de son appartenance à un ensemble ethnique, mais en raison de son statut de sujet autonome, capable de penser par lui-même et d'exercer cette faculté proprement humaine qu'est la raison. Il témoigne de la possibilité que le Nègre pourrait, sous certaines conditions, devenir, sinon notre égal ou notre semblable, du moins notre *alter ego* et que la différence pourrait être abolie, effacée ou résorbée. Ainsi, l'essence de la politique d'assimilation est de désubstantialiser la différence, à tout le moins pour une catégorie d'indigènes ainsi cooptés dans l'espace de la modernité parce que « convertis » et « cultivés », c'est-à-dire aptes à la citoyenneté et à la jouissance de droits civiques.

L'universel et le particulier

Lorsque la critique nègre s'empare de la question de l'autogouvernement au sortir de la traite atlantique, puis dans la foulée des luttes pour la décolonisation, elle hérite de ces trois réponses et des contradictions qu'elles engendrèrent. Cette critique accepte, pour l'essentiel, les catégories de base dont se sert alors le discours occidental pour rendre compte de l'histoire universelle. La notion de « civilisation » en est une [1]. Elle autorise la distinction entre l'humain et ce qui ne l'est point ou ne l'est pas encore suffisamment, mais peut le devenir moyennant un dressage approprié [2]. L'on pense alors que les trois vecteurs de ce dressage sont la conversion au christianisme, l'introduction à l'économie de marché par le biais de la mise au travail, et l'adoption de formes rationnelles et éclairées de

1 Voir les textes rassemblés *in* Henry S. Wilson (dir.), *Origins of West African Nationalism*, Macmillan-St Martin's Press, Londres, 1969.

2 Voir, par exemple, Nicolas de Condorcet, « Réflexions sur l'esclavage des nègres » [1778], *in Œuvres*, tome 7, Firmin-Didot, Paris, 1847-1849, p. 79.

gouvernement [1]. Chez les premiers penseurs africains modernes, la libération de la servitude équivaut avant tout à l'acquisition du pouvoir formel de décider de soi de façon autonome. Suivant en cela les tendances du moment, les nationalismes africains d'après-guerre remplacent le concept de « civilisation » par celui de « progrès ». Mais c'est pour mieux épouser les téléologies de l'époque [2]. La possibilité d'une modernité alternative n'est pas exclue *a priori*. D'où l'âpreté des débats sur le « socialisme africain » par exemple. Mais la question de la conquête du pouvoir domine la pensée et la pratique des nationalismes anticoloniaux. Tel est notamment le cas dans la plupart des situations de lutte armée. Dans la justification du droit à la souveraineté et à l'autodétermination et dans la lutte pour accéder au pouvoir, deux catégories centrales seront alors mobilisées : d'une part la figure du Nègre en tant que « volonté souffrante » et sujet victimaire et lésé ; et d'autre part la reprise et le redéploiement, par les Nègres eux-mêmes, de la thématique de la différence culturelle dont on vient de voir qu'elle était au cœur des théories coloniales de l'infériorité et de l'inégalité.

Cette manière de s'autodéfinir prend appui sur une lecture du monde qui sera amplifiée, plus tard, par les courants idéologiques se réclamant tant du progressisme et du radicalisme que du nativisme. Au cœur du paradigme de la victimisation se trouve une vision de l'histoire en tant que série de fatalités. Celle-ci serait essentiellement gouvernée par des forces qui nous échappent, suivant un cycle linéaire dépourvu d'accident, toujours le même, spasmodique, qui se répète un nombre infini de fois, selon la trame du complot. Le complot est ourdi par un ennemi externe, plus ou moins caché, qui s'appuie toujours sur des complicités intimes. C'est cette lecture conspirationelle de l'histoire que l'on présente comme le discours radical de l'émancipation et de l'autonomie, fondement d'une prétendue politique de l'africanité. Mais derrière

---

1 Voir Edward W. Blyden, *op. cit.* ; et, du même auteur, *Liberia's Offering*, New York, 1862.

2 Voir, à titre d'exemple, les textes rassemblés par Aquino de Bragança et Immanuel Wallerstein (dir.), *The African Liberation Reader*, 3 volumes, Zed Press, Londres, 1982.

la névrose de la victimisation se cache, en réalité, une pensée négative et circulaire. Pour fonctionner, elle a besoin de superstitions. Elle doit créer ses propres fables qui, ensuite, passent pour des choses réelles. Elle doit fabriquer des masques que l'on conserve en les remodelant en fonction des époques. Ainsi en est-il du couple qu'est le bourreau (l'ennemi) et sa victime (innocente). L'ennemi – ou encore le bourreau – incarnerait l'absolu de la méchanceté. La victime, chargée de vertu, serait incapable de violence, de terreur et de corruption. Dans cet univers clos et où « faire l'histoire » se résume à débusquer ses ennemis et à chercher à les annihiler, toute dissension est interprétée comme une situation extrême. De sujet nègre, il n'y en a que dans la lutte violente pour la conquête du pouvoir – et d'abord du pouvoir de répandre le sang. Le Nègre, sujet castré et instrument passif de la jouissance de l'Autre, ne devient lui-même que dans l'acte par lequel il arrache au colon le pouvoir de répandre le sang et l'exerce lui-même. L'histoire, finalement, participerait d'une grande économie de la sorcellerie.

On l'a déjà souligné, un autre trait majeur du discours nègre consiste à reprendre pour soi, à internaliser et à déployer pour son propre bénéfice l'idéologie de la différence culturelle. Celle-ci s'appuie sur trois béquilles – la race, la géographie et la tradition. De fait, la plupart des théories politiques du XIXe siècle établissent un rapport étroit entre le sujet humain et le sujet racial. Dans une large mesure, elles lisent d'abord le sujet humain à travers le prisme de sa race. La race elle-même est entendue comme un ensemble de propriétés physiologiques visibles et de caractères moraux discernables. Ce sont ces propriétés et ces caractères qui, pense-t-on, distinguent les espèces humaines entre elles [1]. Propriétés physiologiques et caractères moraux permettent, en outre, de les classer au sein d'une hiérarchie dont les effets de violence sont aussi bien politiques que culturels [2]. Ainsi qu'on l'a déjà indiqué, il se trouve que,

1 Voir Emmanuel Kant, *Anthropology from a Pragmatic Point of View*, Southern Illinois Press, Chicago, 1978.

2 Sur ce plan, voir Pierre Guiral et Émile Temime (dir.), *L'Idée de race dans la pensée politique française contemporaine*, Éditions du CNRS, Paris, 1977.

pour l'essentiel, la classification en vigueur au cours du XIXe siècle exclut les Nègres du cercle de l'humanité ou, en tout cas, leur assigne un statut d'infériorité dans l'échelle des races. C'est ce déni d'humanité (ou ce statut d'infériorité) qui oblige leur discours à s'inscrire, dès ses origines, dans une tautologie : « Nous sommes des êtres humains nous aussi [1]. » Ou encore : « Nous avons un passé glorieux qui témoigne de cette humanité [2]. » C'est aussi la raison pour laquelle, dès ses origines, le discours sur l'identité nègre est pris au cœur d'une tension dont il a encore du mal à se libérer : le Nègre participe-t-il de l'identité humaine générique [3] ? Ou alors devrait-il, au nom de la différence et de la singularité, insister sur la possibilité de figures culturelles diverses d'une même humanité – figures culturelles dont la vocation n'est pas de se suffire à elles-mêmes, et dont la destination finale est universelle [4] ?

La réaffirmation d'une identité humaine niée par autrui participe, dans ce sens, du discours de la réfutation et de la réhabilitation. Mais si le discours de la réhabilitation cherche à confirmer la *co-appartenance* nègre à l'humanité en général, il ne récuse pas par contre – sauf en de rares cas – la fiction d'un sujet de race ou de la *race en général* [5]. Au fait, il embrasse cette fiction. Ceci est vrai aussi bien de la Négritude que des diverses variantes du panafricanisme. De fait, dans ces propositions – toutes porteuses d'un imaginaire de la culture et d'un imaginaire de la politique – c'est la race qui permet effectivement de fonder, non seulement la différence en général, mais aussi l'idée même de la nation et de la communauté

1 Voir l'importance de cette thématique *in* Frantz FANON, *Peau noire…, op. cit.* ; *in* Aimé CÉSAIRE, *Discours sur le colonialisme, op. cit.* ; et, de manière générale, dans la poésie de Léopold Sédar Senghor.

2 William E. B. DUBOIS, *The World and Africa. An Inquiry into the part which Africa has played in world history*, International Publishers, New York, 1946.

3 Voir, à cet effet, les dernières pages de Frantz FANON, *Peau noire…, op. cit.*

4 Thèse de Léopold Sédar SENGHOR, « Negritude : A Humanism of the Twentieth Century », *in* Patrick WILLIAMS et Laura CHRISMAN (dir.), *Colonial Discourse and Postcolonial Theory. A Reader*, Harvester Wheatsheaf, New York, 1994, p. 27-35.

5 Voir, sur ce plan, la critique que Kwame Anthony Appiah fait des textes d'Alexander Crummel et William E. B. Dubois *in My Father's House. Africa in the Philosophy of Culture*, Methuen, Londres, 1992 (chapitres 1 et 2). Voir aussi son « Racism and Moral Pollution », *Philosophical Forum*, vol. 18 ; n° 2-3, 1986-1987, p. 185-202.

puisque ce sont les déterminants raciaux qui doivent servir de base morale à la solidarité politique. La race sert de preuve (ou parfois de justification) à l'existence de la nation. C'est elle qui est le sujet moral en même temps que le fait immanent de la conscience. Dans une grande partie du discours nègre, les soubassements fondamentaux de l'anthropologie du XIXe siècle – à savoir le préjugé évolutionniste et la croyance en l'idée de progrès – restent intacts, racialisation de la nation et nationalisation de la race allant de pair.

Dans le trou de la race disparaît, de fait, la tension latente qui a toujours marqué la réflexion sur l'identité nègre en général. Cette tension oppose une démarche universalisante, et qui clame la *co-appartenance* à l'humaine condition, et une autre, particulariste, qui insiste sur la différence et le dissemblable en mettant l'accent, non pas sur l'originalité en tant que telle, mais sur le principe de la répétition (la coutume) et les valeurs d'autochtonie. Dans l'histoire de la pensée nègre des deux derniers siècles, le point de réconciliation de ces deux démarches politico-culturelles est la race. La défense de l'humanité du Nègre va presque toujours de pair avec la revendication du caractère spécifique de sa race, de ses traditions, de ses coutumes et de son histoire. Tout le langage se déploie le long de cette limite de laquelle découle toute représentation de ce qui est « nègre ». On se révolte, non contre l'appartenance du Nègre à une race distincte, mais contre le préjugé de l'infériorité qui se rattache à ladite race. Le doute ne porte pas sur la spécificité de la culture dite africaine : ce que l'on proclame, c'est la relativité des cultures en général. Le « travail pour l'universel » consiste, dans ces conditions, à enrichir la *ratio* occidentale de l'apport que constituent les « valeurs de civilisation » nègres, le « génie propre » de la race noire dont l'« émotion » en particulier serait la pierre angulaire. C'est ce que Senghor appelle le « rendez-vous du donner et du recevoir » dont l'un des résultats devrait être le métissage des cultures [1].

C'est à partir de ce fond de croyances communes que se développeront les discours sur la différence culturelle. Les tenants de la

1 Léopold Sédar SENGHOR, *Liberté I : négritude et humanisme*, Seuil, Paris, 1964 ; puis *Liberté III : négritude et civilisation de l'universel*, Seuil, Paris, 1977.

différence nègre, de l'idée d'une autochtonie africaine s'efforceront, à partir du XIXe siècle, de trouver une dénomination générale et un lieu dans lequel ancrer cette prose. Ce lieu géographique, ce sera l'Afrique tropicale, ligne de fiction s'il en fût. Il s'agira alors d'en abolir l'anatomie fantasmatique inventée par les Européens et dont Hegel et les autres se firent l'écho [1]. L'on en recollera, vaille que vaille, les membres disjoints. On en reconstituera le corps morcelé dans le zénith imaginaire de la race et, si nécessaire, dans les traits irradiants du mythe [2]. On s'efforcera ensuite de retrouver cette africanité dans un ensemble de traits culturels spécifiques que la recherche ethnologique se chargera de fournir. Enfin, l'historiographie nationaliste ira rechercher dans les empires africains d'autrefois, voire dans l'Égypte pharaonique, la réserve manquante [3]. À l'examen, cette démarche – reprise par les courants idéologiques qui se réclament du progressisme et du radicalisme – consiste d'abord à établir une quasi-équivalence entre race et géographie, puis à faire découler l'identité culturelle du rapport entre les deux termes, la géographie devenant le lieu électif où les institutions et le pouvoir de la race doivent prendre corps [4]. Le panafricanisme définit en effet le natif et le citoyen en les identifiant au Noir. Le Noir devient citoyen parce qu'il est un être humain doué, comme tous les autres, de raison ; mais s'y ajoute le double fait de sa couleur et du privilège de l'autochtonie. Authenticité raciale et territorialité se confondant, l'Afrique devient, dans ces conditions, le pays des Noirs. Du coup, tout ce qui n'est pas Noir n'est pas du lieu

---

1 Georg Wilhelm Friedrich HEGEL, *La Raison dans l'Histoire*, *op. cit.*

2 Voir, en particulier, dans le monde francophone, les travaux de Cheikh Anta Diop et, dans le monde anglophone, les thèses sur l'afro-centricité de Molefi ASANTE, *Afrocentricity*, Africa World Press, Trenton, NJ, 1988.

3 Voir, entre autres, les travaux de Théophile OBENGA, *L'Afrique dans l'Antiquité. Égypte pharaonique – Afrique noire*, Présence africaine, Paris, 1973.

4 On retrouve, paradoxalement, la même impulsion et le même désir de conflation de la race et de la géographie dans les écrits racistes des colons blancs en Afrique du Sud. Pour les détails, voir John M. COETZEE, *White Writing. On the Culture of Letters in South Africa*, Yale University Press, New Haven, 1988. Voir spécialement les chapitres concernant Sarah Gertrude Millin, Pauline Smith et Christiaan Maurits van den Heever.

et ne saurait, par conséquent, se réclamer d'une quelconque africanité. Corps spatial, corps racial et corps civique ne sont plus qu'un, le premier témoignant de la commune autochtonie en vertu de laquelle tous nés de cette terre ou partageant la même couleur et les mêmes ancêtres seraient tous frères et sœurs. Le référent racial se trouve ainsi à la base de la parenté civique. Dans la détermination de qui est nègre et de qui ne l'est pas, l'imagination identitaire n'aura guère de valeur sans la conscience raciale. Le Nègre sera désormais, non pas quelqu'un qui participe de la condition humaine tout court, mais *celui qui, né en Afrique, vit en Afrique et est de race noire*. L'idée d'une africanité qui ne serait pas nègre est tout simplement de l'ordre de l'impensable. Dans cette logique d'assignation des identités, les non-Noirs ne sont pas d'ici (autochtones) puisqu'ils viennent d'ailleurs (*settlers*). D'où l'impossibilité de concevoir, par exemple, l'existence d'Africains d'origine européenne.

Or, conséquence de la traite des esclaves, il se trouve que des Noirs habitent des pays lointains. Comment rendre compte de leur inscription dans une nation définie racialement alors que la géographie les a coupés du lieu de leur naissance et du lieu où ils vivent et travaillent ? Pour consacrer leur africanité, on proposera qu'ils reviennent purement et simplement en Afrique. L'espace géographique africain constituant le foyer naturel des Noirs, ceux que l'esclavage a éloignés du sein africain vivraient une condition d'exil [1]. Dans une large mesure, l'horizon d'un éventuel retour (le *back to Africa movement*) traverse le mouvement panafricaniste. Plus fondamentalement, le panafricanisme se développera à l'intérieur d'un paradigme raciste dont le XIXe siècle européen constitue le moment de triomphe [2]. Discours de l'inversion, il puisera ses

1 Ils doivent « retourner vers la terre de [leurs] pères [...] et être en paix » (« *return to the land of* [their] *fathers and be at peace* »), résume Blyden (*in Christianity, Islam and the Negro Race*, *op. cit.*, p. 124.)

2 L'Afrique en tant que mythologie raciale se retrouve aussi bien dans les travaux de William E.B. Dubois que dans ceux de Cheikh Anta Diop ou encore de Wole Soyinka. De ce dernier, voir *Myth, Literature and the African World*, Cambridge University Press, Cambridge, 1976.

catégories fondamentales dans les mythes auxquels il prétend s'opposer et reproduira leurs dichotomies (différence raciale entre Noir et Blanc, confrontation culturelle entre les civilisés et les sauvages, opposition religieuse entre les chrétiens et les païens, conviction selon laquelle la race fonde la nation et vice versa). Il s'inscrira dans une généalogie intellectuelle fondée sur *la territorialisation de l'identité d'une part et la racialisation de la géographie de l'autre*, le mythe d'une cité (*polis*) raciale venant faire oublier qu'à l'origine de l'exil il y a, certes, la rapacité du capitalisme, mais également un meurtre familial. Il y a des fratricides [1].

Tradition, mémoire et création

L'on vient de montrer que, derrière une certaine rhétorique de la différence culturelle, s'est en fait poursuivi un travail politique de sélection dans une mémoire qui se voudrait ordonnée autour du double désir de souveraineté et d'autonomie. Paradoxalement, ce travail n'a fait que renforcer chez les Nègres le ressentiment et la névrose de la victimisation. Comment reprendre, à nouveaux frais, l'interrogation sur la différence nègre entendue cette fois non pas comme un geste de ressentiment et de nostalgie, mais comme un geste d'autodétermination ? Cette interrogation neuve peut-elle se faire sans une critique de la mémoire et de la tradition, c'est-à-dire un effort conscient visant à discerner ce qui, dans la différence, offre des possibilités créatrices ou recréatrices ?

Telle est la question que pose, dès 1885, Alex Crummel. Il la pose dans les termes d'une possible politique du futur, du « temps qui vient » (*the time to come*) [2]. Le temps qu'il a à l'esprit est une catégorie à la fois politique et existentielle. D'après Crummel, le point de départ d'une pensée du « temps qui vient » est la reconnaissance

1 Joseph C. Miller, *Way of Death. Merchant Capitalism and the Angolan Slave Trade (1730-1830)*, University of Wisconsin Press, Madison, 1988.

2 Alex Crummel, *Africa and America. Addresses and Discourses*, Negro Universities Press, New York, 1969 [1891], p. 14.

du fait que l'on ne peut vivre dans le passé. Le passé peut servir de motif d'inspiration. L'on peut apprendre du passé. Mais les concepts moraux de devoir et de responsabilité ou encore d'obligation découlent directement de notre entendement du futur. Le temps du futur est celui de l'espérance. Le présent est le temps du devoir. Crummel reproche aux Nègres de modeler excessivement leur conduite sur les « enfants d'Israël ». « Longtemps après leur exode et leur libération de la servitude, longtemps après la défaite du Pharaon, ils auraient dû fixer leurs yeux sur la Terre promise et aspirer à la liberté. Ils n'arrêtèrent pas d'avoir les yeux tournés en arrière, vers l'Égypte », affirme-t-il. Il qualifie de « morbide » toute économie du souvenir qui pousse le sujet à transformer en demeure « des choses répugnantes » ; à « s'attacher à ce qui est sombre et triste », toutes choses qui conduisent à la dégénérescence. Ce que dévoile un tel attachement, poursuit-il, c'est l'appétit pour la mort. À cette mémoire qui se déploie dans les termes d'un irrépressible appétit pour la mort, il oppose deux types de capacités et de pratiques : l'espérance et l'imagination. Crummel introduit une distinction entre la mémoire de l'esclavage et l'appel permanent à un passé de malheur et de dégradation. Le passage de la servitude à la liberté n'exige pas seulement un traitement subtil de la mémoire. Il requiert aussi une refonte des dispositions et des goûts. La reconstruction de soi au sortir de la servitude implique par conséquent un énorme travail sur soi. Ce travail consiste à inventer une nouvelle intériorité [1].

Fabien Eboussi Boulaga propose, quant à lui, de relire la différence à la fois comme mémoire vigilante, modèle d'identification critique et modèle utopique [2]. La différence nègre, en soi, ne constitue ni un geste d'innocence, ni un geste d'autodétermination. En tant que mémoire, il s'agit d'une différence qui a été vaincue et humiliée. Au fond, c'est une différence dont certaines composantes ont fait l'objet d'une perte irrémédiable. Ces

1 *Ibid.*, p. 14-36.

2 Nous nous inspirons abondamment, dans ce qui suit, des réflexions de Fabien Eboussi Boulaga sur la « tradition ». Voir *La Crise du Muntu*, *op. cit.*, p. 152-172.

composantes ne pourront jamais être recouvrées. Elles ne peuvent faire que l'objet d'une évocation. Cette fonction d'évocation pourrait être une fonction de délivrance – à la condition qu'elle ne s'égare point dans la nostalgie et la mélancolie. Il y a, dans toute différence, des aspects internes qui l'exposent à être violée ou, pour reprendre les termes d'Eboussi Boulaga, « appellent l'attentat [1] ». Il y a des manières d'en appeler à la différence qui s'apparentent au consentement à l'asservissement, tout comme il n'y a aliénation que là où, en plus de la contrainte, l'on succombe à la séduction. Certaines formes de la différence portent en elles leurs propres germes de mort, leur finitude. Il y a donc un paradigme négatif de la différence dans la mesure où cette dernière ouvre la porte aux forces de la déshumanisation. Et il n'y a, *a priori*, aucune raison de s'y attacher aveuglément.

Traitant par ailleurs de la « tradition », Eboussi Boulaga fait valoir que la fonction de vigilance est celle qui permet d'empêcher la répétition. « La mémoire vigilante se pose pour se libérer de la répétition de l'aliénation de l'esclavage et de la colonisation », c'est-à-dire « la domestication de l'homme, sa réduction à la condition d'objet », le dépouillement de son monde, « jusqu'à ce qu'il se renie ou se détruise lui-même, étranger à sa terre, à sa langue, à son corps, de trop dans l'existence et l'histoire » [2]. D'autres modalités de la différence se traduisent soit par le rejet, soit par la fétichisation de tout ce qui est étranger, voire, dans certains cas, la retraduction de toute nouveauté dans des termes anciens – ce qui permet de la nier ou de la neutraliser. D'autres instances de la différence négative ont trait à la désertion de responsabilité, à la culpabilisation de tout autre que soi-même, à l'imputation permanente de la servitude initiale à la seule action des forces externes et à la décharge de ses pouvoirs propres. Ceci dit, Eboussi ne récuse pas la différence en soi. Pour lui, la reconnaissance de l'existence de ce qui n'est pas soi, ou qui ne se ramène pas à soi, va nécessairement de pair avec le geste de séparation à part des autres et d'identification à soi. Il existe un moment

---

1 *Ibid.*, p. 152.
2 *Ibid.*, p. 153.

d'autonomie par rapport aux autres êtres humains qui n'est pas, par principe, un moment négatif. À cause des vicissitudes de l'histoire, un tel moment, bien vécu, permet au Nègre de se redécouvrir comme source autonome de création, de s'attester comme humain, de retrouver sens et fondement à ce qu'il est et à ce qu'il fait [1]. D'autre part, la différence positive est ouverture sur le futur. Elle renvoie non à une apologétique, mais à la reconnaissance de ce que chacun, comme humain, fait dans l'œuvre de constitution du monde. Dans tous les cas, la destruction des différences et le rêve d'imposition d'une langue unique à tous sont voués à l'échec. L'unité n'est jamais que l'autre nom de la multiplicité et la différence positive ne peut être qu'une différence vivante et interprétante [2]. Elle est fondamentalement une orientation vers le futur.

Il reste à déconstruire la tradition elle-même qui, souvent, sert de contrepoint au discours sur la différence en en révélant le caractère inventé. Selon ce point de vue, l'Afrique en tant que telle – et l'on devrait ajouter le Nègre – n'existe qu'à partir du texte qui la construit comme la fiction de l'autre [3]. C'est à ce texte que l'on accorde ensuite une puissance structurante, au point où le soi qui prétend parler d'une voix authentiquement sienne encourt toujours le risque de ne jamais s'exprimer qu'à partir d'un discours préconstitué, qui masque le sien propre, le censure ou l'oblige à l'imitation. En d'autres termes, l'Afrique n'existe qu'à partir d'une bibliothèque coloniale qui s'immisce et s'insinue partout, y compris dans le discours qui prétend la réfuter, au point où, en matière d'identité, de tradition ou d'authenticité, il est sinon impossible du moins difficile de distinguer l'original de sa copie, voire de son simulacre. Tel étant le cas, l'on ne saurait problématiser l'identité nègre qu'en tant qu'identité en devenir. Dans cette perspective, le monde ne constitue plus, en soi, une menace.

---

1 *Ibid.*, p. 156.

2 *Ibid.*, p. 158.

3 V.Y. Mudimbe, *The Invention of Africa*, Indiana University Press, Bloomington, 1988 ; et *The Idea of Africa*, Indiana University Press, Bloomington, 1994.

Il apparaît, au contraire, comme un vaste réseau d'affinités [1]. Il n'existe pas d'identité nègre comme il existe des Livres révélés. Il y a une identité en devenir qui se nourrit à la fois des différences entre les Nègres tant du point de vue ethnique, géographique que linguistique et des traditions héritées de la rencontre avec le *Tout-Monde*.

La circulation des mondes

De fait, dans les pratiques culturelles historiques, la différence se constitue à travers un triple processus d'entrelacement, de mobilité et de circulation. Prenons, à titre d'exemple, les deux disciplines de l'islam et du christianisme. En tant que l'une des enveloppes les plus anciennes des identités nègres, du moins en certaines régions du continent, l'islam précède de loin la traite atlantique et le moment colonial proprement dit. Il est fait de différentes traditions organisées en confréries au sein desquelles des élites religieuses réinterprètent le Coran, l'enseignent et tentent d'en traduire les protocoles en un ordre juridique imposable tant aux croyants qu'aux non-croyants. De ce point de vue, l'islam fonctionne comme un dispositif formel de gouvernance, comme une fabrique de sujets et comme une figure de la souveraineté.

Malgré leur diversité, une chose cependant unit ces différentes traditions : le privilège qu'elles accordent à la foi dans la détermination des rapports entre identité, politique et histoire. À bien des égards, l'autorité dont sont porteuses ces traditions est une autorité conquérante et sûre d'elle-même. Les façons de gouverner, les façons de croire et les façons de faire le commerce sont liées entre elles selon le principe des vases communicants. Et si quelque chose sépare l'islam des autres religions en Afrique, c'est sans doute la façon dont l'acte de piété répond, comme en écho, à l'acte guerrier.

---

1 Kwame Anthony Appiah, *In My Father's House*, *op. cit.*, p. 284 et suiv. Dans une étude ultérieure, Appiah dénonce l'étroitesse des positions nationalistes, fait valoir la possibilité de la double ancestralité et se réclame d'un cosmopolitisme libéral. Lire Kwame Anthony Appiah, « Cosmopolitan Patriots », *Critical Inquiry*, vol. 23, n° 3, 1997, p. 617-639.

En effet, afin de s'imposer, la foi islamique ne se prive ni de l'usage de la force ni d'une certaine esthétique de la violence. Guerres dites saintes et conversions forcées sont légitimées et autorisées par la nécessité de la rectitude et du salut. Là où la conversion forcée finit par prendre le pas sur l'adhésion libre, une relation maître-esclave vient se superposer au rapport croyant-infidèle.

Les lois de la religion définissant les modalités de l'appartenance et de l'exclusion, l'observance des préceptes religieux (comment vivre moralement au regard de Dieu) constitue la condition d'admission dans une nation imaginaire dont les frontières physiques et symboliques s'étendent au loin : la communauté des croyants. À l'extérieur de ce domaine que constitue la communauté des croyants, ses villes, ses caravanes, ses négociants et ses lettrés, il n'y a qu'impiété. Tout ce qui se situe au-delà des limites du monde de la Révélation (le *dar al-islam* ou empire de l'islam) peut être razzié et a vocation à être réduit en esclavage. Les nouvelles terres qu'il faut ouvrir à l'islam constituent, strictement parlant, le *dar al-harb*, le pays de la guerre. Dans sa pénétration de l'Afrique, cette visée belliqueuse (ainsi que l'appétit du luxe et de la brutalité qui en sont le corollaire) n'empêche cependant pas l'islam de s'offrir en même temps aux convertis comme une proposition de vie éthique à part entière.

La deuxième discipline est le christianisme. À l'origine, le rapport judéo-chrétien à l'Afrique est dominé par le motif des ténèbres, tragédie primordiale consistant en le recouvrement du vrai par toutes sortes de superstitions. Dans le récit judéo-chrétien, l'Afrique constitue la métaphore par excellence de la chute. Habitée par des figures humaines enchaînées dans la nuit de l'ombre, elle vivrait en retrait de Dieu. Telle serait d'ailleurs l'essence du paganisme : partout déguisement, absence de discernement et égarement, refus de regarder en direction de la lumière, bref, corruption de l'étant. Cependant, au rapport belliqueux caractéristique de l'islam, le judéo-christianisme substitue une autre figure de la violence : celle de la miséricorde et de la pitié. Le projet, en effet, c'est d'ôter les chaînes, c'est-à-dire de séparer ce qui relève du monde des apparences et du régime du faux et ce qui relève du vrai. Car les apparences simulent une présence. Et c'est cette présence qu'il faut réveiller (théologie des pierres d'attente).

C'est pourquoi en lieu et place d'une vie purement objectale parce que dépourvue de tout contenu moral et esthétique, d'un monde statique et immuable, peuplé de masques et de fétiches, d'une multitude d'objets profanes et d'un matériau humain brut, le christianisme propose aux indigènes une manière d'initiation à la saisie du vrai, un projet de délivrance et de guérison, bref, la promesse d'une vie nouvelle. Ce faisant, il n'abolit pas purement et simplement le monde de l'allégorie. Il établit un nouveau rapport entre celui-ci et le monde de l'événement. L'événement, c'est la promesse d'élection au salut. Ce dernier est un ensemble d'idées qui, par leur caractère ensorceleur, pourraient être qualifiées de magico-poétiques. C'est le cas de la résurrection des morts, songe sublime que domine le désir d'un temps absolu, cette étendue infinie que sont le temps et l'espace de l'immortalité. Le prix d'accès à cette promesse réside en l'abandon d'une existence dissipée en échange de la rédemption. La conversion à la vérité révélée entraîne, à son tour, un véritable travail sur soi, l'effacement de toute identité distincte et séparée, l'abolition de la différence et le ralliement à une humanité désormais universelle.

On retrouve le même projet d'universalisation dans la colonisation. Celle-ci se présente, du moins sur le plan rhétorique, en fille des Lumières. À ce titre, elle affirme détenir son gouvernement de la raison universelle. La raison universelle suppose l'existence d'un sujet du même nom, dont l'universalité est incarnée par son humanité. C'est la reconnaissance de cette commune humanité qui autorise la prise en compte de chaque individu en tant que personne juridique dans la société civile. Du reste, l'on ne peut parler de sujet universel que parce que l'on admet une notion du droit dans laquelle tous sont identiques, tous ont de la valeur. La discipline coloniale formalise deux mécanismes d'organisation de la société et du politique qu'elle justifie en référence à la raison : l'État et le marché. L'État apparaît d'abord sous sa forme primitive, celle du « commandement », avant de se muer en dispositif de civilisation des mœurs. Dans son versant primitif, le marché s'inscrit, quant à lui, dans l'imaginaire autochtone sous son aspect le plus abject : le trafic d'êtres humains. Ce n'est que progressivement que, l'appétit de la marchandise s'intensifiant, il se transforme en une vaste machine productrice de désirs. Au lendemain de la Seconde Guerre mondiale, la discipline coloniale fera entrevoir trois autres sortes de biens aux colonisés – la citoyenneté, la nation et la société civile. Il leur en interdira cependant l'accès jusque dans sa phase terminale. Comme pour l'islam et le christianisme, la colonisation est un projet d'universalisation. Sa finalité est d'inscrire les colonisés dans l'espace de la modernité. Mais sa vulgarité, sa brutalité souvent désinvolte et sa mauvaise foi en font un exemple parfait d'antilibéralisme.

La formation des identités africaines contemporaines ne se fait guère en référence à un passé vécu à la manière d'un sort jeté une fois pour toutes, mais souvent à partir d'une capacité à mettre le passé entre parenthèses – condition d'ouverture sur le présent et sur la vie en cours. C'est ce qu'indique, par exemple, une lecture historique des réappropriations locales des trois disciplines évoquées plus haut. Ainsi, au projet islamique les Africains opposent une réponse que l'on pourrait qualifier d'assimilation créative. Au sein de ces cultures marquées par l'oralité, l'hégémonie du Livre est relativisée. Le noyau doctrinal est réinterprété d'une manière qui laisse largement ouverte la réponse à la question de savoir ce qui constitue, en propre, une société ou un gouvernement islamique. De cette ouverture – qui est en même temps un refus de clore toute rencontre – émergent des pratiques populaires d'observance de la foi et de la loi qui font une large place aux arts de la guérison et de la divination par exemple, ou encore à l'interprétation des songes, bref aux ressources du mysticisme et aux nombreux gisements orphiques des traditions locales.

L'Afrique musulmane produit également ses lettrés et ses réformateurs. La plupart sont en même temps des guerriers. D'autres sont de grands négociants, impliqués dans les échanges au loin. Scribes, savants, légistes et exégètes du Coran, voire simples esclaves et griots, bâtissent la cité terrestre et réinterprètent les récits hérités du Prophète, les yeux fixés sur les marchandises et, pour certains, sensibles à l'appel du luxe. Attentifs aux détails de lieu et de situation, ils réécrivent et l'islam lui-même et l'identité africaine, souvent de manière inattendue, dans un commerce hardi avec le monde. De ce procès émergent plusieurs variétés de l'islam et de la pluralité des cultures politiques du religieux. Au cœur de certaines de ces traditions, l'État, par exemple, n'est que l'une des variantes possibles des formes d'organisation sociale. Il ne résume guère, à lui tout seul, l'imaginaire de la communauté. Dans d'autres, c'est l'autorité politique elle-même qui est frappée de suspicion. Ne risque-t-elle pas de corrompre le religieux ? D'où, par exemple, la thèse du « retrait » défendue par de nombreux lettrés. Ailleurs, la forme islamique d'organisation de la cité ne repose pas sur les statuts hérités mais sur la soumission spirituelle au cheikh (cas des soufis). Plus loin, l'adhésion volontaire à la confrérie prend le pas sur la conscription religieuse.

Dans tous les cas, la pluralité des réponses doctrinales est manifeste tant du point de vue théologique que du point de vue des pratiques populaires de la foi. Les trois catégories du jugement rationnel (à savoir le nécessaire, l'impossible et le contingent) assouplissent considérablement le dogme de l'absolu divin. Finalement, une pédagogie fondée sur la mémorisation donne naissance à une culture religieuse et profane où il n'est pas nécessaire de maîtriser de bout en bout la langue arabe, et où les signes ésotériques ont autant, sinon plus, de poids que les réalités objectives. De toutes les rencontres entre l'Afrique et les religions monothéistes, c'est sans doute à l'islam que s'applique le mieux la métaphore des « noces de l'arbre et du langage » évoquée par Walter Benjamin. Les branches et la cime déclinent avec hauteur. Les rameaux ne cachent ni leur inclination ni leur inaccessibilité. Le feuillage se hérisse et frémit sous les caresses d'un courant d'air ou, parfois, fait le gros dos. Entre-temps, le tronc, toujours, campe sur ses racines.

Plusieurs facteurs expliquent cette labilité. Le premier a trait à la capacité d'extension et de dispersion spatiale, et donc de négociation des distances. Ainsi, en Afrique de l'Ouest, plusieurs faisceaux relient les mondes arabo-berbères et les mondes négro-africains. Les confréries sont dispersées autour de pôles géographiques à partir desquels elles essaiment. D'où le caractère organisé des migrations et des échanges commerciaux à longue distance. Mais quel que soit l'éloignement, toujours, un rapport étroit lie le migrant à son lieu de départ. Quelque chose de l'ordre de l'image chaque fois l'y rattache et l'y ramène. L'identité, quant à elle, est composée à l'interface entre ce rituel de l'enracinement et cette rythmique de l'éloignement, dans ce passage constant du spatial au temporel et de l'imaginaire à l'orphique.

Le deuxième a trait à une pratique de la frontière qui fait la part belle aux *identités itinérantes*, de circulation. Historiquement, l'attache au territoire et au sol en Afrique fut toute contextuelle. Dans certains cas, les entités politiques étaient délimitées non par des frontières au sens classique du terme, mais par une imbrication d'espaces multiples, constamment faits, défaits et refaits aussi bien par les guerres et les conquêtes que par la mobilité des biens et des personnes. Des échelles de mesure fort complexes permettaient d'établir des correspondances productives entre les personnes et les choses, les unes pouvant être converties en les autres, comme ce fut le cas au moment de la traite des esclaves. On pourrait dire qu'en opérant par poussées, détachements et scissions, la territorialité précoloniale était une *territorialité itinérante*. Telle était également l'une des modalités de constitution des identités.

Dans d'autres cas, la maîtrise des espaces reposait sur le contrôle des hommes ; dans d'autres encore, sur celui des localités et, parfois, sur les deux combinés. Entre entités politiques distinctes pouvaient s'étaler de vastes étendues, véritables zones tampons sur lesquelles ne pesaient ni contrôle direct, ni domination exclusive, ni tutelle proche. Parfois encore, les dynamiques spatiales tendant à faire de la frontière une véritable limite physique et sociale allaient de pair avec le principe de la dispersion et de la déterritorialisation des allégeances. En effet, étrangers, esclaves et sujets pouvaient dépendre de plusieurs souverainetés à la fois. La multiplicité des allégeances et des juridictions répondait, elle-même, à la pluralité des formes de territorialité. Il en résultait souvent une extraordinaire superposition de droits et un enchevêtrement de liens sociaux qui ne se ramenaient ni à la parenté, ni à la religion, ni à la caste prises isolément. Ces droits et liens se combinaient avec les figures de la localité, mais les transcendaient tout à la fois. Divers centres de pouvoir pouvaient peser sur un même lieu qui, lui-même, pouvait dépendre d'un autre lieu proche, lointain, voire imaginaire.

Qu'elle fût d'État ou autre, la frontière n'avait de sens que dans les rapports qu'elle entretenait avec les autres formes de différence et de discrimination sociale, juridictionnelle et culturelle, les formes de contact et d'entremêlement à l'œuvre dans un espace donné. Il s'agissait alors, non de frontières dans le sens légal du terme, mais de confins de pays et d'espaces imbriqués, pris dans leur ensemble. Ils pouvaient également être agrandis à la faveur des conquêtes ou par des acquisitions. Il s'agissait très souvent de frontières caractérisées par l'extensibilité et l'inachèvement. Il est donc vraisemblable que, dans le passé, les processus de formation identitaire aient été gouvernés par la même logique que celle qui régissait l'institution de la frontière, voire les luttes sociales elles-mêmes : la logique des réseaux imbriqués les uns dans les autres selon le principe de l'entremêlement. Les institutions chargées de négocier la frontière sont les mêmes que celles qui sont chargées de négocier les identités, de réguler le commerce caravanier, de cimenter les alliances verticales et latérales, et parfois de conduire la guerre. D'ailleurs, guerre, mobilité et commerce sont, dans la plupart des cas, combinés, notamment là où la guerre et le commerce vont de pair avec la propagation de l'islam. Il n'y a d'ailleurs pas de commerce sans la capacité de créer des alliances transversales, d'étendre et d'investir des points nodaux dans un espace sans cesse mouvant. De même, la guerre est toujours une guerre de mouvement. La véritable identité, dans ce contexte, n'est pas nécessairement celle qui fixe à un lieu. C'est celle qui permet de négocier la traversée d'espaces eux-mêmes en circulation parce qu'à géométrie variable.

Vient enfin le génie mimétique. Plus que par l'exactitude critique, l'histoire culturelle de l'islam en Afrique est, de bout en bout, marquée par un extraordinaire pouvoir d'imitation et un don hors pair pour produire des ressemblances à partir de différents signes et langages. De nombreuses traditions islamiques africaines résolvent le problème de l'extranéité de l'islam de manière complexe. Leur identité religieuse se construit en rassemblant des mots qui signifient des choses différentes en diverses langues et en les ordonnant autour d'un signifié central qui, dès lors, fonctionne à la fois comme image et mirage, parabole et allégorie. Du coup, parce qu'il parvient à tisser entre l'écriture et le langage des rapports onomatopéiques, l'islam constitue l'archive la plus parfaite de la ressemblance dans l'histoire de la formation des identités en Afrique.

Sans doute, comparé à la longue durée de l'islam sur le continent, le processus d'osmose entre le christianisme et les formes symboliques autochtones demeure-t-il récent. Les réponses africaines au projet universaliste judéo-chrétien n'en sont pas moins complexes. On sait que, suivant en cela le discours nativiste, la théologie chrétienne africaine s'est cristallisée, dès ses origines, sur la notion de la perte, de la scission et de l'effacement de l'identité qui aurait résulté de la rencontre entre le dogme chrétien et les univers autochtones de significations [1]. L'histoire et l'anthropologie récente révèlent cependant que la pratique des acteurs a été tout autre. Loin d'être le mouvement d'abolition de soi craint par les théologiens de l'inculturation, le christianisme, sans être dépouillé de son concept, sera pris à l'envers, décomposé, puis revêtu du masque et du bric-à-brac ancestral. Il apparaîtra d'abord aux Nègres comme un immense champ de signes qui, une fois décryptés, ouvriront la voie à une foule de pratiques sans cesse éloignées de l'orthodoxie [2]. Les Africains y puiseront à la manière d'un miroir dans lequel ils se représenteront leur société et leur histoire.

Ainsi s'explique, en grande partie, la facilité apparente avec laquelle le christianisme a pu être domestiqué et traduit dans les systèmes locaux d'intelligibilité. Par ailleurs, il s'offrira aux Africains comme allégorie et comme esthétique, d'où l'immense travail sur les formes et sur les langages dont il fera l'objet. L'un de ces

---

1 Oscar Bimwenyi-Kweshi, *Discours théologique négro-africain. Problème des fondements*, Présence Africaine, Paris, 1981.

2 Jean Comaroff et John Comaroff, *Of Revelation and Revolution. Volume 2*, Chicago University Press, Chicago, 1990.

langages est celui de l'Esprit et de sa force absolue, voie d'entrée dans l'utopie en même temps que spectacle qui, chaque fois, autorisera un dédoublement du temps et une prise du monde et des choses à l'envers. Finalement, l'on ne saurait sous-estimer son pouvoir d'enchantement. Tout comme le colonialisme, le christianisme est reçu à la manière d'une magie : combinaison de terreur et de séduction que traduisent bien les catégories de salut et de rédemption. Crucial dans la réception du christianisme chez les Nègres sera, de ce point de vue, le désir de souveraineté que résume bien l'idée de résurrection des morts. Le pouvoir de cette métaphore réside dans sa profondeur tragico-poétique, sa violence onirique et sa capacité de symbolisation. D'une part, elle est la manifestation, dans toute sa splendeur et sa misère, des limites du principe divin lui-même : l'histoire d'un Dieu dont l'existence s'achève sur une croix. D'autre part, dans ce songe réside un pouvoir d'enchantement de la vie humaine en ce qu'elle a de plus insaisissable : le triomphe d'un homme revêtu de tous les attributs de la souveraineté divine et dont l'omnipotence éclate au soir de la mort, au sortir du sépulcre.

Dans la plupart des mouvements pentecôtistes en Afrique, ce pouvoir d'enchantement et de symbolisation est utilisé à la manière d'une ressource. Celle-ci permet au croyant de penser son existence non point de façon purement politico-instrumentale, mais bel et bien en tant que geste artistique et projet esthétique ouvert aussi bien à l'action sur soi-même et sur le monde qu'à la méditation et à la contemplation. Il ne saurait donc y avoir de discours sur les formes contemporaines de l'identité africaine qui ne tienne compte du génie hérétique au fondement de la rencontre entre l'Afrique et le monde. De ce génie hérétique découle la capacité des Africains d'habiter plusieurs mondes et de se situer des deux côtés de l'image simultanément. Ce génie lui-même opère par enroulement du sujet dans l'événement, par la scission des choses, par leur dédoublement, par le surcroît de théâtralité qui, chaque fois, accompagne toute manifestation de la vie. C'est également ce génie hérétique qui, porté aux extrémités, produit des situations d'extraordinaire instabilité, volatilité et incertitude. Si, comme on tend à le croire, l'Afrique a été falsifiée au contact de l'extérieur, comment rendre compte de la falsification à laquelle, dans leur effort pour ingérer le monde, les Nègres ont, en retour, soumis le monde ?

4

Le petit secret

Le chapitre qui suit s'écarte, en bien des aspects, des préoccupations généralement de mise dans les débats sur la mémoire, l'histoire et l'oubli. Mon souci n'est pas de préciser le statut de la mémoire dans l'opération historiographique et les processus de connaissance en général, encore moins de démêler les rapports entre la mémoire collective et la mémoire individuelle, la mémoire vive et la mémoire morte. À l'évidence, les écarts (mais aussi les parentés) entre la mémoire en tant que phénomène socioculturel et l'histoire en tant qu'épistémologie sont complexes, et les interférences entre le discours historique et le discours de la mémoire manifestes. Il s'agit plutôt de dire un mot sur la façon dont on pourrait penser les modes d'inscription de la colonie dans le texte nègre.

Cette manière de définir le sujet présente d'évidentes difficultés. Les formes nègres de mobilisation de la mémoire de la colonie varient selon les époques, les enjeux et les situations. Quant aux modes de représentation de l'expérience coloniale proprement dite, ils vont de la commémoration active à l'oubli en passant par la nostalgie, la fiction, le refoulement, l'amnésie et la réappropriation, voire diverses formes d'instrumentalisation du passé dans les luttes sociales en cours. À rebours des lectures instrumentalistes du passé, je ferai cependant valoir que la mémoire, tout comme le souvenir, la nostalgie ou l'oubli, est constituée avant tout d'un entrelacs d'images psychiques. C'est sous cette forme qu'elle surgit dans le champ symbolique, voire politique, ou encore dans le champ de la représentation. Son contenu, ce sont des images d'expériences premières et originaires qui ont eu lieu dans le passé, et dont on n'a pas nécessairement été le témoin. L'important dans la mémoire, le souvenir ou l'oubli, ce n'est donc pas tant la vérité que le jeu de symboles et leur circulation, les écarts, les mensonges, les difficultés d'articulation, les menus actes manqués et les lapsus, bref, la résistance à l'aveu. En tant que puissants complexes de représentation, la mémoire, le souvenir et l'oubli sont, strictement parlant, des actes symptomatiques. Ces actes n'ont de sens qu'en relation à un secret qui n'en est pas vraiment un, mais que l'on se refuse cependant à avouer. C'est en cela qu'ils relèvent d'une opération psychique et d'une critique du temps.

L'on s'intéresse particulièrement à ces aspects de la mémoire nègre de la colonie qui font de cette dernière, d'une part, le lieu de la perte et, de l'autre, le lieu de constitution d'une dette. Que, dans les textes canoniques nègres, la colonie apparaisse avant tout comme le lieu d'une perte qui, à son tour, rend possible la réclamation d'une dette entre l'ex-colonisé et l'ex-colonisateur – tout cela n'est pas sans rapport avec la nature même du potentat colonial et la façon dont il usa des deux leviers que furent, d'un côté, les fonctions de terreur (sa part maudite) et, de l'autre, les fonctions fantasmatiques (son petit secret). Ceci dit, il reste que faire mémoire de la colonie, ce n'est pas seulement s'engager dans un travail psychique. C'est aussi opérer une critique du temps et des artefacts qui ont prétention à être les substituts derniers de la substance même du temps (statues, stèles, monuments, effigies).

Histoires du potentat

Dans les écritures nègres de soi, la colonie apparaît comme une scène originelle qui ne remplit pas seulement l'espace du souvenir, à la manière d'un miroir. Elle est également représentée comme l'une des matrices signifiantes du langage sur le passé et le présent, l'identité et la mort. Elle est le corps qui donne chair et poids à la subjectivité, quelque chose dont on ne se souvient pas seulement, mais dont on continue de faire l'expérience, viscéralement, longtemps après sa disparition formelle. Les Nègres lui octroient, ce faisant, les attributs d'une puissance inaugurale, dotée d'une *psyché*, ce double du corps vivant, « réplique qu'on prend pour le corps même, qui en a l'exacte apparence, la vêture, les gestes et la voix » tout en participant d'une ombre dont l'essence est évanescence – ce qui ne fait qu'ajouter à son pouvoir morphogène [1].

À travers leur littérature, leurs musiques, leurs religions et leurs artefacts culturels, les Nègres ont donc développé une phénoménologie de la colonie qui rappelle, à bien des égards, ce qu'en psychanalyse l'on nomme l'« expérience du miroir », ne serait-ce que parce que sur cette scène semble s'être joués non seulement la confrontation du colonisé à son reflet spéculaire, mais aussi le rapport de capture qui arrima sa descendance à l'image terrifiante et au démon d'Autrui dans le miroir, à son totem. Plus radicalement, dans les textes canoniques nègres, la colonie apparaît toujours comme la scène où le moi fut dérobé de sa teneur et remplacé par une voix dont le propre est de prendre corps dans un signe qui détourne, révoque, inhibe, suspend et enraye toute volonté d'authenticité. C'est la raison pour laquelle, dans ces textes, faire mémoire de la colonie, c'est presque toujours se souvenir d'un décentrement primordial entre le moi et le sujet.

De cette diffraction originelle, l'on déduit généralement que *le moi authentique serait devenu un autre*. Un moi étranger (aliéné) se serait mis à la place du moi propre, faisant ainsi du Nègre le porteur, malgré lui, de significations secrètes, d'obscures intentions, de quelque chose d'étrangement inquiétant qui dirige son existence à son insu, et qui confère à certains aspects de sa vie psychique et politique un caractère nocturne, voire démoniaque. L'Occident, est-il ensuite allégué, serait entièrement coupable de cette fracture

---

1 Jean-Pierre Vernant, *Figures, idoles, masques*, Julliard, Paris, 1990, p. 29.

interne. Le procès de la cure, dès lors, viserait à mettre un terme à cette fêlure psychique. Échapper à *ça* (la colonie en tant que figure de l'intrusion et de la discordance) exigerait que soit restaurée chez le sujet une matrice symbolique originelle (la tradition) capable d'empêcher le morcellement du corps nègre. L'ex-colonisé pourrait alors, désormais, naître à soi et à un monde qui serait entièrement le sien, à tous points de vue, et la folie à laquelle a conduit le miroir serait enfin conjurée. Qu'une place si centrale ait été accordée à la colonie dans le discours sur la structuration du « moi » nègre, ou encore que la colonie ait été prise pour une expérience aussi cruciale dans l'avènement du sujet, ne saurait étonner. Ceci a partie liée avec, d'une part, la nature du potentat colonial et, d'autre part, la manière dont ce potentat produisit ses sujets et comment ces sujets accueillirent le pouvoir qui présida à leur mise au monde.

Frantz Fanon, qui en fit une expérience directe, avait fait valoir, en son temps, que la colonie est le résultat d'une « conquête militaire continuée et renforcée par une administration civile et policière [1] ». En d'autres termes, la matrice principale de cette technique de la domination qu'est la colonisation est originairement la guerre, forme maximale de la *lutte à mort*. L'on pourrait ajouter, paraphrasant Michel Foucault, qu'en colonie cette lutte à mort est, au fond, une guerre des races [2]. C'est ce rapport de force originaire, ce tout premier rapport d'affrontement que l'administration civile et la police s'efforcent de transformer en relation sociale permanente et en fond ineffaçable de toutes les institutions coloniales de pouvoir. C'est la raison pour laquelle Fanon dit de la violence qu'elle n'est pas seulement consubstantielle à l'oppression coloniale. La durée dans le temps d'un tel système, lui-même établi

---

1 Frantz Fanon, *Pour la révolution africaine. Écrits politiques*, *in Œuvres*, *op. cit.*, p. 760.

2 Michel Foucault, *« Il faut défendre la société »...*, *op. cit.*, p. 51. Il faut comprendre que, chez Foucault, le terme « race » n'a pas un sens biologique stable. Il désigne tantôt des clivages historico-politiques, tantôt des différences d'origine, de langue, de religion, mais surtout un type de lien qui n'est établi qu'à travers la violence de la guerre (p. 67).

par la violence, est, précise-t-il, « fonction du maintien de la violence [1] ».

Cette dernière a une triple dimension. Elle est « violence dans le comportement quotidien » du colonisateur à l'égard du colonisé, « violence à l'égard du passé » du colonisé « qui est vidé de toute substance », et violence et injure à l'égard du futur, « car le régime colonial se donne comme devant être éternel » [2]. Mais la violence coloniale est en réalité un réseau, « point de rencontre de violences multiples, diverses, réitérées, cumulatives », vécues aussi bien sur le plan de l'esprit que sur celui « des muscles, du sang » [3]. D'après Fanon, la dimension musculaire de la violence coloniale est telle que les rêves de l'indigène en sont profondément affectés. La tension musculaire du colonisé se libère périodiquement soit dans des explosions sanguinaires (luttes tribales notamment), soit dans la danse et la possession. Au demeurant, des pratiques telles que la danse et la possession constituent, à ses yeux, des modes de relaxation du colonisé qui tendent à prendre la forme d'une « orgie musculaire au cours de laquelle l'agressivité la plus aiguë, la violence la plus immédiate se trouvent canalisées, transformées, escamotées [4] ».

Fanon avait ensuite montré que la colonie devait être considérée comme une formation de pouvoir dotée d'une vie sensorielle relativement propre [5]. Pour fonctionner, cette formation de pouvoir devait s'adosser sur un dispositif fantasmatique sans lequel toute répétition du geste colonial fondateur eût été vouée à l'échec. Avant lui, Aimé Césaire avait fait valoir qu'en son principe la colonisation était portée par deux ombres maléfiques : d'une part ce qu'il désignait comme l'*appétit* ou encore les *cupidités*, et, de l'autre, la force (et notamment le fait de tuer, de piller et d'abrutir). À ceci,

---

1 Frantz FANON, « Pourquoi nous employons la violence », Annexe de *L'An V de la révolution algérienne, in Œuvres, op. cit.*, p. 414.

2 *Ibid.*, p. 414.

3 *Ibid.*

4 Frantz FANON, *Les Damnés de la terre, in Œuvres, op. cit.*, p. 467.

5 *Ibid.*, p. 53 et suiv.

il ajoutait « les voluptés sadiques, les innombrables jouissances qui vous frisselisent la carcasse de Loti quand il tient au bout de sa lorgnette d'officier un bon massacre d'Annamites ». Césaire et Fanon expliquaient que ce geste archaïque (tuer, piller et abrutir) constituait la *part maudite* de la colonie et avait sa source dans la raison sacrificielle – celle qui, en s'obstinant à « voir dans l'autre la bête, s'entraîne à le traiter en bête » et, finalement, transforme le colon « lui-même en bête » [1]. En d'autres termes, les racines profondes de la colonie seraient à rechercher dans l'expérience sans réserve de la mort, ou encore de la dépense de la vie – expérience dont on sait qu'elle a été un trait majeur de l'histoire de l'Europe, de ses opérations sociales de production et d'accumulation, de sa forme étatique, de ses guerres, voire de ses productions religieuses et artistiques – mais dont le point d'incandescence est la race puisqu'en elle se manifeste le désir de sacrifice [2].

Fanon faisait également valoir que la vie de la colonie n'était pas seulement faite de pulsions et de tensions, de troubles psychosomatiques et mentaux – une vie nerveuse, sur le qui-vive – mais encore que le potentat colonial était sous-tendu par deux logiques contradictoires qui, mises ensemble, avaient pour effet d'annuler purement et simplement la possibilité d'émergence d'un sujet autonome dans les conditions coloniales. La première consistait, malgré les apparences, à ne pas accepter la différence, et la seconde, à refuser les similitudes. En cela, le potentat colonial était un potentat narcissique [3]. En souhaitant que le colonisé lui ressemble

---

1 Fanon parle, à cet égard, de « cette Europe qui n'en finit pas de parler de l'homme tout en le massacrant partout où elle le rencontre, à tous les coins de ses propres rues, à tous les coins du monde ». Ou encore : « Cette Europe qui jamais ne cessa de parler de l'homme, jamais de proclamer qu'elle n'était inquiète que de l'homme, nous savons aujourd'hui de quelles souffrances l'humanité a payé chacune des victoires de son esprit » (*Ibid.*, p. 674).

2 Georges Bataille, *La Part maudite précédée de La Notion de dépense*, Minuit, Paris, 1967 ; Hannah Arendt, *Les Origines…*, *op. cit.* (chapitre sur « race et bureaucratie » en particulier) ; Ernst Jünger, *L'État universel suivi de La Mobilisation totale*, *op. cit.* ; Emmanuel Levinas, *Quelques réflexions sur la philosophie de l'hitlérisme*, Payot & Rivage, Paris, 1997.

3 Guy Rosolato, *Le Sacrifice. Repères psychanalytiques*, PUF, Paris, 1987, p. 30.

tout en l'interdisant, le potentat fait donc de la colonie la figure même de l'« anti-communauté », un lieu où, paradoxalement, la division et la séparation (ce que Fanon appelle le « principe d'exclusion réciproque [1] ») constituaient les formes mêmes de l'être-avec, et où la forme principale de la communication entre les sujets coloniaux et leurs maîtres (à savoir la violence et les prébendes) venait chaque fois réitérer le rapport sacrificiel et ratifier l'échange actif de la mort brièvement évoqué plus haut [2]. S'il est un domaine où tous ces paradoxes se donnent le mieux à voir, c'est bien, d'après Fanon, dans la relation entre médecine (*soigner*) et colonialisme (*blesser*) [3]. Le corps qui, tantôt, est enfermé, « dénudé, enchaîné, contraint au labeur, frappé, déporté, mis à mort », est le même qui, ailleurs, est « soigné, éduqué, habillé, alimenté, rémunéré » [4]. En colonie, le sujet préposé aux soins est le même qui, ailleurs, fait l'objet de défiguration [5]. C'est en tant que déchet humain, rebut et résidu qu'il fait son apparition dans l'instance de la cure puisque, sujet déchu et sans cesse exposé à la blessure, il aura été, auparavant, proprement déshonoré, à la manière de l'esclave sous le régime de la plantation [6]. Figure de l'indignité et de la vulnérabilité, pétri ici et là de bribes d'une humanité disparate et dérisoire, il ne

1 Frantz Fanon, *Les Damnés de la terre, op. cit.*, p. 454.

2 Cette impossibilité de la « communauté », Fanon l'exprime de la manière suivante : « Le colonialisme n'est pas une machine à penser, n'est pas un corps doué de raison. Il est la violence à l'état de nature et ne peut s'incliner que devant une plus grande violence ». Ou encore : « Pour le colonisé, la vie ne peut surgir que du cadavre en décomposition du colon » (Frantz Fanon, *Les Damnés..., op. cit.*, p. 470 et p. 495).

3 *Ibid.*, p. 240. Lire également le chapitre 5 dans *Les Damnés de la terre*, ainsi que le chapitre 4 dans *L'An V de la révolution algérienne*.

4 Jean-François Bayart, *Le Gouvernement du monde. Une critique politique de la globalisation*, Fayard, Paris, 2005, p. 208 ; Françoise Vergès, *Abolir l'esclavage : une utopie coloniale. Les ambiguïtés d'une politique humanitaire*, Albin Michel, Paris, 2001.

5 Frantz Fanon, *Peau noire..., op. cit.*

6 Saidiya V. Hartman, *Scenes of Subjection. Terror, Slavery, and Self-Making in Nineteenth-Century America*, Oxford University Press, Oxford, 1997 ; Todd L. Savitt, *Medicine and Slavery. The Diseases and Health Care of Blacks in Antebellum Virginia*, University of Illinois Press, Urbana, 2002.

répond plus désormais que de l'abjection et des formes mêmes du misérable auxquelles il a été rabaissé [1].

Du coup, au lieu d'inspirer de l'empathie, sa souffrance et ses cris ne suscitent que plus de dégoût. Dans cette relation entre soigner et blesser apparaît donc, dans toute sa violence, le paradoxe du « commandement », puissance grotesque et brutale qui, en son principe, rassemble les attributs de la logique (*raison*), de la fantaisie (*arbitraire*) et de la cruauté [2]. Qu'il s'agisse des activités de destruction (à l'exemple des guerres, de la torture, des massacres, voire des génocides), de la fureur dirigée contre l'indigène ou des manifestations de puissance à l'encontre de ce dernier pris comme objet, des activités purement sexuelles, voire sadiques, la vie pulsionnelle du « commandement » est inséparable de la manière dont le potentat colonial se comprend comme potentat racial, c'est-à-dire en guerre contre les « races inférieures » [3]. Traitant de la torture en particulier, Fanon dit qu'elle « n'est pas un accident, ou une erreur, ou une faute. Le colonialisme ne se comprend pas sans la possibilité de torturer, de violer ou de massacrer. La torture est une modalité des relations occupant-occupé [4] ». Elle commence par une scène publique : le père « raflé dans la rue en compagnie de ses enfants, dénudé en même temps qu'eux, torturé sous leurs yeux [5] ». Elle se poursuit avec l'« électrode sur les parties génitales [6] » avant de prendre corps au cœur même des pratiques visant la santé de l'homme et ayant pour objet de panser les plaies et de faire taire la douleur – dans la collusion du corps médical, du corps de la police et du corps militaire [7]. Mais la

1 Megan Vaughan, *Curing Their Ills. Colonial Power and African Illness*, Polity Press, Cambridge, 1990 ; Nancy Rose Hunt, *A Colonial Lexicon of Birth Ritual, Medicalization, and Mobility in the Congo*, Duke University Press, Durham, 1999.

2 Achille Mbembe, *De la postcolonie. Essai sur l'imagination politique dans l'Afrique contemporaine*, Karthala, Paris, 2000 (chapitre 4).

3 Hannah Arendt, *Les Origines…, op. cit.* Voir aussi Olivier Lecour Grandmaison, *Coloniser. Exterminer. Sur la guerre et l'État colonial*, Fayard, Paris, 2005.

4 Frantz Fanon, *Pour la révolution africaine, op. cit.*, p. 747.

5 Frantz Fanon, *L'An V de la révolution algérienne, op. cit.*, p. 334.

6 Frantz Fanon, *Les Damnés de la terre, op. cit.*, p. 468.

7 Voir Frantz Fanon, *L'An V…, op. cit.* (en particulier le chapitre « Médecine et colonialisme »).

torture a également pour effet de pervertir ceux qui s'en font les instruments. Tel est notamment le cas de certains policiers tortionnaires hantés par leurs victimes et rendus au bord de la folie pendant la guerre d'Algérie : « Ils frappent durement leurs enfants car ils croient être encore avec des Algériens. Ils menacent leurs femmes car "toute la journée, je menace et j'exécute". Ils ne dorment pas, parce qu'ils entendent les cris et les lamentations de leurs victimes [1]. »

Le potentat colonial se reproduit donc de plusieurs manières. D'abord en inventant le colonisé : « C'est le colon qui a *fait* et qui *continue à faire* le colonisé [2]. » Ensuite en écrasant cette invention d'inessentialité, en en faisant tantôt une chose, tantôt une bête, tantôt une personne humaine perpétuellement en devenir. Et, finalement, en blessant constamment l'humanité de l'assujetti, en multipliant les plaies sur son corps et en s'attaquant à son cerveau dans le but d'y laisser des lésions : « Parce qu'il est une négation systématisée de l'autre, une décision forcenée de refuser à l'autre tout attribut d'humanité, le colonialisme accule le peuple dominé à se poser constamment la question : "Qui suis-je en réalité ?" [3]. » Il suffit, dit Fanon, « d'étudier, d'apprécier le nombre et la profondeur des blessures faites à un colonisé pendant une seule journée passée au sein du régime colonial » pour comprendre l'ampleur des pathologies mentales produites par l'oppression [4]. Par ailleurs, « commander » requiert, par-dessus tout, de pouvoir imposer le silence à l'indigène. À plusieurs égards, la colonie est un endroit où il n'est pas permis au colonisé de parler pour soi. Cette dénégation de la parole n'est pas sans rapport avec le confinement du colonisé dans la sphère de l'apparition nue : soit comme rebut et résidu, soit comme étant vidé de toute teneur, celui dont la vie, dépourvue de toute signification autre que celle que lui octroie le maître, ne vaut strictement que par son aptitude au profit. Le corps du colonisé doit devenir son tombeau. Le « commandement » ne cherche pas

---

1 *Ibid.*, p. 748.
2 Frantz Fanon, *Les Damnés…*, *op. cit.*, p. 452.
3 *Ibid.*, p. 625.
4 *Ibid.*, p. 626.

seulement à causer préjudice au nom de la « civilisation ». Commander doit aller de pair avec la volonté d'humilier l'indigène, de l'injurier, de le faire souffrir tout en prenant une certaine satisfaction à cette souffrance et à la pitié ou au dégoût qu'elle suscite éventuellement. Et si, finalement, il faut lui ôter la vie, sa mort doit advenir, autant que possible, au plus près de la boue [1]. Désormais ombre errante, il doit traverser son trépas sans le croiser.

Le potentat colonial s'efforce, d'autre part, de créer un monde propre sur les débris de celui qu'il a trouvé sur place. « Afin de mieux faire disparaître les vestiges de la domination ennemie, nous avions eu soin précédemment de lacérer ou de brûler tous les documents écrits, registres administratifs, pièces authentiques ou autres, qui auraient pu perpétuer la trace de ce qui s'était fait avant nous », raconte Alexis de Tocqueville au sujet de l'occupation française de l'Algérie [2]. Et de poursuivre : « La conquête fut une nouvelle ère, et de peur de mêler d'une façon irrationnelle le passé au présent, nous détruisîmes même un grand nombre des rues d'Alger, afin de les rebâtir suivant notre méthode, et nous donnâmes des noms français à toutes celles que nous consentions à laisser subsister [3]. » Le potentat veut arranger le monde qu'il a trouvé suivant une logique à sa convenance. Il engage, dans cette œuvre, une énorme quantité d'affect et d'énergie. Qu'il s'agisse de modifier les systèmes agricoles, de traiter de l'argent et de la valeur, de transformer les modes d'habitation, d'habiller le colonisé ou de soigner l'indigène, bref de le transformer en nouveau « sujet moral », le commandement n'a pas honte de ses fantasmes et les dissimule à peine [4]. C'est la raison pour laquelle l'acte de coloniser a quelque

1 Voir, par exemple, le récit de l'assassinat du leader nationaliste camerounais Ruben Um Nyobè et de la profanation de son cadavre, *in* Achille Mbembe, *La Naissance du maquis dans le Sud-Cameroun (1920-1960). Histoire des usages de la raison en colonie*, Karthala, Paris, 1986, p. 13-17. Voir également Ludo De Witte, *L'Assassinat de Lumumba*, Karthala, Paris, 2000, p. 223-278.

2 Alexis de Tocqueville, *De la colonie en Algérie*, Complexe, Bruxelles, 1988 [1841], p. 39.

3 *Ibid.*

4 Sur la colonisation en tant qu'expérience de subjectivation, voir Jean-François Bayart, *Le Gouvernement du monde*, *op. cit.*, p. 197-250. Voir également John L. Coma-

chose de dionysiaque – une grande effusion narcissique. Le mélange de volupté, de frénésie et de cruauté, d'ivresse et de rêve qui est l'une des dimensions structurelles de l'entreprise coloniale ne se comprend qu'en rapport à cette forme d'enchantement qui est en même temps agitation et tumulte. Le monde colonial ne renferme-t-il pas, d'ailleurs, la plupart des caractéristiques que Nietzsche croit déceler dans la tragédie grecque : « Ce phénomène par lequel le plaisir s'éveille de la douleur même, et la jubilation arrache aux poitrines des accents de suppliciés », tandis qu'« au plus fort de la joie retentit le cri d'épouvante ou quelque plainte s'élève, éperdue de désir, sur une perte irréparable » [1].

Le miroir énigmatique

Au cœur de cette tragédie se trouve la race. Dans une large mesure, la race est une monnaie iconique. Elle apparaît au détour d'un commerce – celui des regards. C'est une monnaie dont la fonction est de convertir cela que l'on voit (ou cela que l'on choisit de ne point voir) en espèce ou en symbole au sein d'une économie générale des signes et des images que l'on échange, qui circulent, auxquelles on attribue ou non de la valeur, et qui autorisent une série de jugements et d'attitudes pratiques. De la race, on peut dire qu'elle est à la fois image, corps et miroir énigmatique au sein d'une économie des ombres dont le propre est de faire de la vie elle-même une réalité spectrale. Fanon l'avait compris, qui montra comment, à côté des structures de coercition qui président à l'arrangement du monde colonial, ce qui constitue la race est d'abord une certaine puissance du regard qu'accompagne une forme de la voix et, éventuellement, du toucher. Si le regard du colon me « foudroie » et m'« immobilise », et si sa voix me « pétrifie », c'est parce

ROFF et Jean COMAROFF, *Of Revelation and Revolution*, *op. cit.* (en particulier chapitres 3 à 8).

1 Friedrich NIETZSCHE, *La Naissance de la tragédie*, Gallimard, Paris, 1977, p. 34.

que ma vie n'a pas le même poids que la sienne, soutient-il [1]. Racontant ce qu'il appelait l'« expérience vécue du Noir », il analyse la façon dont une certaine manière de distribution du regard finit par créer son objet, par le fixer et par le détruire, ou encore par le restituer au monde, mais sous le signe de la défiguration ou du moins d'un « autre moi », un moi objet, ou encore un être-en-écart. Une certaine forme de regard a en effet le pouvoir de bloquer l'apparition du tiers et son inclusion dans la sphère de l'humain : « Je voulais tout simplement être un homme parmi d'autres hommes [2]. » « Et voici que je me découvrais objet au milieu d'autres objets », écrit-il [3]. Comment, du désir d'être une personne humaine comme les autres, en arrive-t-on à la prise de conscience du fait qu'on n'est que ce que l'autre a fait de nous – son objet ? « Et puis il nous fut donné d'affronter le regard blanc. Une lourdeur inaccoutumée nous oppressa. Le véritable monde nous disputait notre part » d'humanité, poursuit-il [4].

Le litige concernant la part d'humanité du « tiers », tel est en dernier ressort la matière du racisme colonial. Le premier objet de fixation de cette dispute est le corps. Chez Fanon, l'apparition du tiers dans le champ du racisme s'effectue d'abord sous la forme d'un corps. Autour de ce corps « règne une atmosphère d'incertitude [5] ». Très vite, le corps devient un poids – le poids d'une « malédiction », celle qui en fait le simulacre du néant et de la précarité. Avant même que de paraître, ce corps a déjà été mis en procès : « Je croyais avoir à construire un moi », mais « le Blanc [...] m'avait tissé de mille détails, anecdotes, récits » [6]. Le corps est ensuite une forme apparemment informe qui suscite surprise, effroi et terreur : « "Tiens, un nègre !" [...] "Maman, regarde le nègre, j'ai peur !" » Il n'existe plus que par son arraisonnement et son assignation dans un écheveau de significations qui le dépassent : « J'étais tout à la

1 Frantz FANON, *Les Damnés...*, *op. cit.*, p. 459.
2 Frantz FANON, *Peau noire...*, p. 49.
3 *Ibid.*, p. 153.
4 *Ibid.*, p. 154.
5 *Ibid.*
6 *Ibid.*, p. 155. Les citations suivantes proviennent de la même page.

fois responsable de mon corps, responsable de ma race, de mes ancêtres. » Pour que le Nègre soit vu et pour qu'il soit identifié comme tel, un voile doit donc avoir été posé, au préalable, sur son visage et en avoir fait un visage « d'où toute humanité a fui [1] ». Sans ce voile, il n'y a pas de Nègre. Le Nègre est une ombre au sein d'un commerce des regards. Ce commerce a une dimension ténébreuse, quasi funéraire tant il exige, pour son fonctionnement, élision et cécité.

Voir n'est pas la même chose que regarder. L'on peut regarder sans voir. Et il n'est pas certain que ce que l'on voit soit effectivement ce qui est. Regarder et voir ont en commun de solliciter le jugement, d'enserrer ce qu'on voit ou celui qu'on ne voit pas dans d'inextricables réseaux de sens – les faisceaux d'une histoire. Dans la distribution coloniale du regard, il y a toujours soit un désir d'objectification ou d'effacement, soit un désir incestueux [2], soit un désir de possession, voire de viol. Mais le regard colonial a aussi pour fonction d'être le voile même qui cache cette vérité. Le pouvoir en colonie consiste donc, fondamentalement, en pouvoir de voir ou de ne pas voir, d'être indifférent, de rendre invisible ce que l'on ne tient pas à voir. Et s'il est vrai que « le monde est cela que nous voyons [3] », alors on peut dire que, en colonie, est souverain qui décide de qui est visible et de qui doit rester invisible.

La race n'existe donc que par « cela que nous ne voyons pas ». Au-delà de « cela que nous ne voyons pas », il n'y a point de race. Le (pou)voir racial s'exprime d'abord dans le fait que celui que nous choisissons de ne point voir et de ne point entendre ne saurait exister ou parler pour lui-même. À la limite, il faut le faire taire. Dans tous les cas, sa parole est indéchiffrable ou, à tout le moins, inarticulée. Il faut que quelqu'un d'autre parle en son nom et à sa place pour que ce qu'il prétend dire fasse pleinement sens dans notre langue. Comme l'avait bien montré Fanon et, avant lui, W.E.B. Dubois, celui-là qui est dépossédé de la faculté de parler pour

---

1 Frantz FANON, *Les Damnés...*, *op. cit.*, p. 457.
2 Frantz FANON, *Peau noire...*, *op. cit.* (chapitres sur la sexualité interraciale).
3 Maurice MERLEAU-PONTY, *Le Visible et l'Invisible*, Gallimard, Paris, p. 17.

lui-même est contraint à toujours se penser sinon comme un « intrus », du moins à ne jamais apparaître dans le champ social que sous la forme d'un « problème ».

La race est également l'expression d'un désir de simplicité et de transparence – le désir d'un monde sans surprises, sans draperie, sans formes complexes. Elle est l'expression de la résistance à la multiplicité. Elle est finalement un acte d'imagination en même temps qu'un acte de méconnaissance. C'est tout cela qui est ensuite déployé dans des calculs de puissance et de domination dans la mesure où la race n'excite pas seulement la passion, elle échauffe aussi le sang et mène à des gestes monstrueux. Mais tenir la race pour une simple « apparence » ne suffit pas. Elle n'est pas seulement une fiction régulatrice ou un ensemble plus ou moins cohérent de falsifications ou de non-vérités. La force de la race dérive précisément du fait que, dans la conscience raciste, l'apparence est la véritable réalité des choses. En d'autres mots, ici, l'apparence n'est pas le contraire de la « réalité ». Comme dirait Nietzsche, « l'apparence est la réalité [1] ».

Le racisme colonial tire enfin ses origines dans ce que Fanon appelle tantôt l'« inquiétude sexuelle », tantôt la « jalousie sexuelle ». Si l'on veut comprendre psychanalytiquement la situation raciale ressentie par des consciences particulières, il faut, dit-il, « attacher une grande importance aux phénomènes sexuels [2] ». Plus précisément, l'origine archaïque du racisme et de la négrophobie, son objet vacillant, c'est la peur de l'hallucinante puissance sexuelle supposée du Nègre. Pour la majorité des Blancs, affirme-t-il, le Noir représente l'instinct sexuel non éduqué. « Le Blanc qui déteste le Noir, se demande-t-il, n'obéit-il pas à un sentiment d'impuissance ou d'infériorité sexuelle ? L'idéal étant une virilité absolue, n'y aurait-il pas un phénomène de diminution par rapport au Noir, ce dernier perçu comme un symbole pénien ? Le lynchage

1 Friedrich NIETZSCHE, *La Volonté de puissance, Tome II*, Gallimard, coll. « Tel », Paris, p. 219.

2 Frantz FANON, *Peau noire…*, *op. cit.*, p. 193.

du Nègre, ne serait-ce pas une vengeance sexuelle [1] ? » Ce phénomène n'est cependant pas spécifiquement colonial. Le lynchage des hommes noirs dans le Sud des États-Unis au temps de l'esclavage et au lendemain de la proclamation d'émancipation (1862-1863) trouve en partie son origine dans le désir de les castrer. Pris d'angoisse au sujet de son propre potentiel sexuel, le petit Blanc raciste et le planteur sont saisis de terreur à la pensée du « glaive noir » dont ils redoutent non seulement le volume supposé, mais aussi l'essence pénétrative et assaillante. Dans le geste obscène du lynchage, l'on cherche donc à protéger la pureté supposée de la femme blanche en tenant le Noir à hauteur de sa mort. On veut l'amener à contempler l'obscurcissement et l'extinction de ce que, dans la fantasmagorie raciste, l'on tient pour son « soleil sublime », son *phallos*. La déchirure de sa masculinité doit passer par la transformation de ses avoirs virils en champ de ruines – leur séparation d'avec les puissances de la vie. C'est parce que, comme le dit Fanon, dans cette configuration, le Nègre n'existe pas. Ou plutôt, le Nègre est avant tout un membre.

Pour Fanon, doter le Nègre d'une puissance sexuelle qu'il n'a pas participe d'une double logique : la logique de la névrose et celle de la perversité, à la manière d'un acte sadomasochiste. L'hallucination spéculaire au centre de laquelle se trouve le phallus nègre manifesterait, en réalité, le trouble de l'inceste qui habiterait toute conscience raciste. Elle serait en outre la manifestation d'une nostalgie : celle des « époques extraordinaires de licence sexuelle, de scènes orgiaques, de viols non sanctionnés, d'incestes non réprimés [2] ». Projetant ses fantasmes sur le Nègre, le raciste se comporterait comme si le Nègre dont il construit l'imago existait vraiment, l'aliénation commençant vraiment lorsque le Nègre, en retour, reproduit fidèlement cette imago comme si elle était non seulement vraie, mais comme s'il en était l'auteur. Mais ce que vise symboliquement le racisme, c'est bel et bien la castration, ou encore l'anéantissement du pénis, symbole de la virilité. « C'est

---

1 *Ibid.*, p. 192.
2 *Ibid.*, p. 196.

dans sa corporéité que l'on atteint le nègre », précise Fanon. Le paradoxe est que, dans ce geste, « on n'aperçoit plus le nègre, mais un membre : le nègre est éclipsé. Il est fait membre. Il est pénis [1] ».

Érotique de la marchandise

Parallèlement à cette part maudite qui trouve son origine dans la terreur, la colonisation présente deux autres caractéristiques auxquelles Fanon prête peu attention. La première est la *violence de l'ignorance* – cette « ignorance profonde » qu'avait relevée, en 1837, Alexis de Tocqueville dans sa « Lettre sur l'Algérie ». Ce dernier mentionne naturellement l'ignorance des langues, des « différentes races » qui habitent la colonie, la division des « tribus », de leurs mœurs, du « pays même, ses ressources, ses rivières, ses villes, son climat » [2]. Les Français, dit-il, « ignoraient ce que c'était que l'aristocratie militaire des spahis, et, quant aux marabouts, ils ont été fort longtemps à savoir, quand on en parlait, s'il s'agissait d'un tombeau ou d'un homme ». Et de conclure : « Les Français ne savaient aucune de ces choses et, pour dire la vérité, ils ne s'inquiétaient guère de les apprendre [3]. » L'idée était que la colonie était d'abord un champ de bataille. Et, sur un champ de bataille, la victoire est au plus fort et non au plus savant.

Seconde caractéristique, la colonisation est une prodigieuse machine productrice de désirs et de fantasmes. Elle met en circulation un ensemble de biens matériels et de ressources symboliques d'autant plus convoités par les colonisés qu'ils sont rares, font l'objet d'envie et agissent comme des opérateurs de différenciations (de prestige, de statut, de hiérarchie, voire de classe). Corruption, terreur, enchantement et stupéfaction constituent des ressources que le potentat gère et administre. L'administration de la terreur et la gestion de la corruption passent par une certaine

1 *Ibid.*, p. 200.
2 Alexis de Tocqueville, *De la colonie en Algérie*, *op. cit.*, p. 38.
3 *Ibid.*, p. 40.

modulation du vrai et du faux, par un certain rationnement des prébendes et gratifications, par la production de choses tantôt émouvantes, tantôt captivantes, toujours spectaculaires, que le colonisé, parce que stupéfait, oublie difficilement [1]. De ce point de vue, la domination coloniale requiert un énorme investissement dans des affects, des cérémonies et toute une dépense émotionnelle dont l'analyse a fait, jusqu'à présent, peu cas.

Cette économie émotionnelle doit toucher tout ce qui porte la marque de la vie et de la mort, de l'abondance et de la plénitude, bref, de la richesse. Le désir de richesse doit se frayer un chemin dans le corps du colonisé tout entier et habiter dans tous les recoins de sa psyché. « Le pays des Cabyles nous est fermé, mais l'âme des Cabyles nous est ouverte et il ne nous est pas impossible d'y pénétrer », observait à cet égard Tocqueville. La raison, avançait-il, est que « la grande passion du Cabyle est l'amour des jouissances matérielles, et c'est par là qu'on peut et qu'on doit le saisir [2] ». Des Arabes, il disait que l'ambition personnelle et la cupidité avaient souvent plus de puissance dans leur cœur. À ses yeux, il y avait deux moyens de les dompter : soit en flattant leur ambition, en se servant de leurs passions, en les opposant les uns aux autres tout en les tenant tous dans la dépendance du pouvoir colonial, en leur distribuant de l'argent et des largesses ; soit en les dégoûtant et en les lassant par la guerre [3]. Le potentat cherche donc à pousser l'indigène sinon à renoncer aux choses et aux désirs auxquels il est attaché, du moins à les compléter avec de nouvelles idoles, la loi de nouvelles marchandises, le prix de nouvelles valeurs, un nouvel ordre de vérité.

Le dispositif fantasmatique du potentat repose donc sur deux pivots. Le premier est la régulation des besoins et le second celle des flux du désir. Entre les deux se trouve la marchandise, notamment les formes de la marchandise que le colonisé admire et dont il

---

1 Ferdinand OYONO, *Une Vie de boy*, Julliard, Paris, 1960 ; Mongo BETI, *Perpétue et l'habitude du malheur*, Buchet/Chastel, Paris, 1974.

2 Alexis DE TOCQUEVILLE, *op. cit.*, p. 46.

3 *Ibid.*, p. 74-75.

voudrait jouir. Dans les deux cas, la marchandise est soumise à un triple usage symbolique, psychique et instrumental. Mais, surtout, elle revêt, en colonie, le caractère d'un lieu imaginaire. Elle est un nœud absolument essentiel de toute opération coloniale, un miroir éclatant sur la surface duquel la vie, le travail et le langage du colonisé viennent se refléter. Selon les contextes, elle joue des fonctions soit sédatives, soit épileptiques. Le potentat fait donc miroiter au colonisé la possibilité d'une abondance sans limites d'objets et de biens. La pierre d'angle du dispositif fantasmatique du potentat est l'idée qu'il n'y a *aucune limite à la richesse et à la propriété, et donc au désir*. C'est cette idée d'un *imaginaire sans symbolique* qui constitue le « petit secret » de la colonie et qui explique la puissance immatérielle du potentat colonial. Il n'est d'ailleurs pas exclu que le succès de cet « imaginaire sans symbolique » s'explique du fait que celui-ci trouve de profonds échos et des points d'ancrage dans l'histoire et les catégories symboliques autochtones.

L'on sait par exemple que, au moment des premiers contacts entre les marchands européens et les sociétés atlantiques, le pouvoir des biens d'origine européenne à fixer et à structurer les flux du désir l'emportait largement – du moins chez les Africains – sur l'idée du profit en tant que tel. Le mystère qui entoure généralement la valeur des objets se manifestait alors dans la manière dont les Africains échangeaient, contre l'or et l'ivoire, des produits apparemment futiles et sans réelle valeur économique. Mais, une fois intégrés dans les réseaux locaux de signification dans lesquels leurs porteurs les investissaient de pouvoirs étendus, ces objets de pacotille apparemment sans valeur économique acquéraient soudain une valeur sociale, symbolique – voire esthétique – considérable. L'on sait, aussi, l'émerveillement que provoquèrent, chez les Africains, les armes européennes, la fascination que la technologie occidentale exerça sur leurs esprits (à commencer par les vaisseaux, mâts et voiles, les hublots de la coque, les compas et cartes), ou encore la terreur que provoquèrent leurs instruments de surveillance. Le monde matériel et celui des objets avec lesquels ils rentrèrent en contact furent considérés comme des véhicules de causalité, à la manière des fétiches anciens. Que les objets d'importation eurent un tel effet sur l'imaginaire autochtone s'explique, en partie, par le fait que le culte des « fétiches » était, strictement parlant, un culte matérialiste. Qu'il s'agisse des objets religieux et sacrés, des objets érotiques et esthétiques, des objets de valeur commerciale, des objets techniques ou talismaniques, tout était susceptible de trouver une place dans l'économie de l'enchantement et des charmes. L'existence d'un culte des fétiches d'essence proprement matérialiste et cérémoniaire (amulettes, colliers, pendentifs, parures, ornements et autres figures) constituait le substrat culturel à partir duquel l'idéologie mercantile se développa en tant que *pouvoir sur la vie* (nécromancie, invocation des esprits, sorcellerie) et figure de l'abondance. D'ailleurs, de nombreux voyageurs de l'époque n'hésitaient pas à affirmer que la religion du fétiche et l'ordre social africains reposaient entièrement sur le principe de l'intérêt [1].

Ainsi en est-il des catégories de l'excès et du dédoublement, ou encore de l'existence de figures monstrueuses et de créatures ambivalentes qui, ayant assimilé les fétiches, se transforment en maîtres redoutables des forces de la nuit et de l'ombre capables, de ce fait, de soulever le monde. C'est le cas des chefs qui, un jour buvant de la bière dans la calotte crânienne de l'un de leurs prédécesseurs ou ennemis, le lendemain sont symboliquement mis à mort par le truchement d'une victime humaine substitutive. Les mêmes, délivrés de toute attache clanique, affirment leur puissance virile en ayant des relations sexuelles avec une sœur ou encore épousent une petite-nièce dans leur propre groupe familial matrilinéaire, voire se transforment tout simplement en léopards. Qu'il n'y ait guère de limite au désir s'explique également par la distribution des diverses catégories d'esprits répondant, chacun, à la logique de la juxtaposition, de la permutation et de la multiplicité. Il faut, dit Luc de Heusch, « réunir dans la même structure symbolique l'ensemble de ces caractéristiques plus ou moins développées selon les cas particuliers : l'inceste royal, l'anthropophagie, l'assimilation du roi à un sorcier, les interdits qui entourent sa personne, le régicide enfin »,

1 William Pietz, *Le Fétiche. Généalogie d'un problème*, Kargo & L'Éclat, Paris, 2005, p. 105.

toutes choses qui « définissent une formidable puissance magique qui abolit la frontière entre la culture – dont le chef se sépare au moment de sa sacralisation – et la nature qu'il investit souverainement » [1]. Tel est le cas des objets enchantés que l'on investit d'une puissance dangereuse et qui fonctionnent, ce faisant, sur le même registre que la part maudite de la royauté elle-même puisque leur secret est de participer à la résurrection des choses.

Par ailleurs, il y a une part maudite constitutive de l'histoire des rapports entre l'Afrique et la marchandise. Cette histoire prend forme au moment de la traite atlantique. À la faveur de la traite des esclaves, le rapport des Africains à la marchandise se structura rapidement autour du triptyque désir de consommation/mort/génitalité. À plusieurs égards, l'économie politique de la traite des esclaves fut une économie foncièrement libidinale. Elle avait ceci de particulier que son centre de gravité, ou encore son moteur principal, était d'une part le désir de consommation et de l'autre le désir de la dépense absolue et inconditionnelle. Ce désir entretenait en retour un rapport étroit avec les procédures de la reproduction sexuelle. Il revêtit très tôt les aspects d'une corruption que même la perspective d'autodestruction (la vente des parents proches et la dissolution du lien social) ne parvenait guère à limiter. On peut, au demeurant, dire de cette économie qu'elle fit de l'autodestruction et du gaspillage les indicateurs ultimes de la productivité. Durant la traite des esclaves, la consommation des marchandises européennes en échange de la dépense de leurs propres gens par les marchands africains d'esclaves devint le moyen par lequel ces derniers sublimaient le désir de mort propre à tout pouvoir. À l'époque en effet, le pouvoir entretenait avec la marchandise une relation qui n'était pas seulement objectale, mais aussi érotique, la jouissance étant, dans ce contexte, l'équivalent de la licence absolue tandis qu'était considéré comme pouvoir tout ce qui s'incarnait, de préférence,

---

1 Luc de Heusch, *Le Sacrifice dans les religions africaines*, Gallimard, Paris, 1986 (en particulier le chapitre consacré au « roi sur la scène sacrificielle »). Voir également, du même auteur, *Le Roi de Kongo et les monstres sacrés*, Gallimard, Paris, 2000.

dans une pratique de la transgression – mais une pratique qui se voulait en même temps une esthétique.

Quant à la domination, elle ne consistait pas tant à exploiter le travail de ceux que l'on avait soumis qu'à transformer ces derniers en autant d'objets dans une économie générale de la dépense et des sensations dont la marchandise était la médiation. Consommer était, du coup, la marque d'un pouvoir qui ne cédait pas sur ses désirs, même si ceux-ci l'entraînaient dans une collision avec le maître absolu – la mort. Les êtres humains, sujets du potentat ou captifs de guerre, pouvaient être convertis en objets/marchandises que l'on vendait aux négriers. Leur valeur était mesurée à l'aune de la valeur des marchandises que le potentat acquérait en retour de la vente d'êtres humains. La conversion des êtres humains en marchandises pouvait toucher y compris les membres de la famille proche ou étendue du potentat. Les objets reçus en échange étaient ensuite investis dans un double calcul : le calcul de la domination (dans la mesure où le commerce des esclaves servait à asseoir les bases du pouvoir politique) et le calcul des jouissances (fumer du tabac, se mirer, boire du rhum et autres alcools, manger, se vêtir, copuler, amasser femmes, enfants et dépendants). Il y a donc dans l'histoire africaine une figure de la marchandise qui a pour signifiant central le « parent vendu ou livré à la mort » en échange de la marchandise. Ce trou dans la structure du sujet, c'est ce qu'il faut entendre par le terme désir.

L'instinct de jouissance auquel étaient assujetties les élites africaines de l'époque s'adossait enfin sur un ensemble de répertoires symboliques fortement ancrés dans les manières de penser, d'agir et de vivre des sociétés que ces élites dominaient – une métaphysique de la vie. L'un des piliers de cette métaphysique de la vie était l'état communiel entre l'être humain d'un côté et, de l'autre, les objets, la nature et les forces invisibles. L'autre pilier était la croyance en une division du monde entre le visible et l'occulte. Cette division accordait la suprématie à l'univers invisible, origine secrète de toute souveraineté. Elle faisait de la personne humaine le jouet de réalités qui la dépassaient. Cette absence d'autonomie individuelle trouvait son expression dans une économie de la subordination dont les formes variaient sans cesse. Mais la subordination fonctionnait également à la manière d'une dette de protection. Par ailleurs, au moment de la traite atlantique, il s'agissait d'abord d'un assujettissement au présent. Dans la plupart des cas, temps et valeur étaient conçus comme contenus dans, et s'épuisant dans, l'instant. Rien n'étant certain et tout étant possible, l'on prenait des risques avec les marchandises comme on les prenait avec le corps, le pouvoir et la vie. Aussi bien le temps lui-même que la mort se ramenaient à un immense jeu de hasard.

D'un côté s'imposa donc une conscience aiguë de la volatilité et de la frivolité de la richesse et, de l'autre, une conception instantanéiste du temps et de la valeur. Venaient ensuite, comme on l'a relevé plus haut, l'assujettissement des personnes aux fétiches ; ou encore celui des femmes aux hommes, des enfants aux parents et, plus fondamentalement encore, de tous aux ancêtres, et donc du pouvoir de la mort sur celui de la vie. Cette dernière était conduite à partir d'un postulat fusionnel qui touchait aussi bien le rapport aux choses qu'à la famille. Tout ceci explique, plus qu'on n'a voulu le croire, la forme que prirent les tyrannies africaines de l'époque ou encore les formes d'expression de la violence sociale – tangibilité, tactilité, palpabilité. Sur un autre plan, le rapport aux biens de consommation et aux biens de prestige (femmes, enfants et alliés y compris) se déclinait désormais sur le modèle de la pénétration de la marchandise dans l'âme du sujet et le rapport aux gens se ramenait à un bloc de dettes, comme dans le système des « ancêtres ». Tout, y compris la violence sociale, se formait dorénavant dans la relation créancier-débiteur.

Dans une large mesure, la colonisation ne fit que renforcer ces dispositifs. Une grande part de l'asservissement des Africains sous la colonisation passe par la médiation des biens. L'investissement libidinal dans les biens et les objets est d'autant plus aggravé que ceux-ci brillent par leur rareté. Mais, comme à l'époque de la traite, le désir des biens est porté sinon par la mort, du moins par quelque figure de la servitude. Au même titre que la traite atlantique, la colonisation marque donc l'entrée des Africains dans une ère nouvelle caractérisée par la course effrénée au désir et à la jouissance – désir sans responsabilité et jouissance comme mentalité [1]. Ici, la matière première de la jouissance est le plaisir des sens. La traite des esclaves en particulier constitue un moment d'extrême exubérance au cours duquel l'équivalence entre les objets et les êtres humains est presque totale. Les uns et les autres sont réduits à l'état de signes. Le rapport aux objets est celui de la consommation immédiate, du plaisir brut. Le colonisé, tout comme avant lui le commerçant d'esclaves, est fasciné et capturé par l'idole derrière le miroir, le visible de l'image spéculaire que sont les tissus et les pagnes, le rhum, les fusils et la quincaillerie, les routes, les monuments, le chemin de fer, le pont et les hôpitaux.

Mais, pour acquérir ces biens nouveaux, il doit se placer dans une position d'entière servitude à l'égard du potentat. Il doit s'inscrire dans une relation de dette – la dette de dépendance à l'égard de son maître. Il doit également s'astreindre à une pédagogie supposée lui inculquer les passions de la vénalité, de la vanité et de la cupidité. Pulsions d'inclination autant que pulsions délibérément cultivées, vanité, vénalité et cupidité constituent les trois manifestations privilégiées de cette position de servitude à l'égard du maître et du culte du potentat. Un long détour est donc toujours nécessaire pour jouir de ces biens nouveaux ou encore de la promesse de citoyenneté, et la possibilité d'une satisfaction effective des nouveaux désirs est sans cesse ajournée. C'est la raison pour laquelle la colonie recèle toujours une dimension névrotique et une dimension ludique, des traits du hasard, une radicale ambivalence que la critique récente n'a pas cessé de relever. Ne fait-elle pas naître chez le colonisé un monde de rêves qui, très vite, peut se transformer en cauchemar ? Cette dialectique du songe qui, à tout moment, peut virer au cauchemar est l'une des forces motrices du potentat, mais aussi son talon d'Achille. À plusieurs égards, les nationalismes africains sont le produit du conflit entre ces rêves et la frustration née de l'impossibilité de les satisfaire réellement.

S'il est un petit secret de la colonie, c'est donc bel et bien l'*assujettissement de l'indigène par son désir*. Sur la scène coloniale, c'est cet

---

1 Joseph C. Miller, *op. cit.*

assujettissement par le désir qui, finalement, entraîne le colonisé « hors de soi », leurré par la vaine chimère de l'image et du sortilège. En se laissant entraîner, le colonisé pénètre dans un autre être et vit désormais son travail, son langage et sa vie comme autant de processus d'ensorcellement et de travestissement. C'est à cause de cette expérience d'ensorcellement et d'« étrangement » (*estrangement*) que la rencontre coloniale fut à l'origine d'un foisonnement de fantasmes. Elle mit en branle des désirs que colons et colonisés, parfois, durent se cacher à eux-mêmes et qui, justement pour cette raison, furent refoulés et poussés dans l'inconscient. Compte tenu de tout ce qui précède, la mémoire de la colonie dans le texte nègre prend, nécessairement, deux formes. La première consiste à inscrire la colonie dans une mythologie de l'endettement en faisant valoir les pertes qu'aurait subies l'Afrique au détour de cette rencontre infligée. Cette dette aurait, elle-même, une double dimension. D'une part, elle serait une dette de procréation. D'autre part, elle serait une dette d'hospitalité. Dans les deux cas, le discours de la perte et de la dette a pour but de produire des effets de culpabilité. Le monde africain issu de la colonie serait un monde de la perte – perte occasionnée par un crime. Le responsable du crime serait non seulement en situation de culpabilité, mais aussi en dette à l'égard de ceux dont il aurait violé les droits naturels.

La mémoire de la colonie prend, d'autre part, les allures d'un *travail psychique* dont le but final est la cure. Admettons que la cure consiste, de manière générale, à faire remonter à la conscience deux types de secrets qu'évoque Freud dans son *Inquiétante Étrangeté* : ceux que l'on connaît et que l'on s'efforce de cacher, et ceux que l'on ne connaît pas parce qu'ils ne se présentent pas directement à la conscience. Dans le (con)texte nègre, ces deux types de secrets ne font qu'un, en réalité. L'aveu que le texte africain refuse de faire, c'est que l'énigme du manque au creux du désir est la raison principale de la perte du nom propre. C'est cette énigme qui explique la « béance du vide » (Lacan) dont traitent les écritures africaines de soi. C'est elle qui notifie et ratifie la perte. Dans ces conditions, une pratique authentique de la cure consisterait, pour les Nègres, à se libérer de ce petit secret en reconnaissant une fois pour toutes l'« autre en soi » et en assumant ce « détour par l'altérité » comme fondement d'un nouveau savoir sur soi – un savoir nécessairement divisé, *un savoir de l'écart et de sa représentation.* Que, dans les procédures de constitution du sujet, un poids psychique si énorme continue d'être attribué à la colonie est, strictement parlant, une conséquence de la résistance à l'aveu : l'assujettissement des Nègres au désir ; le fait qu'ils se soient laissé avoir, laissé séduire et tromper par cette « grosse ficelle de la machinerie imaginaire [1] » que fut la marchandise.

Le temps nègre

L'on vient de faire valoir que les Nègres se souviennent du potentat colonial comme d'une détresse originelle et qu'en même temps ils refusent d'avouer la part d'investissements inconscients dans la colonie en tant que machine de production du désir. Tout cela s'explique sans doute par la manière dont ils opèrent la critique du temps. Or, qu'est-ce que le temps et que faut-il entendre par cette catégorie ? Merleau-Ponty en parle comme de ce que l'on rencontre, inévitablement, sur le chemin qui nous mène à la subjectivité [2]. Il dit d'ailleurs du temps qu'il est « le caractère le plus général des faits psychiques » – par quoi il faut comprendre deux choses : d'une part qu'entre le temps et la subjectivité il existe une relation intime, faite d'une série d'événements psychiques ; et d'autre part que temps et sujet communiquent du dedans, et que, par conséquent, analyser le temps, c'est avoir accès à la structure concrète et intime de la subjectivité. On pourrait facilement étendre à la mémoire, voire au souvenir, ce que Merleau-Ponty dit du temps, ce d'autant plus que mémoire et souvenir constituent, fondamentalement, des manières de présence du passé (de ses

1 L'expression est de Gérard Guillerault, *Le Miroir et la Psyché*, Gallimard, Paris, 2003, p. 142.

2 Maurice Merleau-Ponty, *Phénoménologie de la perception*, Gallimard, Paris, 1945, p. 469.

traces, de ses restes et fragments) à la conscience, que cette dernière soit une conscience rationnelle ou une conscience onirique, imaginante. Les remarques qui suivent visent par conséquent à montrer d'une part comment, en partant de l'archive littéraire, on se donne les moyens d'expliquer les raisons du refus de l'aveu évoqué plus haut. D'autre part, elles ont pour but d'indiquer les paramètres cognitifs et expressifs à partir desquels s'effectue la critique nègre du temps et s'élabore, de manière générale, la mémoire de la colonie et, partant, celle du potentat.

Que, chez les Nègres, les langages du souvenir dépendent, en très grande partie, de la critique que l'on fait du temps est une évidence que le texte littéraire se fait fort de démontrer. Tout, dans le roman nègre, semble indiquer qu'ici le temps n'est pas un processus que l'on pourrait se borner à enregistrer sous la forme, par exemple, d'une « succession de maintenant ». En d'autres termes, il n'y a pas de temps en soi. Le temps naît du rapport contingent, ambigu et contradictoire que nous entretenons avec les choses, avec le monde, voire avec le corps et ses doubles. Comme l'indique par ailleurs Merleau-Ponty, le temps (mais on peut en dire autant du souvenir) naît d'un certain regard que je pose sur moi, sur autrui, sur le monde et sur l'invisible. Il surgit d'une certaine *présence* à toutes ces réalités prises ensemble. S'il est une autre chose que montre clairement le roman africain, c'est bien que le temps a toujours un rapport avec ses doubles. Participer du temps, c'est toujours, en partie, ne plus savoir à quoi s'en tenir quant au moi propre. C'est faire l'expérience du « dédoublement du moi, [de la] division du moi, [de la] permutation du moi [1] ». Aussi bien chez Amos Tutuola, Sony Labou Tansi, que chez Dambudzo Marechera, Yvonne Vera ou encore Yambo Ouologuem, l'expérience du temps se fait à travers l'écoute des sensations (le voir, l'entendre, le toucher, le sentir, le goûter).

La mémoire et le souvenir mettent en effet en jeu toute une structure d'organes, tout un système nerveux, toute une économie des émotions au centre desquelles se trouvent nécessairement le

---

1 Sigmund Freud, *L'Inquiétante Étrangeté*, PUF, Paris, 2009 [1919], p. 91.

corps et tout ce qui l'excède. Le roman montre également comment le souvenir peut s'effectuer par la danse et la musique, ou encore par le jeu des masques, la transe et la possession [1]. Il n'y a donc pas de mémoire qui, à un moment donné, ne trouve son expression dans l'univers du sensible, de l'imagination et de la multiplicité. Ainsi, en plusieurs pays africains confrontés au drame de la guerre, le souvenir de la mort est directement écrit sur le corps blessé ou mutilé du survivant, et c'est à partir de ce corps et de ses infirmités qu'on refait mémoire de l'événement. C'est donc en couplant l'imagination et la mémoire que l'on enrichit précisément notre connaissance et de sa sémantique et de sa pragmatique.

Ceci dit, la critique du temps telle qu'elle se déroule dans la fiction nègre contemporaine nous apprend également que le temps est toujours aléatoire et provisoire. Il change indéfiniment et ses formes sont toujours incertaines. Il représente, par conséquent, toujours une région hétérogène, irrégulière et fragmentée de l'expérience humaine. Ceci étant, le rapport du sujet au temps est un rapport qui vise toujours, sinon à esquiver et le passé et le futur, du moins à les racheter et à les subsumer [2]. Ceci ne signifie pourtant pas que la distinction entre l'avant et l'après, le passé et le futur, n'existe point. Le présent, en tant que présent, tire à la fois dans le sens du passé et dans celui du futur ou, plus radicalement, cherche à les abolir. D'où, dans l'écriture romanesque, la prédominance d'un temps que l'on pourrait appeler paradoxal parce qu'il n'est jamais pleinement un temps présent sans pour autant être totalement coupé du passé et du futur [3]. C'est un temps aux durées différentielles, dont les deux lois sont la loi du décalage et celle de la simultanéité (co-occurrence). Ainsi, c'est toujours au pluriel que le roman nègre parle du temps ou de ses flux. L'écriture romanesque

---

1 Parmi les autres vecteurs de la mémoire, Catherine Coquery-Vidrovitch inclut les bois sacrés, les tombeaux de saints musulmans, les mosquées, voire certains masques et danses. Voir Catherine COQUERY-VIDROVITCH, « Lieux de mémoire et occidentalisation », *in Histoire d'Afrique. Les enjeux de mémoire*, Karthala, Paris, 1999, p. 378-379.

2 Sami TCHAK, *Place des fêtes*, Seuil, Paris, 2001.

3 Ahmadou KOUROUMA, *En attendant le vote des bêtes sauvages*, Seuil, Paris, 1998.

est donc préoccupée de décrire les processus de transmutation du temps, voire d'empilement des temps [1].

Par ailleurs, mémoire et souvenir n'ont de sens que par rapport à l'idée selon laquelle le temps est, en réalité, une sorte d'*antichambre du réel et de la mort* [2]. Dans cette antichambre gisent des choses inédites, inattendues ou, de manière plus radicale encore, des « possibilités cachées », toutes sortes de potentialités à la fois créatrices et destructives, un monde invisible et caché, qui constitue la véritable face du réel et sans lequel il ne peut y avoir rédemption de ce même réel [3]. C'est le long de cette surface que s'opère le passage du réel au fantasmatique, de l'envers à l'endroit, la conversion de l'un en l'autre [4]. Dans ces conditions, se souvenir, c'est avant tout distribuer la différence et produire le dédoublement précisément parce que existe toujours un *décalage* essentiel entre les différentes unités du temps dans leur rapport à l'événement [5].

En retour, l'événement ne survient pas simplement. Encore faut-il pouvoir le déchiffrer et l'exprimer – d'où l'importance des procédés divinatoires [6]. Mais comment exprimer un « événement » sinon, de manière générale, par une association de mots et d'images, certains mots servant carrément de formes vides que l'on remplit avec des images, et d'autres ne devant leur existence qu'à condition de servir de véhicule à des signes auxquels ils ne se réduisent pourtant guère ? Le souvenir n'existe donc qu'au point de rencontre entre un événement, des mots, des signes et des images. Cette rencontre peut ensuite déboucher sur des rituels. Cette quasi-indissociabilité des mots, des signes et des images ne permet pas seulement d'exprimer l'événement mais, plus radicalement, de le manifester, comme dans une épiphanie [7]. Dans les procédures du

---

1 Amos TUTUOLA, *L'Ivrogne dans la brousse*, Gallimard, Paris, 2006.

2 Voir notamment Sony LABOU TANSI, *La Vie et demie*, Seuil, Paris, 1979 ; *Les Yeux du volcan*, Seuil, Paris, 1988 ; *L'État honteux*, Seuil, Paris, 1981 ; *Le Commencement des douleurs*, Seuil, Paris, 1995.

3 Mia COUTO, *Les Baleines de Quissico*, Albin Michel, Paris, 1996.

4 Sony LABOU TANSI, *L'Anté-peuple*, Seuil, Paris, 1983.

5 Amos TUTUOLA, *op. cit.*

6 Ahmadou KOUROUMA, *Allah n'est pas obligé*, Seuil, Paris, 2000.

7 Sony LABOU TANSI, *Les Sept Solitudes de Lorsa Lopez*, Seuil, Paris, 1985.

souvenir en tant que pratique de la cure, les images peuvent varier, être substituées les unes aux autres. Dans ce processus, un rapport extrêmement complexe est établi entre le sens/la signification et la désignation, ou encore ce que je viens d'appeler la manifestation. Quant au sujet qui se souvient, il est par principe un sujet contesté. Cette contestation résulte d'un événement inaugural, la perte apparente du nom propre. Cette perte est rendue d'autant plus traumatique qu'elle s'accompagne d'une profonde instabilité du savoir, d'une destruction du sens commun, d'une incertitude radicale quant au moi, au temps, au monde, au langage. Cet état d'incertitude radicale constitue la structure objective de l'événement lui-même, mais aussi de la narration, du récit que l'on en fait. Il rend impossible toute entreprise d'assignation d'identités fixes. C'est en partie ce qui explique le rapport très étroit que le roman nègre établit entre la perte du nom propre (destruction de la mesure) et le devenir fou, c'est-à-dire l'ouverture à une vie convulsive, voire au suicide [1].

Dans ce contexte, se souvenir consiste chaque fois à opérer un dépassement des limites de ce qui est exprimable au sein d'un langage [2]. D'où le recours à plusieurs langages simultanés du temps, voire du corps, dans la mesure où, comme c'est par exemple le cas chez Amos Tutuola, chaque corps pénètre toujours un autre et coexiste avec lui sinon dans toutes ses parties, du moins en ses parties essentielles [3]. L'on est donc face à une manière du souvenir qui se déploie sous la forme du bégaiement lorsqu'il s'agit de dire qui l'on est ou ce qui s'est passé. Le même type de procédé est de mise lorsqu'il s'agit de se souvenir du potentat postcolonial, splendide manifestation d'un temps sans passé ni futur, ou encore d'un

1 Cheikh Hamidou Kane, *L'Aventure ambiguë*, *op. cit.*

2 Voir, à titre d'exemple, Yvonne Vera, *Papillon brûle*, Fayard, Paris, 2002. Ou encore Sony Labou Tansi, *Le Commencement des douleurs*, *op. cit.* ; et *L'Autre Monde. Écrits inédits*, Revue Noire, Paris, 1997.

3 Achille Mbembe, « Politiques de la vie et violence spéculaire dans la fiction d'Amos Tutuola », *Cahiers d'études africaines*, n° 172, 2003.

passé déchu, que l'on n'a cessé de vouloir ressusciter, mais dont le sens n'apparaît que dans la fêlure et la dissipation [1].

Prenons, à cet égard, l'exemple du premier chapitre de *La Polka*, de Kossi Efoui [2]. Le roman s'ouvre sur le récit du narrateur en position assise, avec sa vue sur une rue immobile. Avant même de connaître le nom du sujet qui se raconte, ce sont ses sens qui sont convoqués : dans ce cas précis, la vue. Mais la vue de quoi, sinon d'un amoncellement de décombres, de « pans de murs tombés avec portes et fenêtres et leurs armatures dénudées par le feu [3] ». Derrière ces objets, c'est de la ruine qu'il s'agit – le temps de la ruine et de la destruction. Le temps, par conséquent, se dévoile d'abord ici par sa capacité à laisser des traces d'un événement primordial – un événement destructeur dont le feu est l'un des signifiants majeurs. Le temps, par conséquent, se vit, se voit et se lit sur le paysage. Avant le souvenir, il y a d'abord la vue. Se souvenir, c'est voir, littéralement, la trace laissée physiquement sur le *corps d'un lieu* par les événements du passé. Il n'y a cependant de corps d'un lieu qui ne soit, d'une certaine manière, en relation avec le corps humain. La vie elle-même doit « prendre corps » pour être reconnue comme réelle. Du corps humain, le romancier prête une attention particulière au visage et à ses traits dont il précise qu'ils ont été redessinés « par quelque chose de brutalement rentré dans le regard [4] ». Il prend soin de mentionner, d'un même trait, corps et visages de femmes, d'hommes et d'animaux rendus identiquement immobiles par ce quelque chose dont l'irruption dans la vie s'effectue sur le mode de la brutalité. La distinction entre les espèces et les genres s'atténue donc. Une communauté d'apparence, une ressemblance désormais lie les uns aux autres. Le visage lui-même entretient un rapport étroit avec le masque : « Hommes et animaux se partagent la même gueule, le même masque d'ébahissement [5]. »

---

1 Alain Mabanckou, *Verre cassé*, Seuil, Paris, 2005.
2 Kossi Efoui, *La Polka*, Seuil, Paris, 1998.
3 *Ibid.*, p. 9.
4 *Ibid.*
5 *Ibid.*

L'on disait tantôt que la vue vient avant le nom. Dans les faits, la vue et le nom se répondent en écho. Le nom ravive le regard et vice versa. L'un ne va pas sans l'autre et tous renvoient à la voix, au geste, et finalement à la vie elle-même. Du coup, le temps de la ruine, c'est, d'après le romancier, le moment où « les gestes de vie ne sont plus suivis du regard [1] ». C'est alors que les corps deviennent ankylosés et la voix, son timbre et son rythme passent par tous les états. Tantôt elle frémit, tantôt elle se fait rocailleuse. À d'autres moments elle devient « asthmatique ». L'on peut alors deviner « au bout d'un moment que chaque mot [émis par la voix] est une fausse sortie » car la voix est désormais « sans suite », coupée en deux [2]. La parole ne sachant plus « comment rattraper ou saisir le temps présent » – autrement dit le temps n'étant plus bien tenu en main –, celui-ci s'échappe « dans le mouvement de bascule entre avant et après et retour » ; il se met « hors des mots de la vie » [3]. L'on pourrait ajouter que cette mise du temps hors des mots de la vie, voilà l'événement.

On peut dire, au demeurant, de *La Polka* qu'elle est un roman qui fait du corps le lieu de mémoire par excellence. Parfois, le corps semble n'appartenir à personne en particulier. Il appartient à ce que l'on pourrait appeler le *nombre*. Ainsi, au bar, aux heures de nuit, lorsque l'on vient se débaucher dans l'anonymat de l'alcool et des filles de joie : « Les filles vont et viennent et tournent ami-ami à qui le tour – combien le croupion [4] ? » Dans la chaleur des corps et l'étouffement de l'air, « il y a ceux qui tâtent [...] ceux qui pincent [...] les marins qui donnent une claque et puis ceux qui se contentent de regarder ». Il y a, surtout, le corps de la femme : « Elles savent doser l'énergie de leur corps. Le sourire d'abord, puis le tressautement du buste [...]. Puis ça repart encore par le sourire, un regard s'allume – combien le croupion ? À peine allumé, il s'abaisse

1 *Ibid.*, p. 10.
2 *Ibid.*, p. 11.
3 *Ibid.*, p. 12.
4 *Ibid.*, p. 38. Les citations qui suivent proviennent de la même page.

vers les cuisses. La fille éteint son sourire et fait jouer les jambes. » Et, comme si tout devait passer par là, la copulation généralisée [1].

Dans *La Polka*, le corps est préposé au déguisement et à la parure. C'est en partie ce qui lui donne son éclat : des couronnes de fleurs, des chapeaux géants enrubannés, des décorations de toutes sortes – rangées de perles autour des cous nus des filles, clochettes dorées ceinturant les chevilles des musiciens danseurs. Ce cérémonial n'est cependant jamais loin d'évoquer la mort. Au-dessus du char funéraire en nervures de palmier tressées se tient, « immobile, un mort vivant tout de blanc vêtu ». C'est la mascotte d'un carnaval [2]. Mais un risque pèse constamment sur le corps de la multitude. C'est celui d'être réduit à des corps « décharnés, trébuchants, auxquels plus aucun habillage ne sied [3] ». Plus grave encore, c'est d'être condamné à sortir du temps et à sortir de lui-même : « Nous avons passé la nuit à lutter contre les organes en débandade dans nos corps : l'estomac flapi qui laisse un vide là où jadis on a eu faim et soif, la langue qui se retourne jusqu'à la glotte, les bras ballants et les épaules qui tombent vraiment et les yeux dans le dos. La bouche brusquement s'ouvre, reste ouverte, sans cri mais en attente d'un rot, d'une remontée soudaine des viscères ou d'une sortie brutale, os après os, le long de toute la charpente du corps. Os après os, les longs, les courts, les plats, ceux qu'on devine faussement ronds et rugueux, un chapelet de vertèbres se précipitant par cette bouche ouverte jusqu'à ce que la peau flasque s'affaisse et se retourne et se distende. Un corps en suspens, en instance de chute, en alerte d'épilepsie [4]. » Dans *La Polka*, ce gigantesque tremblement du corps n'est pas sans lien avec la mort ou encore la disparition – la question du sépulcre. Le problème, d'après le romancier, est que la mort n'est pas nécessairement productrice de souvenir. Et, d'ailleurs, « ces semblants de morts que nous avons, comment serviraient-ils à fabriquer du souvenir ? À chaque disparition se rétrécit la

1 *Ibid.*, p. 54 et p. 111.
2 *Ibid.*, p. 58.
3 *Ibid.*
4 *Ibid.*, p. 59.

mémoire des noms, comme si toutes ces vies étaient des affaires classées [1] ». Dès lors, « le masque d'ébahissement, c'est quand tout se rétracte et qu'il ne reste plus que la rumination d'une ultime image qui cherche sa place entre avant et après [2] ». Il se peut également que le temps se fasse rebelle : il refuse de s'épuiser et se met à piéger les gens.

Corps, statues et effigies

C'est précisément cette fonction de piège que jouent les statues, effigies et monuments coloniaux. Au-delà de leurs variétés, ils renvoient à trois noms. Ce sont d'abord, à proprement parler, des objets. Ils sont faits de toutes sortes de matériaux : marbre, granit, bronze, cuivre, acier et ainsi de suite. En tant qu'objets, ils constituent des blocs inertes, dressés là, apparemment muets. Ensuite, ce sont des objets qui, pour la plupart, présentent la forme d'un corps humain ou d'une bête (cas du cheval qui porte un conquérant). Ils représentent des morts. En eux, le mort devient une chose ouvragée. Enfin, ces morts ont été, à un moment donné de leur vie, des sujets. C'est cette qualité de sujet que cherchent à préserver les statues qui les représentent. Il n'y a guère de statue sans cette fusion de l'objectalité, de la subjectivité et de la mortalité. Par ailleurs, il n'y a guère de statue coloniale qui ne renvoie à une manière de remontée du temps. Les statues et effigies coloniales témoignent, presque sans exception, de cette généalogie muette au sein de laquelle le sujet devance la mort qui, à son tour, devance l'objet lui-même supposé tenir le lieu du sujet et du mort à la fois.

À côté des statues proprement dites existent d'autres objets, monuments et infrastructures : les gares de chemin de fer, les palais de gouverneurs coloniaux, les ponts, les camps militaires et forteresses. Dans l'empire colonial français, la plupart de ces ouvrages

1 *Ibid.*, p. 64.
2 *Ibid.*, p. 65.

datent des XIXe et XXe siècles. Sur un plan purement esthétique, il s'agit d'une époque au cours de laquelle, par-delà les apparences de la sécularisation, la mission de l'art est encore conçue sur un mode parareligieux. L'art doit, pense-t-on, guérir l'Occident de sa mémoire malheureuse et de ses nouvelles peurs [1]. Il participe, ce faisant, d'un récit héroïque. Il doit à cet effet convoquer les puissances endormies tout en reconduisant, à sa façon, une manière de fête et de spectacle. En colonie, cette fête prend un tour sauvage. Les ouvrages et autres infrastructures (palais, musées, ponts, monuments et autres) ne font pas seulement partie des nouveaux fétiches. Pour qu'ils voient le jour, souvent des sépultures doivent être profanées. Des crânes de rois morts doivent apparaître au grand jour, et leurs cercueils être démontés. On doit procéder à l'enlèvement de tous les objets qui accompagnaient les corps (bijoux, piastres, chaînes, et ainsi de suite) avant que les musées puissent finalement accueillir les objets funéraires arrachés aux sépultures [2]. Le retournement des morts a pour fonction d'induire les colonisés dans la transe, obligés qu'ils sont, désormais, de célébrer un « sacrifice sans dieux ni ancêtres ». L'économie symbolique de la colonie devient, dans ce contexte, une grande économie du don sans retour. Autour de ces ouvrages et infrastructures a lieu une sorte d'échange qui relève de la perte somptuaire. Des objets considérés comme non échangeables (ponts, musées, palais, infrastructures) sont cédés aux indigènes par une autorité brutale au cours d'une fête sauvage où le corps et la matière s'entrelacent.

Il importe donc, s'agissant des multiples significations des statues et monuments coloniaux qui occupent encore les devants des places publiques africaines longtemps après la proclamation

---

1 Laurence Bertrand Dorléac, *L'Ordre sauvage. Violence, dépense et sacré dans l'art des années 1950-1960*, Gallimard, Paris, 2004.

2 Didier Nativel et Françoise Raison-Jourde, « Rapt des morts et exhibition monarchique. Les contradictions de la République colonisatrice à Madagascar », *in* Jean-Pierre Chrétien et Jean-Louis Triaud (dir.), *Histoire d'Afrique. Les enjeux de mémoire*, Karthala, Paris, 1999, p. 173-195. Dans le même ouvrage, voir également Odile Goerg, « Le site du Palais du gouverneur à Conakry. Pouvoirs, symboles et mutations de sens » (p. 389-404).

des indépendances, de les rapporter à une manière du pouvoir et de la domination. Ces *restes* du potentat sont les signes de la lutte physique et symbolique que cette forme de pouvoir a été obligée de mener contre le colonisé. L'on sait que, pour être durable, toute domination doit s'inscrire non seulement sur les corps de ses sujets, mais aussi laisser des marques sur l'espace qu'ils habitent et des traces indélébiles dans leur imaginaire. Elle doit envelopper l'assujetti et le maintenir dans un état plus ou moins permanent de transe, d'intoxication et de convulsion – incapable de réfléchir pour soi, en toute clarté. C'est seulement ainsi qu'elle peut l'amener à penser, à agir et à se conduire comme s'il était irrévocablement pris dans les rets d'un insondable sortilège. La sujétion doit également être inscrite dans la routine de la vie de tous les jours et dans les structures de l'inconscient. Le potentat doit habiter le sujet de manière telle que ce dernier ne puisse désormais exercer sa faculté de voir, d'entendre, de sentir, de toucher, de bouger, de parler, de se déplacer, d'imaginer, voire ne puisse plus rêver qu'en référence au signifiant maître qui, désormais, le surplombe et l'oblige à bégayer et à tituber [1].

Le potentat colonial ne dérogea guère à cette règle. À toutes les étapes de sa vie de tous les jours, le colonisé fut astreint à une série de rituels de la soumission les uns toujours plus prosaïques que les autres. Il pouvait, par exemple, lui être demandé de tressaillir, de crier et de trembler, de se prosterner en frémissant dans la poussière, d'aller de lieu en lieu, chantant, dansant et vivant sa domination comme une providentielle nécessité. C'était par exemple le cas lors de l'inauguration des divers monuments, du dévoilement des plaques commémoratives, en cas d'anniversaires et autres fêtes communes aux colonisateurs et aux colonisés [2]. La conscience négative (cette conscience de n'être rien sans son maître, de tout devoir à son maître pris, à l'occasion, pour un parent) devait

1 Achille Mbembe, « La "chose" et ses doubles dans la caricature camerounaise », *Cahiers d'études africaines*, vol. 36, n° 141-142, 1996.

2 Odile Goerg (dir.), *Fêtes urbaines en Afrique. Espaces, identités et pouvoirs*, Karthala, Paris, 1999, p. 201-207.

pouvoir gouverner tous les moments de sa vie et vider celle-ci de toute manifestation de la libre volonté [1]. L'on comprend que, dans ce contexte, les statues et monuments coloniaux n'étaient pas d'abord des artefacts esthétiques destinés à l'embellissement des villes ou du cadre de vie en général. Il s'agissait, de bout en bout, de manifestations de l'arbitraire absolu, dont les prémisses se trouvent déjà dans la manière dont sont menées les guerres de conquête, les guerres de « pacification » ou encore la manière de contrer les soulèvements armés [2]. Puissances de travestissement, ils étaient l'extension sculpturale d'une forme de terreur raciale. En même temps, ils étaient l'expression spectaculaire du pouvoir de destruction et d'escamotage qui, du début jusqu'à la fin, anima le projet colonial [3].

Mais surtout il n'y a pas de domination sans une manière de *culte des esprits* – dans ce cas l'esprit-chien, l'esprit-porc, l'esprit-canaille si caractéristiques de tout impérialisme, hier comme aujourd'hui. À son tour, le culte des esprits nécessite, de bout en bout, une manière d'évocation des morts – une nécromancie et une géomancie. De ce point de vue, les statues et monuments coloniaux appartiennent bel et bien à ce double univers de la nécromancie et de la géomancie. Ils constituent, à proprement parler, des emphases caricaturales de cet esprit-chien, de cet esprit-porc, de cet esprit-canaille qui animèrent le racisme colonial et le pouvoir du même nom – comme, du reste, tout ce qui vient après : la *postcolonie*. Ils constituent l'ombre ou le graphe qui découpe son profil dans un espace (l'espace africain) que l'on ne se priva jamais de violer et de mépriser.

---

1 Achille Mbembe, *La Naissance du maquis dans le Sud-Cameroun*, *op. cit.*

2 René Pélissier, *Les Guerres grises. Résistance et révoltes en Angola, 1845-1941*, Éditions Pélissier, Montamets, 1978 ; *La Colonie du Minotaure. Nationalismes et révoltes en Angola, 1926-1961*, Éditions Pélissier, Montamets, 1979 ; *Les Campagnes coloniales du Portugal, 1844-1941*, Pygmalion, Paris, 2004 ; David Anderson, *Histories of the Hanged. The Dirty War in Kenya and the End of the Empire*, Norton, New York, 2005.

3 Pour une théorisation de cette terreur, voir Alexis de Tocqueville, *De la colonie en Algérie*, *op. cit.*

Car, à voir ces visages de la « mort sans résurrection », il est facile de comprendre ce que fut le potentat colonial – un pouvoir typiquement *funéraire* tant il avait tendance à réifier la mort des colonisés et à dénier à leur vie toute espèce de valeur [1]. La plupart de ces statues représentent en effet d'anciens morts des guerres de conquête, d'occupation et de « pacification » – des morts funestes, élevés par de vaines croyances païennes au rang de divinités tutélaires. La présence de ces morts funestes dans l'espace public a pour but de faire en sorte que le principe du meurtre et de la cruauté qu'ils ont personnifié continue de hanter la mémoire des ex-colonisés, de saturer leur imaginaire et leurs espaces de vie, provoquant ainsi en eux une étrange éclipse de la conscience et les empêchant, *ipso facto*, de penser en toute clarté. Le rôle des statues et monuments coloniaux est donc de faire resurgir sur la scène du présent des morts qui, de leur vivant, ont tourmenté, souvent par le glaive, l'existence des Nègres. Ces statues fonctionnent à la manière de rites d'évocation de défunts aux yeux desquels l'humanité nègre compta pour rien – raison pour laquelle ils n'avaient aucun scrupule à verser, pour un rien, son sang.

---

1 Nasser HUSSAIN, *The Jurisprudence of Emergency. Colonialism and the Rule of Law*, University of Michigan Press, Ann Arbor, 2003 ; Sidi Mohammed BARKAT, *Le Corps d'exception. Les artifices du pouvoir colonial et la destruction de la vie*, Amsterdam, Paris, 2005.

5

Requiem pour l'esclave

Dans les chapitres précédents, l'on a fait valoir comment, tout au long de la période moderne, les deux notions d'« Afrique » et de « Nègre » ont pu être mobilisées dans des processus de fabrication de sujets de race – ceux dont l'avilissement est la signature majeure et dont le propre est d'appartenir à une humanité à part, honnie, celle des déchets d'homme. Pourtant, ressources mythiques, l'Afrique et le Nègre ne sont pas seulement supposés alimenter une limite intenable, l'effraction du sens et une joyeuse hystérie.

Au fond, y compris au zénith de la logique de race, ces deux catégories furent toujours marquées au coin par leur ambivalence – ambivalence de la répulsion, du charme atroce et de la jouissance perverse. C'est qu'en l'Afrique et en les choses nègres beaucoup virent deux forces aveuglantes, tantôt une glaise à peine touchée par la statuaire, tantôt un animal fantastique, et toujours une figure hiératique, métamorphique, hétérogène et menaçante, capable d'exploser en cascades. C'est cet ordre en ébullition, mi-solaire et mi-lunaire, et dans lequel l'esclave occupe une place angulaire, que l'on s'efforce d'évoquer dans ce chapitre qui constitue par ailleurs le sous-sol de tout ce livre, son niveau zéro. Or, pour bien comprendre le statut de l'esclave nègre à l'époque du premier capitalisme, il importe de revenir à la figure du revenant. Sujet plastique ayant subi un processus de transformation par destruction, le Nègre est en effet le revenant de la modernité. C'est en se déprenant de la forme-esclave, en s'engageant dans des investissements nouveaux et en assumant la condition de revenant qu'il a pu octroyer à cette transformation par destruction une signification d'avenir.

La traite des Nègres doit, quant à elle, être analysée sur le plan phénoménal comme une manifestation emblématique de la face nocturne du capitalisme et du travail négatif de destruction sans lequel il n'a pas de nom propre. Rendre compte de cette face nocturne et du statut du revenant au sein de cette économie nocturne exigeait que l'on recoure à une *écriture figurale* – à la vérité un lacis complexe de boucles entrecroisées, oscillant sans cesse entre le vertigineux, la dissolution et l'éparpillement, et dont les arêtes et les lignes se rejoignent au point de fuite. Ce style scriptural, la réalité qu'il évoque et les catégories et concepts nécessaires à son élucidation, il a fallu les chercher auprès de trois œuvres de fiction, *La Vie et demie* de Sony Labou Tansi, *The Palm Wine Drinkard* et *My Life in the Bush of Ghosts* d'Amos Tutuola.

Multiplicité et excédent

Une dimension centrale de cette économie nocturne a trait au phénomène de la *multiplicité* et de l'excédent. De fait, au sein de cette économie, ce que l'on nomme le réel est par définition dispersif et elliptique, fugace et mouvant, essentiellement ambigu. Le réel est composé de plusieurs couches, de plusieurs nappes, de plusieurs enveloppes. On ne peut jamais le saisir – chose peu aisée – que par petits bouts, provisoirement, à partir d'une multiplicité de plans. Arriverait-on à le saisir, on ne peut jamais le reproduire ou le représenter ni en entier, ni fidèlement. Au fond, il y a toujours un *excédent* du réel auquel ne peuvent accéder que ceux et celles qui sont dotés d'extra-capacités.

D'autre part, le réel ne se prête que rarement à la mesure précise et au calcul exact. Le calcul est, par principe, un jeu de probabilités. Dans une large mesure, c'est le hasard qu'il s'agit de calculer.

On additionne, on soustrait, on multiplie, on divise. Mais surtout on évoque, on convoque, on fait tenir le tout le long d'une ligne fugitive et elliptique, en zigzags, interprétante, tantôt courbe, tantôt pointue – la divination. La rencontre avec le réel ne peut jamais être que fragmentaire, hachée, éphémère, faite de discordances, toujours provisoire et chaque fois à reprendre. Par ailleurs, il n'y a pas de réel – et donc de vie – qui ne soit en même temps spectacle, théâtre et dramaturgie. L'événement par excellence est toujours flottant. L'image ou encore l'ombre n'est pas une illusion mais un fait. Son contenu excède toujours sa forme. Un régime d'échange existe entre l'imaginaire et le réel si toutefois une telle distinction a un sens. Car, au fond, l'un sert à produire l'autre. L'un s'articule à l'autre, peut être converti en l'autre et vice versa.

Le noyau véritable du réel est une sorte de réserve, de surplus situé dans un ailleurs, un devenir. Il y a toujours une surcharge, des possibilités d'ellipse et de décrochage et ce sont ces facteurs qui rendent possibles les états orphiques, que ceux-ci soient atteints par le biais de la danse et de la musique, de la possession ou de l'extase. La vérité se trouve dans cette réserve et ce surplus ; dans cette sursaturation et cette ellipse – choses auxquelles l'on n'accède qu'en déployant une fonction de voyance qui n'est pas la même chose que la fonction visuelle en tant que telle.

La voyance consiste à déchiffrer les miroitements du réel et à les interpréter selon qu'ils s'effectuent à la surface des choses ou dans leur sous-sol ; et selon qu'ils renvoient à leurs quantités ou à leurs qualités. Tout cela ne s'explique que par rapport au mystère fondamental qu'est finalement la vie. La vie est un mystère parce qu'au bout du compte elle est faite de nœuds. Elle est le résultat du montage de choses aussi bien secrètes que manifestes, d'un ensemble d'accidents que seule la mort signe et parachève dans un geste qui tient à la fois de la récapitulation et du surgissement ou encore de l'émergence. D'où son statut fondateur. En tant qu'opération de récapitulation, la mort ne se situe pas seulement à la fin de la vie. Au fond, le mystère de la vie, c'est la « mort dans la vie », la « vie dans la mort », cet entrelacement qui est le nom même du pouvoir, du savoir et de la puissance. Les deux instances (la force de vie et la puissance que procure le savoir de la mort) ne sont pas séparées. L'une travaille l'autre, est travaillée par l'autre, et la fonction de voyance consiste à rendre ce travail réciproque à la clarté du jour et de l'esprit – condition essentielle pour parer à la menace de dissipation de la vie et de dessiccation du vivant. La vie jaillit donc de la scission, du dédoublement et de la disjonction. La mort aussi, dans son inévitable clarté, qui elle-même s'apparente également à un commencement de monde – jaillissement, émergence et surgissement.

Face à un réel qui se caractérise par sa multiplicité et son pouvoir changeant et presque illimité de polymorphie, en quoi consiste la puissance ? Comment s'obtient-elle et se conserve-t-elle ? Quels sont ses rapports avec la force et la ruse ? La puissance s'obtient et se conserve grâce à la capacité de nouer des relations changeantes avec le demi-monde des silhouettes ou encore le monde des doubles. Est puissant celui ou celle qui sait danser avec les ombres, et qui sait tisser des rapports étroits entre sa propre force vitale et d'autres chaînes de forces toujours situées dans un ailleurs, un dehors au-delà de la surface du visible. Il n'est pas possible d'enclore le pouvoir dans les limites d'une forme unique et stable puisqu'il est dans sa nature même de participer de l'excédent. Tout pouvoir, par principe, n'est pouvoir que de par ses capacités de métamorphose. Aujourd'hui lion, demain buffle ou phacochère, et le surlendemain éléphant, panthère, léopard ou tortue. Ceci étant, les véritables maîtres du pouvoir et les détenteurs de la vérité sont ceux qui savent remonter ce cours de l'ombre qui appelle, que l'on doit embrasser et traverser dans le but justement de devenir autre, se multiplier, être sans cesse en mouvement. Avoir du pouvoir, c'est donc savoir donner et recevoir des formes. Mais c'est aussi savoir se déprendre des formes données, changer tout en restant le même, épouser des formes de vie inédites et rentrer chaque fois dans des rapports nouveaux avec la destruction, la perte et la mort.

Le pouvoir est aussi corps et substance. De prime abord, il est un corps-fétiche et, à ce titre, un corps-médecine. En tant que corps-fétiche, il exige d'être autant vénéré que nourri. Le corps du pouvoir n'est fétiche que parce qu'il participe du corps de quelqu'un d'autre, de préférence un mort autrefois doté de puissance et dont il aspire à revêtir le double. De ce point de vue, il est, du moins sur son versant nocturne, un corps-cadavre. Il est également un corps-parure – un corps-ornement, un corps-décor. Des reliques, des couleurs, des concoctions et autres « médicaments » lui octroient sa force germinative (des fragments de peau, un bout de crâne ou d'avant-bras, des ongles et des mèches de cheveux, de précieux fragments de cadavres d'anciens souverains ou d'ennemis farouches). Le pouvoir est pharmacie de par sa capacité à transformer les ressources de la mort en force germinative – la transformation et la conversion des ressources de la mort en capacité de guérison. Et c'est à ce double titre de force vitale et de principe de mort qu'il est à la fois révéré et redouté. Mais la relation entre le principe vital et celui de mort est fondamentalement instable. Dispensateur de fertilité et d'abondance, le pouvoir doit être en pleine possession de sa puissance virile.

C'est l'une des raisons pour lesquelles il est au centre d'un vaste réseau d'échange de femmes et de clients. Mais, par-dessus tout, il doit être capable de tuer. Au fond, on le reconnaît autant par sa capacité à engendrer que par celle, équivalente, de transgression – qu'il s'agisse de la pratique symbolique ou réelle de l'inceste et du viol, de l'absorption rituelle de la chair humaine ou de la capacité à dépenser sans réserve. Dans certains cas, tuer de ses propres mains une victime humaine est la condition primaire de tout rituel de régénération. D'autre part, pour se maintenir, le pouvoir doit être capable d'enfreindre la loi fondamentale, qu'il s'agisse de la loi familiale ou de tout ce qui a trait au meurtre et à la profanation – la possibilité de disposer des vies humaines, y compris la vie des siens. Il n'y a donc pas de pouvoir sans une part maudite, une part canaille, une part cochon, celle-là même qui est rendue possible par le dédoublement, et qui, chaque fois, se paie au prix d'une vie humaine, celle d'un ennemi ou, s'il le faut – ce qui est souvent le cas –, celle d'un frère ou d'un parent.

Dans ces conditions, l'action efficace consiste à opérer des montages et des combinaisons, à avancer masqué, toujours prêt à recommencer, à improviser, à s'installer dans le provisoire avant de chercher à franchir les limites, à faire ce que l'on ne dit pas et à dire ce que l'on ne fait point ; à dire plusieurs choses à la fois et à marier les contraires ; et, surtout, à opérer des métamorphoses. La métamorphose n'est possible que parce que la personne humaine ne renvoie jamais à elle-même qu'en se rapportant à quelque autre force, à un autre soi-même – la capacité de sortie de soi, de dédoublement et d'étrangeté, et d'abord à soi. Le pouvoir consiste à être présent dans différents mondes et sous différentes modalités simultanément. Il est, sur ce plan, comme la vie elle-même. Est puissance ce qui a pu s'échapper de la mort et est revenu des morts. Car, ce n'est qu'en s'échappant de la mort et en revenant des morts que l'on acquiert les capacités de s'instituer en tant que l'autre face de l'absolu. Il y a donc dans le pouvoir comme dans le vivant une part qui tient du revenant – une part fantomale.

La figure humaine est par définition plastique. Le sujet humain par excellence est celui qui est capable de devenir autre, quelqu'un d'autre que lui-même, une nouvelle personne. C'est celui qui, contraint à la perte, la destruction, voire l'anéantissement, fait surgir de cet événement une identité nouvelle. Ce qui lui octroie sa structure symbolique, c'est la figure animale dont elle est, à plusieurs égards, la vague silhouette. La figure humaine ne porte pas seulement en elle la structure de l'animal, mais aussi son esprit [1]. Le pouvoir nocturne est celui qui sait, lorsqu'il le faut, prendre une existence animale, abriter un animal, de préférence carnivore. La forme ou la figure achevée est toujours l'emblème d'un paradoxe. Il en est de même du corps, cette instance privilégiée de l'aberration. Il n'y a de corps que fondamentalement voué au désordre et à la discorde. Le corps est aussi, en soi, une puissance que l'on revêt volontiers d'un masque. Car, pour être domestiqué, le visage de la puissance nocturne doit être au préalable recouvert, voire défiguré, restitué à son statut d'épouvante. On doit pouvoir n'y reconnaître rien d'humain – objet pétrifié de la mort, mais dont le propre est d'inclure les organes encore mouvants de la vie. Le visage de

1 Gilles Deleuze, *Francis Bacon, logique de la sensation*, Seuil, Paris, 2002 [1981], chapitre 4.

masque redouble le visage de chair et se transforme en une surface vivante et figurative. Car telle est bien la définition dernière du corps – réseau d'images et de reflets hétérogènes, densité compacte, liquide, osseuse et ombreuse, forme concrète de la disproportion et de la dislocation toujours sur le point de déborder le réel.

La loque humaine

Par ailleurs, corps, chair et viande forment un tout indissociable. Le corps n'est corps que parce qu'il est potentiellement une matière à viande, qui se mange : « Le soldat s'immobilisa comme un poteau de viande kaki », raconte Sony Labou Tansi [1]. Et de décrire cette scène au cours de laquelle repas et sacrifice ne font plus qu'un : « Le Guide Providentiel retira le couteau [de la gorge de la loque-père] et s'en retourna à sa viande [...] qu'il coupa et mangea avec le même couteau ensanglanté » avant de se lever et de roter bruyamment [2]. Ce passage constant entre le corps du supplicié, sa chair, son sang et la viande du repas nous éloigne considérablement d'une simple fête. Il s'agit, ici, de verser le sang, d'ouvrir des plaies, d'infliger des blessures [3]. Au demeurant, pour la tranquillité du pouvoir, « tuer de temps en temps [4] » ne relève-t-il pas de la nécessité même ? Dans ce cas, l'ennemi est conduit à poil devant le Guide Providentiel : « Tu vas le dire ou bien je te mangerai cru [5]. » Manger cru requiert une destruction systématique du corps : « Il se mit à tailler à coups aveugles le haut du corps de la loque-père, il démantela le thorax, puis les épaules, le cou, la tête ; bientôt il ne restait plus qu'une folle touffe de cheveux flottant dans le vide amer, les morceaux taillés formaient au sol une sorte de termitière, le Guide Providentiel les dispersa à grands coups de pied désordonnés avant d'arracher la touffe de cheveux de son invisible

1 Sony Labou Tansi, *La Vie et demie*, *op. cit.*, p. 11.
2 *Ibid.*, p. 12.
3 *Ibid.*, p. 12-13.
4 *Ibid.*, p. 283.
5 *Ibid.*, p. 37.

suspension ; il tira de toutes ses forces, d'une main d'abord, puis des deux, la touffe céda et, emporté par son propre élan, le Guide Providentiel se renversa sur le dos, se cogna la nuque contre les carreaux [1]... »

Le corps reçoit une nouvelle forme, mais par le biais de la destruction des formes précédentes : « Beaucoup de ses orteils étaient restés dans la chambre de torture, il avait d'audacieux lambeaux à la place des lèvres et à celle des oreilles deux vastes parenthèses de sang mort, les yeux avaient disparu dans le boursouflement excessif du visage, laissant deux rayons de lumière noire dans deux grands trous d'ombre. On se demandait comment une vie pouvait s'entêter à rester au fond d'une épave que même la forme humaine avait fui. Mais la vie des autres est dure. La vie des autres est têtue [2]. » Le Guide mange de la viande saignante à laquelle l'on a pris soin d'ajouter de l'huile, du vinaigre et trois doses d'un alcool local. Ses questions sont formulées sous la forme d'un rugissement. Les instruments privilégiés sont des ustensiles de table : « La fourchette avait touché l'os, le docteur sentit la douleur s'allumer puis s'éteindre, puis s'allumer, puis s'éteindre. La fourchette s'enfonça dans les côtes, inscrivant la même onde de douleur [3]. »

Mais qu'est-ce qu'une loque sinon ce qui a été, mais désormais n'est plus rien sinon une figure dégradée, abîmée, méconnaissable, endommagée, une entité ayant perdu son authenticité, son intégrité ? La loque humaine, c'est ce qui, tout en présentant ici et là des apparences humaines, est si défiguré qu'il est à la fois en deçà de l'humain et en dedans. C'est l'infrahumain. On reconnaît la loque à ce qui reste de ses organes – la gorge, le sang, la respiration, le ventre du plexus à l'aine, les tripes, les yeux, les paupières. La loque humaine n'est cependant pas sans volonté. En elle, il ne reste pas que des organes. Il reste aussi la parole, dernier souffle d'une humanité saccagée, mais qui, jusqu'à la porte de la mort, refuse

1 *Ibid.*, p. 16.
2 *Ibid.*, p. 36-37.
3 *Ibid.*, p. 37.

d'être réduite à un amas de viande, de mourir d'une mort dont elle ne veut pas : « Je ne veux pas mourir cette mort [1]. »

La loque ayant procédé à la rétention de la parole, l'on passe à la dissection : « La loque-père fut bientôt coupée en deux à la hauteur du nombril. » Après avoir été sectionné, le corps ouvre ses mystères caverneux. Les tripes font leur apparition. Puis l'organe de la parole, la bouche, est littéralement « saccagé [2] ». Il n'y a plus de corps en tant que tel ou en tant qu'unité intrinsèque. Il y a désormais un « bas du corps » et un « haut du corps ». Mais, même coupé en deux, le supplicié continue de proférer un refus. Il n'arrête pas de répéter la même phrase : « Je ne veux pas mourir cette mort. »

La transformation du corps en viande exige une forte dépense d'énergie. L'autocrate doit éponger la sueur et se reposer. Donner la mort est un acte qui fatigue même lorsqu'il est entrecoupé de plaisirs : fumer un cigare. Ce qui enrage le meurtrier, c'est l'obstination de sa victime à ne pas « prendre la mort » qui lui est donnée et à en vouloir à tout prix une autre, celle qu'il se sera donnée lui-même. Le supplicié refuse au pouvoir le pouvoir de lui donner la mort de son choix : « Il se mordait [...] la lèvre inférieure, une violente rage lui gonflait la poitrine, faisant tournoyer ses petits yeux serrés au hasard du visage. L'instant d'après, il parut plus calme, tourna longuement autour du haut du corps suspendu dans le vide, considéra avec un début de compassion cette boue de sang noire qui en goudronnait la base [3]. » Le pouvoir peut donner la mort. Encore faut-il que le supplicié accepte de la recevoir. Car, pour véritablement mourir, encore faut-il accepter non seulement le don de la mort, mais encore la forme du mourir. Le donneur de mort, par opposition au préposé à la mort, est dès lors confronté aux limites de sa volonté. Il doit expérimenter plusieurs outils de la mort : des armes à feu, des sabres, du poison (une mort au champagne), égaliser mort et plaisir, passer de l'univers de la viande à celui des liqueurs – la mort comme un moment d'ivresse.

1 *Ibid.*, p. 13.
2 *Ibid.*, p. 14.
3 *Ibid.*, p. 14-15.

Le monde nocturne est dominé par des forces antagonistes engagées dans un conflit total. À chaque force toujours s'oppose une autre capable de défaire ce que la première a noué. On reconnaît le pouvoir à sa capacité de s'introduire dans ses sujets, de les « monter », de prendre possession d'eux, y compris de leur corps et surtout de leur « double ». Cette prise de possession fait du pouvoir une force. Il est du principe de la force de déloger le moi de celui qui est assujetti à cette force, de prendre la place de ce moi et d'agir comme si elle était la maîtresse de ce moi, de son corps et de son double. De ce point de vue, la force est ombre. Et d'abord l'ombre d'un mort que l'on a domestiqué et que l'on a asservi. Le pouvoir est esprit de mort, ombre d'un mort. En tant qu'esprit du mort, il cherche à voler la tête de ses sujets – de préférence d'une manière telle qu'ils ignorent tout de ce qui leur arrive ; tout ce qu'ils voient, ce qu'ils entendent, ce qu'ils disent et ce qu'ils font.

A priori, il n'y a aucune différence entre la volonté du pouvoir nocturne et la volonté des morts. Le pouvoir nocturne doit son existence et sa continuité à une série de transactions avec des morts dont il se fait le vaisseau et qui, en retour, sont transformés en vaisseaux de sa volonté. Cette volonté consiste, avant tout, à savoir qui est son ennemi. « Tu connaîtras ton ennemi et tu vaincras ton frère, parent et rival en excitant contre eux de terribles forces maléfiques » – telle est sa devise. Pour ce faire, le pouvoir nocturne doit constamment donner à manger aux esprits des morts, véritables chiens errants qui ne se contentent pas de n'importe quel petit morceau d'aliment, mais exigent des morceaux de viande et d'os. De ce point de vue, le pouvoir nocturne est une force habitée par l'esprit du mort. En même temps, cette force s'efforce de se rendre maîtresse de l'esprit du défunt qui le possède et avec lequel il a conclu un pacte.

Cette question du pacte avec les morts, de l'appropriation d'un mort ou encore de l'esprit de l'autre monde est, dans une très large mesure, la question centrale de l'histoire de l'esclavage, de la race et du capitalisme. Le monde de la traite des Nègres est la même chose que le monde de la chasse, de la capture, de la cueillette, de la vente et de l'achat. Il est le monde de l'extraction brute. Le capitalisme racial est l'équivalent d'une vaste nécropole. Il repose sur le trafic des morts et des ossements humains. Évoquer et convoquer la mort exige que l'on sache disposer des restes ou des reliques du corps de ceux que l'on a tués en captant leur esprit. Ce processus de capture et d'assujettissement des esprits et des ombres de ceux que l'on a tués constitue, à proprement parler, le travail du pouvoir nocturne. Car il n'y a de pouvoir nocturne que là où l'objet et l'esprit du mort qui est à l'intérieur de l'objet ont été la cible d'une appropriation en bonne et due forme. Cet objet, ce peut être de petits morceaux de son crâne, la phalange de son petit doigt, n'importe quel autre os de son squelette. Mais, de manière générale, les ossements du mort doivent être amalgamés avec des morceaux de bois, des écorces d'arbres, des plantes, des pierres, des restes d'animaux. L'esprit du mort doit investir ces objets amalgamés, bref, vivre dans ces objets pour que le pacte puisse être consommé et pour que les puissances invisibles puissent être actionnées.

De l'esclave et du revenant

Tournons-nous, à présent, vers Amos Tutuola, *The Palm-Wine Drinkard* et *My Life in the Bush of Ghosts* [1] – deux textes primordiaux qui portent sur la figure du revenant et sur la thématique des ombres, du réel et du sujet. De l'ombre ou du reflet, l'on peut dire qu'il est dans sa nature de relier le sujet ou la personne humaine à sa propre image ou à son double. La personne qui s'est identifiée à son ombre et a assumé son reflet se transforme toujours. Elle se projette le long d'une irréductible ligne fugitive. Le *je* s'unit à son image comme à une silhouette, dans un rapport purement

1 Amos Tutuola, *The Palm-Wine Drinkard and My Life in the Bush of Ghosts*, Grove Press, New York, 1994. Ces deux textes sont publiés l'un après l'autre dans l'édition de 1994. C'est la pagination de cette édition que l'on utilisera dans ce chapitre. Toutes les traductions sont miennes. Elles sont faites librement. *The Palm-Wine Drinkard* a été traduit en français dès 1953 par Raymond Queneau (Amos Tutuola, *L'Ivrogne dans la brousse*, Gallimard, Paris, 1953).

ambigu du sujet avec le monde des reflets. Située dans la pénombre de l'efficacité symbolique, la part d'ombre est ce domaine au seuil du monde visible. Des diverses propriétés qui constituent ce que l'on a appelé la part d'ombre, deux en particulier méritent d'être mentionnées. La première est le pouvoir (dont disposent ceux-qui-voient-la-nuit) de convoquer, de faire remonter, de faire apparaître l'esprit du mort, voire son ombre. La seconde est le pouvoir, dont dispose le *sujet initié*, de sortir de soi et de devenir le spectateur de lui-même, de l'épreuve qu'est sa vie, y compris les événements que constituent son décès et ses funérailles. Le sujet initié assiste au spectacle de son propre dédoublement, acquérant, au passage, la capacité de se séparer de soi et de s'objectiver tout en se subjectivant. Il a une conscience aiguë du fait que celui qu'il voit par-delà la matière et le rideau du jour est bien soi – mais un soi doublé de son reflet.

Le pouvoir autonome du reflet tient, quant à lui, à deux choses. Et d'abord à la possibilité qu'a le reflet d'échapper aux contraintes qui structurent la réalité sensible. Le reflet étant un double fugace, jamais immobile, l'on ne saurait le toucher. On ne peut que *se toucher*. Ce divorce entre le voir et le toucher, ce flirt entre le toucher et l'intouchable, cette dualité entre le réfléchissant et le réfléchi sont au fondement du pouvoir autonome du reflet, entité intangible, mais visible ; ce négatif qu'est le creux entre le moi et son ombre. Reste l'éclat. Il n'y a, en effet, pas de reflet sans une certaine manière de jouer la lumière contre l'ombre et vice versa. Sans ce jeu, il ne peut y avoir ni surgissement ni apparition. Dans une large mesure, c'est l'éclat qui permet d'ouvrir le rectangle de la vie. Une fois ce rectangle ouvert, la personne initiée peut finalement voir, comme à l'envers, le derrière du monde, l'autre face de la vie. Elle peut, finalement, aller à la rencontre de la face solaire de l'ombre – puissance réelle et en dernière instance.

L'autre propriété de l'ombre est son pouvoir d'*épouvante*. Ce pouvoir naît de l'inquiétante réalité que constitue cette entité qui semble ne reposer sur aucun sol immédiat. Car quel sol, quelle géographie la portent ? Sabine Melchior-Bonnet répond, traitant, pour ce qui la concerne, du miroir dans la tradition occidentale :

« Le sujet est à la fois là et ailleurs, perçu dans une ubiquité et une profondeur troublantes, à une distance incertaine : on voit dans un miroir, ou plutôt l'image semble apparaître derrière l'écran matériel, de sorte que celui qui se regarde peut se demander s'il voit la surface elle-même ou au travers d'elle. » Et d'ajouter : « Le reflet fait surgir au-delà du miroir la sensation d'un arrière-monde immatériel et invite le regard à une traversée des apparences [1]. » Or, strictement parlant, traverser les apparences, ce n'est pas seulement dépasser la scission entre l'œil et le toucher. C'est également courir le risque d'une autonomie de la psyché par rapport à la corporéité, l'expropriation du corps allant de pair avec l'inquiétante possibilité d'émancipation du double fictif qui acquiert, ce faisant, une vie à lui – une vie livrée au sombre travail de l'ombre : la magie, le songe et la divination, le désir, l'envie et le risque de folie propre à tout rapport de soi à soi. Il y a, finalement, le pouvoir de fantaisie et d'imagination. Tout jeu de l'ombre repose – comme on vient de l'indiquer – sur la constitution d'un creux entre le sujet et sa représentation, un espace d'effraction et de dissonance entre le sujet et son double fictif reflété par l'ombre. Le sujet et son reflet sont superposables, mais la duplication ne peut jamais être lisse. Dissemblance et duplicité font donc partie intégrante des qualités essentielles du pouvoir nocturne et de la manière dont il se rapporte à la vie et au vivant.

Brisons le miroir sur l'écriture de Tutuola. Que voit-on ? Le spectacle d'un monde mouvant, toujours renaissant, fait de plis et de replis, de paysages, de figures, d'histoires, de couleurs, d'une abondante visualité, de sons et de bruits. Monde imaginal, pourrait-on dire. Mais, surtout, monde habité par des êtres et des choses qui passent pour ce qu'ils ne sont pas, et qui, parfois, sont effectivement pris pour ce qu'ils prétendent être alors qu'ils ne le sont point. Plus qu'un espace géographique, le domaine fantomal appartient simultanément au champ orphique et au champ visuel, celui des visions et des images, d'étranges créatures, de fantasmes délirants, de masques surprenants – un commerce permanent avec des signes

1 Sabine Melchior-Bonnet, *Histoire du miroir*, Imago, Paris, 1994, p. 113-114.

qui s'entrecroisent, se contredisent, s'annulent, se relancent, s'égarent dans leur propre mouvement. C'est peut-être la raison pour laquelle il échappe à la synthèse et à la géométrie. Il y avait, écrit Amos Tutuola, « plusieurs images, y compris la nôtre ; toutes étaient placées au centre du hall. Nos propres images, qu'il nous fut donné de voir en ces lieux, étaient, plus que fidèlement, faites à notre ressemblance et présentaient une couleur blanche. Nous fûmes surpris de rencontrer nos images en ces lieux... [...] Nous demandâmes à Mère-Fidèle ce qu'elle faisait de toutes ces images. Elle répondit qu'elles étaient faites pour le souvenir ; pour connaître tous ceux qu'elle avait aidés à échapper à leurs difficultés et tourments [1] ».

C'est également un monde que l'on éprouve et que l'on crée dans l'instable, dans l'évanescence, dans l'excédent, une épaisseur intarissable, l'état d'alerte permanent, la théâtralisation généralisée. On pénètre dans le domaine fantomal, c'est-à-dire dans le monde à la lisière de la vie, comme par la bordure. Le domaine fantomal est une scène où s'accomplissent en permanence des événements qui ne semblent jamais se coaguler au point de faire histoire. La vie s'y déroule à la manière d'un spectacle où le passé se trouve dans l'avenir et l'avenir dans un présent indéfini. Il n'y a plus de vie que fêlée et mutilée – le règne des têtes sans corps, des corps sans têtes, des soldats morts que l'on réveille et dont on remplace les têtes qui avaient été coupées par d'autres. Cette vaste opération de substitution n'est pas sans dangers, surtout lorsque, conséquence d'une erreur, la tête d'un fantôme est placée en lieu et place de la tête de quelqu'un d'autre : « [C'est ainsi que je me retrouvai avec] cette tête qui, non seulement dégageait une odeur pestilentielle, mais émettait, jour et nuit, toutes sortes de bruits. Que je sois en train de parler ou pas, cette tête proférait des paroles qui n'étaient pas miennes. Elle dévoilait tous mes secrets, qu'il s'agisse de mes plans d'évasion vers une autre ville ou de mon désir de retrouver le chemin vers ma ville natale [2]. » Au tronc du corps, demeuré le

1 Amos Tutuola, *op. cit.*, p. 248-249.

2 *Ibid.*, p. 108-109.

même, vient s'ajouter l'organe de quelqu'un d'autre, une prothèse qui parle, mais sur un mode qui fait tourner le corps en spirale, dans le vide, créant ainsi le désordre et abolissant toute notion de secret et d'intimité. La conjonction d'un corps à soi et d'une tête qui appartient à quelqu'un d'autre fait du sujet l'énonciateur d'une parole dont il n'a guère le contrôle.

Rentré par la bordure, on est donc projeté dans un horizon mouvant, au cœur d'une réalité dont le centre est partout et nulle part ; et où chaque événement en engendre d'autres. Les événements n'ont pas nécessairement des origines reconnaissables. Certains sont de purs souvenirs-écrans. D'autres adviennent à l'improviste, sans cause apparente. Certains ont un commencement, mais n'ont pas nécessairement de fin. D'autres encore sont interrompus, décalés, avant de reprendre longtemps plus tard, dans d'autres lieux et d'autres circonstances, selon d'autres modalités et pas nécessairement selon les mêmes séquences ou avec les mêmes acteurs, mais dans une déclinaison indéfinie de profils et de figures insaisissables et au milieu d'agencements aussi compliqués que toujours passibles de révisions.

Le pouvoir nocturne encercle sa proie de toutes parts, l'investit et l'enserre jusqu'au point de fêlure et d'étouffement. Sa violence est d'abord d'ordre physico-anatomique : demi-corps coupés dans tous les sens, rendus incomplets par la mutilation et l'absence de symétrie qui en résulte, des corps estropiés, des morceaux perdus, des fragments épars, des pliures et des plaies, la totalité abolie, bref, le démembrement généralisé. Il y a un second ordre de la violence fantomale qui découle de sa laideur. En effet, le corps du pouvoir fantomal grouille d'une multiplicité d'espèces vivantes : abeilles, moustiques, serpents, centipèdes, scorpions, mouches. Il en émane une odeur pestilentielle qu'alimentent sans cesse excréments, urines, sang, bref, les déchets des proies que le pouvoir fantomal ne cesse de broyer [1]. Le pouvoir fantomal opère également par la capture. La forme la plus ordinaire est la capture physique. Elle consiste simplement à ligoter et à bâillonner le sujet à la manière du

1 *Ibid.*, p. 29.

condamné, jusqu'au point où ce dernier est réduit à l'immobilité. Il est désormais paralysé, spectateur de son impuissance. D'autres formes de capture passent par la projection d'une lumière dont la nudité et la crudité investissent les objets, les effacent, les recréent et plongent le sujet dans un état quasi hallucinatoire : « Comme il braquait le flux de lumière dorée sur mon corps et comme je me regardais, je pensai que je m'étais moi-même transformé en or, tant la lumière scintillait sur mon corps. Je me résolus donc à aller vers lui à cause de cette lumière dorée. Mais comme je m'avançais vers lui, le fantôme de cuivre alluma sa lumière cuivrée et la braqua à son tour sur mon corps [...]. Mon corps devint si lumineux que j'étais incapable de le toucher. Comme je préférais la lumière cuivrée à la lumière dorée et comme je m'avançais au-devant de cette dernière, je fus empêché par une lumière argentée qui, de façon inattendue, se mit à inonder mon corps. Cette lumière argentée était aussi blanche que la neige et elle transperça mon corps de part en part. Ce jour-là, je sus le nombre d'os dans mon corps. Mais aussitôt que j'entrepris de compter mes os, ces trois fantômes braquèrent sur moi les trois lumières en même temps de telle manière que je ne pouvais guère aller ni devant ni derrière. Aussi, commençai-je à tourner en rond à la manière d'une roue, au moment même où je faisais l'expérience de toutes ces lumières comme une seule et même lumière [1]. »

La lumière reflète son éclat et sa toute-puissance sur le corps devenu, dans ces circonstances, un flux lumineux et une matière poreuse et translucide. Cette fluidification du corps a pour conséquence la suspension de ses fonctions préhensives et motrices et une lisibilité plus prononcée de sa charpente osseuse. La lumière fait également émerger de l'ombre des formes neuves. En combinant de manière inattendue couleurs et splendeur, elle institue un autre ordre de réalité. Couleurs et splendeur ne transfigurent pas seulement le sujet. Elles le plongent dans un tourbillon quasi infernal. Il devient un tourniquet : le jouet de puissances antagonistes qui le divisent au point de lui faire pousser des cris d'horreur.

1 *Ibid.*, p. 25-26.

D'autres formes de capture relèvent de l'hypnotisme et de l'ensorcellement. C'est le cas du chant accompagné du tambour. Il existe des tambours qui résonnent comme si l'on en battait plusieurs à la fois. Il en est de même de certaines voix et de certaines danses. Certains danseurs sont capables d'entraîner avec eux tous ceux qui sont témoins de leurs prouesses, les esprits des morts y compris. Davantage encore, le tambour, le chant et la danse constituent de véritables entités vivantes. Elles ont un pouvoir entraînant, voire irrésistible. Ces trois entités réunies produisent une concaténation de sons, de rythmes et de gestes. Elles créent un demi-monde de spectres, précipitant, au passage, le retour des morts. Sons, rythmes et gestes sont multipliables à l'infini, selon le principe de la dissémination. Les sons, notamment, par leur déroulement singulier et leur enroulement les uns sur les autres, les uns dans les autres, ont un pouvoir d'envol qui les relie à la matière ailée. Mais ils ont aussi un pouvoir de susciter, voir de ressusciter, de mettre debout. La mise debout est ensuite relayée par le rythme auquel s'associe le geste. De rythmes et de gestes, il y en a également en grand nombre. Des vies soudain tirées du cachot de la mort et du tombeau sont soignées, l'espace d'un instant, par le son, le rythme et la danse. Dans l'acte de danser, elles perdent provisoirement le souvenir de leurs chaînes. Elles abandonnent les gestes habituels, se libèrent pour ainsi dire de leurs corps afin de mieux effacer des figures à peine esquissées, prolongeant ainsi, à travers une pluralité de lignes entremêlées, la création du monde : « Lorsque "Tambour" se mit à se battre, tous ceux qui étaient morts des centaines d'années auparavant se levèrent et vinrent se porter témoins de "Tambour" se battant lui-même ; et lorsque "Chant" se mit à chanter, tous les animaux domestiques de cette ville nouvelle, les animaux sauvages et les serpents s'en furent voir "Chant" personnellement ; et lorsque "Danse" se mit à danser, toutes les créatures de la brousse, les esprits, les créatures de la montagne et des rivières vinrent dans la ville afin de voir qui était en train de danser. Lorsque ces trois s'y mirent au même moment, tous les gens du lieu, tous ceux qui s'étaient levés de leurs sépultures, les animaux, les serpents, les esprits et autres créatures sans nom dansèrent ensemble, avec ces trois, et c'est ce jour-là que je m'aperçus que les serpents dansaient mieux que les humains et que d'autres créatures [1]. »

Toute l'énergie emprisonnée dans les corps, sous la terre, dans les rivières, sur les montagnes, dans le monde animal et végétal est soudain libérée et aucune de ces entités n'a plus ni équivalent ni référent identifiables. Elles ne sont plus, en retour, des référents de quoi que ce soit. Elles ne sont plus que leur propre totalité originaire sur une scène où le cérémonial des morts, l'aiguillon de la danse, le fouet du tambour et le rituel de la résurrection se dissolvent dans une ambivalence et une dispersion générale de toutes les choses imaginables, comme soudain lâchées dans leur arbitraire. Séquence tellurique, en effet, par laquelle ce qui était enfoui est arraché du sommeil.

Il y a aussi le bruit. La violence fantomale consiste également en un art de faire du bruit. Ce dernier renvoie, presque toujours, à des opérations spécifiques de contrôle et de surveillance. Un bruit en appelle presque toujours un autre qui, à son tour, déclenche, de manière générale, un mouvement de foule. Trop de bruit peut entraîner la surdité. La violence fantomale est également de nature capricieuse. Le caprice, ici, ne consiste pas seulement en l'exercice de l'arbitraire. Il renvoie à deux possibilités distinctes. La première consiste à rire du malheur du sujet. La seconde consiste à tout renverser ; à associer chaque chose à beaucoup d'autres choses qui ne lui ressemblent pas nécessairement. Il s'agit alors de dissoudre l'identité de chaque chose au sein d'une infinité d'identités sans lien direct avec l'originaire. La violence fantomale repose, de ce point de vue, sur la négation de toute singularité essentielle. Ainsi en va-t-il lorsque, en présence de ses hôtes, le maître entreprend de transformer son captif en créatures de diverses sortes. D'abord, il le change en un singe. C'est alors qu'il se met à grimper dans des arbres fruitiers et à cueillir des fruits pour eux. Peu après, il est transformé en lion, puis en cheval, puis en chameau, puis en une vache

1 *Ibid.*, p. 263-264.

et en un zébu orné de cornes sur la tête. Enfin, il est ramené à sa forme première [1].

De la vie et du travail

Dans un tel univers, l'esclave apparaît, non comme une entité faite une fois pour toutes, mais comme un sujet au *travail.* Le travail lui-même est une activité permanente. La vie elle-même se déroule à la manière d'un flux. Le sujet de la vie est un sujet au travail. Dans ce *travail pour la vie* sont mobilisés plusieurs registres de l'action. L'un d'eux consiste à piéger le porteur du danger ou de la mort. Le travail pour la vie consiste donc à capturer la mort et à l'échanger contre autre chose. La capture exige que l'on recoure à des subterfuges. L'acteur efficace est celui qui, faute de pouvoir tuer du premier coup, se révèle le plus malin. Après avoir préparé le piège, il s'agit d'y attirer l'autre en faisant preuve d'intelligence et de ruse. L'objectif est, chaque fois, de l'immobiliser en enroulant son corps dans les rets. Au centre du travail pour la vie se trouve, de toute évidence, le corps, cette matière d'évidence à laquelle se rattachent ensuite nombre de propriétés, un nombre, un chiffre.

Le corps, en tant que tel, n'est cependant doté d'aucun sens qui lui serait intrinsèque. Strictement parlant, dans la dramatique de la vie, le corps ne signifie rien en lui-même. Il est un entrelacement ou encore un faisceau de processus qui, en soi, n'ont aucun sens immanent. La vision, la motricité, la sexualité, le toucher, n'ont aucune signification primordiale. De ce fait, il y a donc bel et bien une part de choséité dans toute corporéité. Le travail pour la vie consiste précisément à éviter au corps la déchéance dans la choséité absolue ; il consiste à lui éviter de n'être, de part en part, qu'un simple objet. Un seul mode d'existence permet d'y aboutir : le mode d'existence ambigu ; une manière de jouer à tâtons sur le dos des choses et de jouer la comédie devant soi-même et les autres. Le corps, ici, est une

---

1 *Ibid.*, p. 36.

réalité anatomique, un assemblage d'organes ayant, chacun, des fonctions spécifiques. À ce titre, il n'est le siège d'aucune singularité, au point où l'on pourrait déclarer une fois pour toutes et dans l'absolu : « Mon corps, je le possède. » Certes, il m'appartient. Cette appartenance n'est cependant pas absolue ; je peux, en effet, louer des parties de mon corps à d'autres.

La capacité de se dissocier de son propre corps est donc le préalable à tout travail pour la vie. Grâce à cette opération, le sujet peut, s'il le faut, parer sa vie d'un éclat d'emprunt. Il peut contrefaire son existence, se débarrasser des signes de la servitude, participer de la mascarade des dieux ou encore, sous le masque d'un taureau, enlever des vierges. En effet, celui qui, un moment, se dissocie de parties de son corps peut, à un autre moment, les recouvrer une fois l'acte d'échange terminé. Cela ne signifie pas qu'il y aurait des parties du corps qui seraient comme en excédent et que l'on pourrait dilapider. Cela signifie simplement que l'on n'a pas besoin d'avoir, avec soi, toutes les parties de son propre corps au même moment. Du coup, la vertu première du corps ne réside pas dans le rayonnement symbolique dont il serait le foyer. Elle ne réside pas en sa constitution en tant que zone privilégiée d'expression du sens. Elle réside en les potentialités de ses organes pris ensemble ou séparément, dans la réversibilité de ses fragments, la location et la restitution moyennant un prix. Plus que l'ambivalence symbolique, c'est donc la part d'instrumentalité qu'il faut garder à l'esprit. Le corps est vivant dans la mesure où ses organes s'expriment et fonctionnent. C'est ce déploiement des organes, leur malléabilité et leur puissance plus ou moins autonome qui font qu'il n'y a de corps que fantasmatique. Le sens du corps est étroitement lié à ces fonctions dans le monde et à ce pouvoir de fantasme.

Mais un corps doit pouvoir bouger. Un corps est d'abord fait pour bouger, pour marcher. C'est la raison pour laquelle il n'y a de sujet qu'itinérant. Le sujet itinérant va d'un endroit à un autre. Le voyage en tant que tel peut ne pas avoir de destination précise : aussi peut-il entrer et sortir à sa guise. Il peut y avoir des étapes fixées au préalable. Le chemin ne mène cependant pas toujours au lieu désiré. Ce qui est important, ce n'est donc pas la destination, mais ce que l'on traverse au long du parcours, la série d'expériences dont on est l'acteur et le témoin, et, surtout, la part d'inattendu, ce qui arrive alors que l'on ne s'y attendait point. Il s'agit donc de prêter davantage attention au chemin lui-même et aux itinéraires qu'à la destination. D'où l'importance de la route.

L'autre capacité requise dans le travail pour la vie est la capacité de métamorphose. Le sujet peut se métamorphoser en toutes circonstances. C'est notamment le cas dans des situations de conflit et d'adversité. L'acte de métamorphose par excellence consiste à sortir constamment de soi, à aller au-devant de soi, à se placer en avant de l'autre, dans un mouvement angoissant, centripète, et d'autant plus terrifiant que la possibilité de retour à soi n'est jamais garantie. Dans ce contexte où l'existence est rivée à peu de choses, l'identité ne saurait se vivre que sur le mode fugace, car ne pas se porter en avant de soi, c'est, littéralement, courir le risque d'être tué. Le séjour dans un étant particulier ne peut être que provisoire. Il faut savoir déserter cet étant à temps, le dissimuler, le répéter, le fissurer, le recouvrer, au cœur d'une existence où le tourbillon le dispute au vertige et à la circularité. Il y a également ces circonstances de la vie au cours desquelles, malgré son insatiable avidité d'exister, le vivant est condamné à endosser, non sa figure individuelle et singulière, mais l'identité d'un mort : « Il était joyeux au-delà de toute évidence : il pensait qu'il venait de découvrir, en ma personne, la dépouille de son père décédé. Il décida donc de me porter sur sa tête [...]. Lorsqu'il fit son apparition dans la ville, tous les fantômes de la ville voulurent savoir quelle sorte de fardeau il portait, qui lui arrachait tant de sueur [...]. Il répondit qu'il s'agissait du corps de son père décédé [...] à quoi les fantômes de la ville répondirent par un chœur de joie et le suivirent jusqu'à sa demeure. [...] Nous arrivâmes chez lui, et toute sa famille [...] pensa que j'étais effectivement le corps de son père décédé. Elle sacrifia à une cérémonie appropriée. [...] Après quoi l'on demanda à un fantôme, charpentier de son état, de fabriquer un robuste cercueil. Il l'apporta au bout d'une heure. J'entendis parler du cercueil et réalisai, à cet instant, qu'ils cherchaient à m'enterrer vivant. Je m'efforçai alors de leur dire que je n'étais en rien le père mort, mais j'étais incapable de parler [...]. C'est alors qu'ils me placèrent dans le cercueil après que le charpentier, ayant achevé son travail, l'eut apporté. Ils y ajoutèrent des scorpions et le fermèrent [...]. J'étais supposé me nourrir de scorpions sur mon chemin vers l'outre-monde. Ils creusèrent ensuite une tombe derrière la case et m'y ensevelirent [1]. »

Le père est donc mort et n'a, *a priori*, laissé aucune exacte réplique de lui-même. Ce vide, créé par l'absence de cette trace essentielle qu'est la dépouille du mort, est vécu comme un immense trou dans le réel. La trace qu'est la dépouille du mort est en effet essentielle dans la composition du signifiant qu'est son décès. Sans cette trace, le mort et son décès sont inscrits dans une structure de fiction. Car c'est la dépouille qui confère au réel de la mort son obscure autorité. L'absence de cette trace ouvre la voie à la possibilité, pour le sujet vivant, d'être le témoin de son propre enterrement. Pour aboutir à ce stade, il doit avoir été arraché à sa scansion propre et avoir été capturé dans l'imaginaire d'un autre. Il a beau protester, il n'y a rien qu'il puisse y faire. Il est pris pour quelqu'un d'autre dont il doit endosser, malgré lui, l'histoire, et, notamment, la fin, alors même qu'il ne cesse de protester de sa singularité. Le processus, inexorable, se poursuit jusqu'à sa conclusion dans la sépulture. Le sujet est bel et bien là, pour lui-même. Il n'est pas perçu dans une quelconque ubiquité. Le mort apparaît cependant dans une sorte d'écran matériel qui abolit l'identité propre de la victime que l'on s'apprête à enterrer et la fait fondre dans une identité qui n'est pas la sienne. Par la grâce d'un génie pervers, le mort est objectivé à travers la surface d'un sujet vivant, sous une forme non point spectrale, mais palpable quoique opaque, bel et bien matérielle.

Le mort accède au statut de signe par la médiation du corps d'un autre, sur une scène théâtralement tragique qui fait sombrer chacun des protagonistes dans l'irréalité d'une apparence sans cesse relancée et un miroitement emblématique d'identités. Désormais, l'objet (le cadavre) et son reflet (le sujet vivant) se superposent. Le sujet vivant a beau nier qu'il n'est pas le mort, il ne s'appartient

---

1 *Ibid.*, p. 91-92.

plus. Désormais, sa signature, c'est de *tenir lieu de*. Dans sa hâte vertigineuse et son pouvoir d'abstraction, le démon impassible du mort s'est, en effet, emparé de lui. Bien que le corps du décédé ne soit, strictement parlant, pas le même que le corps de celui que l'on fait passer, malgré lui, pour le mort, le disparu se trouve désormais en deux lieux au même moment tout en n'étant pas le même dans les deux endroits. Le sujet vivant et préposé à la sépulture est devenu, quant à lui, quelqu'un d'autre tout en demeurant le même. Non point qu'il se soit divisé. Non point qu'en rigueur de termes celui qu'il est obligé de mimer possède en quoi que ce soit les attributs de sa personne. Tout se joue, en effet, dans la somnolence des apparences. Dans une large mesure, et le mort et le vivant ont perdu toute propriété de leur mort et de leur vie. Ils sont désormais, malgré eux, unis à des entités corporelles qui font de chacun d'eux un fonds primitif et indifférencié. Par une étrange désignation, le signifiant est détruit, broyé et consumé par le signifié et vice versa. L'un ne peut plus s'extraire de l'autre et réciproquement.

Il y a, enfin, le fardeau que l'on porte. Ici également, souvent malgré soi : « [Il] nous supplia de l'aider à porter son fardeau. [...] Nous ne savions pas ce qu'il y avait dans le sac qui était, par ailleurs, plein. Il nous fit comprendre que nous ne pouvions guère nous décharger du fardeau avant d'avoir atteint la ville. Il refusa que l'on teste le poids du fardeau, ce qui nous eût permis de savoir si ce poids était au-dessus de nos capacités. [...] Lorsque, finalement, avec l'aide de ma femme, je plaçai le fardeau sur ma tête, j'eus le sentiment d'avoir affaire au corps mort d'un homme. C'était très lourd, mais je pouvais le porter facilement. [...] Nous étions cependant loin de savoir ce que nous portions. En fait, il s'agissait de la dépouille du prince de la ville dans laquelle nous pénétrions. Le prince en question avait été tué, par erreur, dans une ferme, par notre compagnon de circonstance. Et ce dernier était à la recherche de quelqu'un qui pourrait se substituer à lui en tant que coupable. [...] Tôt ce matin-là, le roi ordonna que l'on nous habille avec les plus beaux atours ; que l'on nous place sur des chevaux et qu'on nous promène dans la ville sept jours durant afin que nous puissions jouir de notre dernière vie dans ce monde. Au terme des sept jours, le roi nous tuerait en rétribution de la mort de son fils [1]. »

Le même rapport d'entrelacement entre le mort et le vivant fonctionne ici, à la simple exception que le vivant doit porter la dépouille du mort alors qu'il n'en est point le meurtrier. Le sillon de la mort et de la responsabilité est tracé par le fardeau. Le porteur du fardeau est obligé d'endosser la forme, mais pas la matière du meurtrier. Tout ceci se déroule à l'intérieur d'un champ de contrastes, où les différents vécus sont reliés, non sur le mode du chaos, mais sur celui de la durée. Chaque *vécu* consiste d'abord en une conglomération d'éléments hétérogènes que seule la forme temporelle, elle-même pourtant éclatée, vient cohérer. La vie n'est, dès lors, qu'une suite d'instants et de durées presque parallèles. Absence d'unité générique donc. En tout cas, sauts continus d'un vécu à l'autre, d'un horizon à l'autre. Toute la structure de l'existence est telle que, pour vivre, il faut constamment échapper à la permanence. Car celle-ci est porteuse de précarité et expose à la vulnérabilité. L'instabilité, l'interruption et la mobilité par contre offrent des possibilités de fuite et d'échappée.

Mais la fuite et l'échappée sont, elles aussi, porteuses de danger : « Il était sur le point de m'attraper et sa main frôlait ma tête. C'est alors que je me saisis du *juju* [fétiche] qu'il avait coutume de cacher, mais que j'avais repéré avant de quitter sa maison. Je m'en servis et, du coup, fus transformé en vache avec des cornes sur la tête, en lieu et place du cheval. Malheureusement, avant de l'utiliser, j'oubliai que je ne serais pas à même de recouvrer ma forme première de personne humaine [...]. M'étant transformé en vache, je devins plus puissant et me mis à courir plus vite que lui. Mais il ne lâcha point et me poursuivit férocement jusqu'au moment où il se fatigua. Juste au moment où il allait enfin me laisser tout seul, je me retrouvai en face d'un lion affamé qui chassait dans le coin, en quête d'une proie. Le lion se mit à mes trousses. Je courus sur une distance d'environ deux milles et me retrouvai dans les mains de bergers qui s'emparèrent de moi, pensant ainsi avoir retrouvé l'une de leurs

1 *Ibid.*, p. 272.

vaches perdues depuis belle lurette. Apeuré par les bruits des bergers, le lion rebroussa chemin. C'est alors que les bergers me placèrent avec les autres vaches qui étaient en train de brouter de l'herbe. Ils pensèrent que j'étais l'une de leurs vaches perdues. Et moi j'étais incapable de me changer et de retrouver ma forme humaine [1]. »

Concluons. Premièrement, dans le paradigme fantomal, il n'y a ni réversibilité ni irréversibilité du temps. Seul compte l'enroulement de l'expérience. Les choses et les événements s'enroulent les uns sur les autres. Si les histoires et les événements ont un début, ils n'ont pas forcément de fin proprement dite. Certes, ils peuvent être interrompus. Mais une histoire ou un événement peuvent se poursuivre dans une autre histoire ou dans un autre événement, sans qu'il y ait nécessairement une filiation entre les deux. Les conflits et les luttes peuvent être repris au point où ils s'étaient arrêtés. Mais l'on peut aussi les reprendre en amont, ou encore assister à de nouveaux commencements, sans que l'on ressente le besoin de continuité, même si l'ombre des histoires et des événements anciens plane toujours sur le présent. D'ailleurs, le même événement peut avoir deux commencements distincts. Au long de ce processus, l'on passe constamment des phases de déperdition à des phases d'enrichissement de la vie et du sujet. Tout fonctionne, par conséquent, selon le principe de l'inachèvement. Du coup, le rapport entre le présent, le passé et l'avenir n'est plus ni de l'ordre de la continuité, ni de l'ordre de la généalogie, mais de celui de l'enroulement de séries temporelles pratiquement disjointes, reliées l'une à l'autre par une multiplicité de fils ténus.

Deuxièmement, agir comme sujet dans un contexte marqué par la violence de type fantomale, c'est être capable, en toutes circonstances, de « faire entrer les fragments dans des fragmentations toujours nouvelles [2] ». L'on comprend que, dans le champ fantomal, il ne saurait y avoir de sujet que schizophrène. Le schizophrène,

1 *Ibid.*, p. 42.

2 Gilles Deleuze et Félix Guattari, *Capitalisme et schizophrénie. Volume 1 : L'Anti-Œdipe*, Minuit, Paris, 1972, p. 13.

disent Gilles Deleuze et Félix Guattari, passe d'un code à l'autre, brouille tous les codes, « dans un glissement rapide, suivant les questions qui lui sont posées, ne donnant pas d'un jour à l'autre la même explication, n'invoquant pas la même généalogie, n'enregistrant pas de la même manière le même événement, acceptant même, quand on le lui impose et qu'il n'est pas irrité, le code banal œdipien, quitte à le re-bourrer de toutes les disjonctions que ce code était fait pour exclure [1] ». Dans ces conditions où, selon une expression nietzschéenne, « tout se divise, mais en soi-même, et où le même être est partout, de tous côtés, à tous les niveaux, *à la différence d'intensité près* », la seule manière de rester vivant, c'est de vivre en zigzags.

Troisièmement, en tant que sujet fantomal, l'esclave n'a ni forme unique ni contenu modelé une fois pour toutes. Et la forme et le contenu changent constamment, au gré des événements de la vie. Mais le déploiement de l'existence ne peut avoir lieu que si le sujet s'adosse sur un réservoir de souvenirs et d'images ayant l'air d'avoir été fixées une bonne fois pour toutes. Il s'y adosse au moment même où il les transgresse, les oublie, et les place en dépendance d'autre chose que d'eux-mêmes. Le travail pour la vie consiste, par conséquent, à s'éloigner chaque fois du souvenir au moment même où l'on s'y adosse pour négocier les virages de la vie. Les esquisses de la vie à peine ébauchées, le sujet fantomal doit chaque fois s'échapper de lui-même et se laisser emporter par le flux du temps et des accidents. Il se produit dans l'aléa, par le biais d'une chaîne d'effets parfois calculés, mais qui ne se matérialisent jamais dans les termes exacts prévus à l'avance. C'est donc dans cet inattendu et cette absolue instabilité qu'il se crée et s'invente.

C'est peut-être la raison pour laquelle, au milieu de la nuit, le sujet peut se laisser aller au chant du souvenir, celui-là qui, très souvent, est enterré sous les décombres du malheur et empêché, ce faisant, de jeter sur l'existence un caractère d'ivresse et d'éternité. Mais, libéré par le tabac, voici qu'il supprime, soudain, tout ce qui limitait l'horizon du sujet, projetant dès lors ce dernier dans

1 *Ibid.*, p. 21-22.

l'infinie mer de lumière que rend possible l'oubli du malheur : « Il introduisit dans ma bouche une pipe fumante d'à peu près six pieds de longueur. La pipe pouvait contenir, d'un trait, une demi-tonne de tabac. Puis il désigna un fantôme dont la fonction était de recharger la pipe chaque fois que de besoin. Dès qu'il alluma la pipe, tous les fantômes se mirent à danser autour de moi par petits groupes. Ils chantaient, battaient des mains, faisaient résonner les clochettes. Le battement du tambour par l'un des batteurs [...] était tel que tous sautillaient de gaieté. Chaque fois que la fumée de la pipe sortait de ma bouche [...] tous éclataient d'un immense rire – d'un rire si strident que n'importe qui pouvait clairement l'entendre à deux milles à la ronde. Et chaque fois que le tabac était sur le point de s'épuiser, le fantôme préposé au remplissage de la pipe se hâtait de la bourrer de tabac frais [...]. Au bout de quelques heures passées à fumer cette pipe, je fus pris d'intoxication, sous l'effet du gaz du tabac, comme si je venais de consommer une liqueur forte [...]. C'est alors qu'oubliant tous mes malheurs, je me mis à chanter les chants de mon pays. Ces chants, le malheur m'avait empêché de les chanter depuis mon entrée dans le monde des fantômes. Les fantômes avaient à peine entendu ces chants qu'ils se mirent à danser [...] [1]. »

---

1 Amos Tutuola, *op. cit.*, p. 74-75.

6

Clinique du sujet

Tout commence donc par un acte d'identification : « Je suis un Nègre. » L'acte d'identification constitue la réponse à une question que l'on se pose : « Qui suis-je donc ? » ; ou qui nous est posée : « Qui êtes-vous ? ». Dans ce second cas, il s'agit d'une réponse à une sommation. Dans les deux cas, il s'agit de dévoiler son identité, de la rendre publique. Mais dévoiler son identité, c'est aussi se reconnaître (autoreconnaissance), c'est savoir qui l'on est et le dire ou, mieux, le proclamer, ou encore se le dire. L'acte d'identification est également une affirmation d'existence. « Je suis » signifie, dès lors, j'existe.

Le maître et son Nègre

Mais qu'est-ce donc qu'un « Nègre », cet *étant* dont on dit que je suis l'*espèce* ? « Nègre » est d'abord un mot. Un mot renvoie toujours à quelque chose. Mais le mot a également une épaisseur propre, une densité propre. Un mot est fait pour évoquer quelque chose dans la conscience de celui auquel il est adressé ou qui l'entend. Plus il a de la densité et de l'épaisseur, plus le mot provoque une sensation, un sentiment, voire un ressentiment chez celui auquel il renvoie. Il y a des mots qui blessent. La capacité des mots à blesser fait partie de leur poids propre. « Nègre » se veut aussi et surtout un nom. Apparemment, chaque nom est porteur d'une destinée, d'une condition plus ou moins générique. « Nègre » est donc le nom qui m'a été donné par quelqu'un d'autre. À l'origine, je ne l'ai pas choisi. J'hérite de ce nom de par la position que j'occupe dans l'espace du monde. Celui qui est affublé du nom de « Nègre » n'est pas dupe de cette provenance externe.

Il n'est pas dupe non plus dès lors qu'il s'agit de faire l'expérience de son pouvoir de falsification. De ce point de vue, est un « Nègre » celui qui ne peut pas regarder l'Autre droit dans les yeux. Est un « Nègre » celui qui, coincé au pied d'un mur sans porte, pense néanmoins que tout finira par s'ouvrir. Alors il cogne, supplie, et cogne encore en attendant qu'on lui ouvre une porte qui n'existe pas. Beaucoup ont fini par s'en accommoder et par se reconnaître en la destinée dont le nom les a affublés. Un nom étant fait pour être porté, ils ont fait leur ce dont, à l'origine, ils n'étaient pas les créateurs. Tout comme le mot, le nom n'existe que s'il est entendu et assumé par celui qui le porte. Ou encore : il n'y a de nom que lorsque celui qui le porte ressent les effets de son poids sur sa conscience. Il y a des noms que l'on porte comme une insulte permanente, et d'autres que l'on porte par habitude. Le nom « Nègre » relève des deux. Finalement, bien que certains noms puissent flatter, le nom « Nègre » fut, au départ, une manière de chosification et de dégradation. Il tirait sa puissance de sa capacité à étouffer et à étrangler, à amputer et à émasculer. Il fut de ce nom comme de la mort. Un rapport intime a toujours lié le nom « Nègre » à la mort, au meurtre et à l'ensevelissement. Et, bien entendu, au silence auquel devait être réduite, de nécessité, la chose – l'ordre de se taire et de ne pas être vu.

« Nègre » – on ne saurait l'oublier – se veut aussi une couleur. La couleur de l'obscurité. De ce point de vue, le « Nègre » est ce qui vit la nuit, dans la nuit, dont la vie est faite nuit. La nuit, telle est son enveloppe première, le tissu dans lequel est formée sa chair. C'est son blason et son vêtement. C'est ce séjour dans la nuit et cette vie en tant que nuit qui le rendent invisible. L'Autre ne le voit pas puisqu'il n'y a en somme rien à voir. Ou, s'il le voit, il ne voit qu'ombre et ténèbres – à peu près rien. Enveloppé dans sa nuit prénatale, le Nègre lui-même ne se voit pas. Il ne voit pas qu'à frapper ainsi de tout son corps contre un mur sans porte, en s'élançant ainsi de toutes ses forces et en exigeant que lui soit ouverte une porte qui n'existe pas, il retombera tôt ou tard en arrière, sur le trottoir [1]. Pellicule d'être sans épaisseur, il ne voit rien non plus. D'ailleurs, au regard de sa couleur, son regard ne peut être qu'un regard amniotique et muqueux. Telle est la fonction talismanique de la couleur – cela qui, surgissant au bout du regard, s'impose finalement comme symptôme et destin, ou encore comme un nœud dans la trame du pouvoir. La couleur nègre a, de ce point de vue, des propriétés atmosphériques. La première se manifeste sous la forme d'un rappel archaïque, le renvoi à un héritage généalogique que nul ne peut modifier véritablement puisque le Nègre ne peut pas changer sa couleur. La seconde est un dehors dans lequel le Nègre est enfermé et transformé en cet autre qui, à jamais, me sera inconnaissable. Ou, si dévoilement du Nègre il y a, celui-ci ne se fera jamais qu'au prix d'un voilement. La couleur nègre n'a donc pas de sens. Elle n'existe qu'en référence à un pouvoir qui l'invente, à une infrastructure qui la supporte et la contraste avec d'autres couleurs et, finalement, à un monde qui la nomme et l'axiomatise.

Le nom « Nègre » a par ailleurs trait à un rapport, à une relation de sujétion. Au fond, il n'y a de « Nègre » que par rapport à un « maître ». Le « maître » possède son « Nègre ». Et le « Nègre » appartient à son « maître ». Tout Nègre reçoit sa forme de son maître. Le maître donne forme à son Nègre et ce dernier prend cette forme par le biais de la destruction et de l'explosion de sa forme antérieure. Hors de cette dialectique de la possession, de l'appartenance et du plastiquage, il n'existe pas de « Nègre » en tant que tel. Toute sujétion aboutie implique constamment ce rapport de propriété, d'appropriation et d'appartenance à quelqu'un d'autre que soi-même. Dans la dialectique du Nègre et de son maître, deux figures accomplies de la sujétion sont les chaînes et la laisse. La

1 Voir Lazare, *Au pied du mur sans porte*, Les Solitaires Intempestifs, Besançon, 2013, p. 11-12.

laisse est cette espèce de corde que l'on attache au cou de celui qui n'est pas libre. Celui qui n'est pas libre est la même chose que celui à qui on ne peut guère donner la main, et que l'on doit, par conséquent, traîner par le cou. La laisse est le signifiant par excellence de l'identité servile, de la condition servile, de l'état de servilité. Faire l'expérience de la servilité, c'est être placé de force dans la zone d'indifférenciation entre l'homme et l'animal, dans ces lieux où l'on regarde la vie humaine à partir de la posture de l'animal – la vie humaine qui prend la figure de la vie animale jusqu'au point où l'on ne sait plus les distinguer, jusqu'au point où l'on ne sait plus qui de l'animal est plus humain que l'homme et qui de l'homme est plus animal que l'animal.

C'est ce nom honni que reprendront, entre autres, Marcus Garvey puis Aimé Césaire, dans le but d'en faire l'objet d'un entretien par essence infini.

Lutte des races et autodétermination

Sous l'esclavage, la plantation constituait le rouage essentiel d'un ordre sauvage dans lequel la violence raciale remplissait trois fonctions. D'une part, elle visait à affaiblir les capacités des esclaves à assurer leur reproduction sociale dans la mesure où ils n'étaient jamais en mesure de réunir les moyens indispensables à une vie digne de ce nom. Cette brutalité avait, d'autre part, une dimension somatique. Elle visait à immobiliser les corps, à les briser si nécessaire. Enfin, elle s'attaquait au système nerveux et tendait à assécher les capacités de ses victimes à créer leur propre monde de symboles. Leurs énergies étant, la plupart du temps, détournées vers des tâches de survie, ils étaient forcés à ne jamais vivre leur vie que sur le mode de la répétition. Mais ce qui caractérisait surtout les rapports entre le maître et ses esclaves, c'était le monopole que le maître prétendait avoir sur le futur. Être Nègre et donc esclave, c'était ne point avoir de futur propre, à soi. Le futur du Nègre était toujours un futur délégué que ce dernier recevait de son maître comme un don, l'affranchissement. Voilà pourquoi au cœur des luttes des esclaves se trouvait toujours la question du futur en tant qu'horizon d'avenir que l'on devait creuser par soi-même et grâce auquel l'on pouvait s'autoproduire comme sujet libre, responsable de soi et responsable devant le monde.

Ainsi, pour Marcus Garvey, se définir par le manque ne suffisait plus. Il en était de même des formes d'identification secondaire ou dérivée (c'est-à-dire l'identification par le biais du maître). Au lendemain du travail négatif de la destruction, le Nègre devait devenir quelqu'un d'autre, se faire entrepreneur de soi-même et se transformer en un sujet capable de se projeter dans le futur et de s'investir dans un désir. Pour faire naître une nouvelle personne humaine et conférer une quelconque consistance à son existence, il devait s'autoproduire non comme répétition, mais comme *insoluble différence et singularité absolue.* De la perte et de la destruction devait surgir une puissance de formation, substance vivante créatrice d'une forme nouvelle dans le monde. Bien que sensible à l'idée du besoin, Garvey se garda de réduire le désir au besoin. Il entreprit, par contre, de redéfinir l'objet même du désir nègre – le désir de se gouverner par soi-même. À ce désir qui était en même temps un projet, il donna un nom : le projet africain de « rédemption » [1].

La mise en pratique d'un tel projet de rédemption exigeait une lecture attentive du temps du monde. Le monde lui-même était habité par l'espèce humaine. Celle-ci était composée de plusieurs races appelées, chacune, à demeurer pures. Chaque race contrôlait son destin dans le cadre d'un territoire sur lequel elle était appelée à exercer les pleins droits de souveraineté. L'Europe appartenait aux Blancs, l'Asie aux Jaunes et l'Afrique aux Africains. Bien que distinctes, chaque race était dotée des mêmes capacités et possibilités. Aucune n'était ordonnée, par la nature, à exercer sa seigneurie sur les autres. L'histoire du monde étant cyclique, toute domination était provisoire. Au début des années 1920, Garvey était persuadé qu'un réajustement politique du monde était en cours. Ce réajustement se nourrissait du soulèvement des peuples opprimés et des races dominées en lutte contre les puissances planétaires pour la

1 Voir Marcus Garvey, *Philosophy and Opinions*, *op. cit.*

reconnaissance et le respect. Une course pour la vie était ouverte. Dans ce processus brutal et impitoyable, il n'y avait guère de place pour les peuples non organisés, peu ambitieux et incapables de protéger et de défendre leurs propres intérêts. Faute de s'organiser, de tels peuples étaient simplement menacés d'extermination. Le projet de rédemption exigeait également une théorie de l'événement. Pour Garvey, l'événement par excellence était, par essence, appelé à se produire dans un futur dont nul ne connaissait l'heure exacte, mais dont la proximité était manifeste. Dans le cas des Nègres, l'objet de l'attente était l'avènement d'un « empire africain » sans lequel la race nègre ne pouvait jouir d'une existence politique et économique dans le monde. L'événement était dans l'air du temps, dans le vent. La politique de la sentinelle consistait à en accompagner, voire à en précipiter l'avènement en s'y préparant [1].

Garvey préconisait donc, sinon un vaste mouvement de désertion, du moins une *retraite organisée*. Il était convaincu que l'Occident était voué au déclin. Le développement technologique avait, paradoxalement, ouvert la voie à une civilisation qui s'acharnait à se détruire elle-même. Ne reposant sur aucune fondation spirituelle, elle ne pouvait guère durer indéfiniment. Dans les conditions de l'époque, le Nègre était, pour Garvey, un sujet largement déterritorialisé. « S'agissant du Nègre, je ne reconnais aucune frontière nationale, affirmait-il. Tant que l'Afrique n'est pas libre, le monde dans son ensemble est ma province [2]. » Au regard de la géopolitique du monde profondément marquée par la course des races pour la vie, ce sujet déterritorialisé ne pouvait guère assurer sa protection, voire sa survie en tant que race distincte en l'absence d'une patrie. Il ne pouvait guère devenir un homme authentique, c'est-à-dire *un homme comme tous les autres*, capable de disposer de ce dont chaque homme a le droit de disposer et capable d'exercer sur soi, sur les autres et sur la nature la sorte d'autorité qui revient par

1 *Ibid.*, p. 10-14.
2 *Ibid.*, p. 37.

nature et en droit à chaque homme digne de ce nom. Ruine et désastre, tel était donc le futur de tout Nègre hors d'Afrique [1].

L'Afrique de Garvey reste, à plusieurs égards, une entité mythique et abstraite, un signifié plein et un signifiant apparemment transparent – et c'est ce qui, paradoxalement, fit sa puissance. Dans le texte garvéyite, dire l'Afrique, c'était s'embarquer sur les pas d'une trace, en quête de la substance du signe – substance qui précédait et le signe lui-même, et la forme dans laquelle il était appelé à se manifester. L'histoire de l'humanité était une histoire de la lutte des races. La race humaine était composée d'une race de maîtres et d'une race d'esclaves. La race des maîtres était celle qui était capable de faire la loi pour elle ; celle qui pouvait imposer sa loi aux autres. L'Afrique, aux yeux de Garvey, était le nom d'une promesse – la promesse de retournement de l'histoire. La race des esclaves pouvait, un jour prochain, redevenir une race de maîtres à condition de se doter de ses propres instruments de puissance. Pour que s'accomplisse cette possibilité distincte, le Nègre des Amériques et des Indes occidentales devait déserter les lieux d'inhospitalité dans lesquels il avait été relégué et occuper de nouveau son habitat naturel. Là-bas, à distance de ceux qui l'avaient autrefois asservi, il pourrait enfin recouvrer sa force propre et laisser éclater son génie. Et, en développant une nationalité nègre africaine, il ferait l'économie de la haine des autres et de la vengeance, au lieu de s'y consommer lui-même.

La montée en humanité

Toute sa vie, Césaire aura lutté avec force et tranchant, énergie et lucidité, mixte de clarté et d'obscurité, avec les armes miraculeuses de la poésie et celles non moins honorables de la politique, les yeux fixés tantôt sur l'impérissable, tantôt sur l'éphémère, ce qui passe et s'en retourne à la poussière. Il aura obstinément cherché à ménager un lieu de permanence à partir duquel

1 *Ibid.*, p. 53.

le mensonge du nom puisse être éventé, la vérité ressuscitée et l'indestructible se manifester. C'est la raison pour laquelle sa pensée, volcanique, aura été à la fois celle de l'interruption, du soulèvement et de l'espérance. Le socle de cette pensée de la lutte et du soulèvement aura été d'une part l'affirmation de l'irréductible pluralité du monde ou, comme il aimait à le dire, des « civilisations » ; et, de l'autre, la conviction selon laquelle « l'homme où qu'il se trouve a des droits en tant qu'homme [1] ». Ce dont cette pensée aura porté témoignage, c'est l'espérance d'un rapport humain avec la différence – rapport inconditionnel d'humanité rendu d'autant plus impératif à l'évidence du visage sans nom auquel on se heurte, et de l'inexorable moment de violence qui nous pousse à dénuder ce visage, à violer ce nom et à en effacer la sonorité. Ce qu'elle aura mis en procès, c'est le racisme et le colonialisme, deux formes modernes de ce viol et de cet acte d'effacement, deux figures de l'animalité dans l'homme, de l'union de l'humain et de la Bête de laquelle notre monde est loin d'être entièrement sorti. Enfin, la terreur qui l'aura habité, c'est celle d'un sommeil sans réveil, d'un sommeil sans jour nouveau, sans soleil ni lendemain.

Et, puisque l'on y est, l'obsession de Césaire, ce ne fut pas seulement les Antilles, ce pays qu'il avait coutume d'appeler non pas « français », mais « caribéen ». Ce ne fut pas seulement la France dont il disait de la Révolution qu'elle avait – événement tout à fait inaugural dans son esprit – fait l'impasse sur le « problème colonial », c'est-à-dire la possibilité d'une société sans races. Ce fut aussi Haïti (une terre qui, disait-il, « avait prétendument conquis sa liberté », mais qui était plus misérable qu'une colonie). Ce fut le Congo de Lumumba et, à travers lui, l'Afrique (où l'indépendance avait débouché sur « un conflit entre nous-mêmes »). Ce fut l'Amérique noire (à l'égard de laquelle il n'avait cessé de rappeler et de proclamer la « dette de reconnaissance »). Ce fut, comme il ne cessa

---

1 Aimé Césaire et Françoise Vergès, *Nègre je suis, nègre je resterai. Entretiens*, Albin Michel, Paris, 2005, p. 69.

de le répéter lui-même, le « sort de l'homme noir dans le monde moderne ».

Comment peut-on prendre au sérieux ce souci déclaré pour ce qu'il appelle l'« homme noir » ? D'abord en évitant de neutraliser la charge polémique que portent ce souci et l'inconnu auquel il se rapporte tout en acceptant que tout cela puisse nous déconcerter. Il nous faut embrasser ce souci non pour enfermer Césaire dans une conception carcérale de l'identité, encore moins pour reléguer sa pensée à une forme de tribalisme racial, mais pour que justement nul ne puisse se dérober face aux difficiles questions qu'il fit siennes, qu'il ne cessa de poser à tous, et qui aujourd'hui encore restent, pour l'essentiel, sans réponse, à commencer par la question du colonialisme, de la race et du racisme. Ne disait-il pas encore, récemment, que « ce qui fait question, c'est le racisme ; c'est la recrudescence du racisme dans le monde entier ; ce sont les foyers de racisme qui, çà et là, se rallument. C'est cela qui fait question. C'est cela qui doit nous préoccuper. Alors, est-ce bien le moment, pour nous, de baisser la garde et de nous désarmer nous-mêmes ? [1] ». Que veut donc dire Césaire lorsqu'il proclame son souci pour le sort fait à l'« homme noir » dans le monde moderne ? Qu'entend-il par « homme noir » ? Pourquoi ne pas dire l'« humain » tout court ?

Soulignons d'abord qu'en faisant de la race le point de départ de sa critique du politique, de la modernité et de l'idée même de l'universel, Césaire s'inscrit en droite ligne d'une tradition critique intellectuelle noire que l'on retrouve aussi bien chez les Afro-Américains que chez nombre d'autres penseurs caribéens anglophones, voire africains. Chez Césaire cependant, le souci pour l'« homme noir » ne débouche pas sur la *sécession* du monde, mais sur l'affirmation de sa *pluralité* et la nécessité de sa déclosion. Affirmer que le monde est pluriel, militer pour sa déclosion, c'est dire que l'Europe n'est pas le monde, mais seulement une partie de celui-ci.

1 Aimé Césaire, « Discours sur la négritude », 26 février 1987, Université de Floride, disponible sur <www.blog.crdp-versailles.fr>. Les deux citations suivantes proviennent du même discours.

C'est donc faire contrepoids à ce que Césaire appelle le « réductionnisme européen » – par quoi il entend « ce système de pensée ou plutôt l'instinctive tendance d'une civilisation éminente et prestigieuse à abuser de son prestige même pour faire le vide autour d'elle en ramenant abusivement la notion d'universel à ses propres dimensions, autrement dit à penser l'universel à partir de ses seuls postulats et à travers ses catégories propres ». Et d'indiquer les conséquences que cela entraîne : « Couper l'homme de l'humain, et l'isoler, en définitive, dans un orgueil suicidaire sinon dans une forme rationnelle et scientifique de la barbarie. »

Affirmer que le monde ne se réduit pas à l'Europe, c'est réhabiliter la singularité et la différence. En cela, et quoi que l'on ait dit, Césaire est très proche de Senghor. Tous les deux récusent les visions abstraites de l'universel. Ils font valoir que l'universel se décline toujours dans le registre de la singularité. À leurs yeux, l'universel est précisément le lieu d'une multiplicité de singularités dont chacune n'est que ce qu'elle est, c'est-à-dire dans ce qui la relie et la sépare d'autres singularités. Chez l'un comme chez l'autre, il n'y a donc pas d'universel absolu. Il n'y a d'universel qu'en tant que communauté des singularités et des différences, partage qui est à la fois mise en commun et séparation. Ici, le souci de l'« homme noir » n'a de sens que parce qu'il ouvre la voie à une autre imagination de la communauté universelle. En cet âge de la guerre sans fin et des multiples retours du colonialisme, une telle critique est loin d'être terminée. Elle est encore indispensable dans les conditions contemporaines, qu'il s'agisse de questions liées à la citoyenneté, à la présence des étrangers et des minorités parmi nous, aux figures non européennes du devenir humain, au conflit des monothéismes ou encore à la globalisation.

Sur un autre plan, la critique de la race chez Césaire a toujours été inséparable de la critique du colonialisme et de la pensée qui le portait. Qu'est-ce, en son principe, que la colonisation ? se demande-t-il dans son *Discours sur le colonialisme* (1955). Elle n'est « ni évangélisation, ni entreprise philanthropique, ni volonté de reculer les frontières de l'ignorance, de la maladie, de la tyrannie, ni élargissement de Dieu, ni extension du droit [1] ». Équation malhonnête, elle est fille de l'appétit, des cupidités et de la force – les mensonges, les traités violés, les expéditions punitives, le poison instillé dans les veines de l'Europe, l'ensauvagement, tout ce par quoi le colonisateur se décivilise, plonge dans l'abrutissement, apprend à réveiller les instincts enfouis, la convoitise, la violence, la haine raciale et le relativisme moral. D'où le fait « que nul ne colonise innocemment, que nul non plus ne colonise impunément ; qu'une nation qui colonise, qu'une civilisation qui justifie la colonisation est déjà une civilisation malade, une civilisation moralement atteinte, qui, irrésistiblement, de conséquence en conséquence, de reniement en reniement, appelle son Hitler [2] ». Et d'ajouter : « Le colonisateur, qui, pour se donner bonne conscience, s'habitue à voir dans l'autre la bête, s'entraîne à le traiter en bête, tend objectivement à se transformer lui-même en bête [3]. » Prendre au sérieux Césaire, c'est continuer de traquer dans la vie d'aujourd'hui les signes qui indiquent ces retours du colonialisme ou sa reproduction et sa répétition dans les pratiques contemporaines – qu'il s'agisse des pratiques de guerre, des formes de minorisation et de stigmatisation des différences ou, plus directement, des formes de révisionnisme qui, s'appuyant sur l'échec des régimes postcoloniaux, cherchent à justifier *ex post* ce qui fut avant tout, comme le suggérait Tocqueville, un gouvernement grossier, vénal et arbitraire.

Finalement, il importe de continuer de s'interroger sur les sens du terme « nègre » que Senghor et Césaire réhabilitèrent au plus fort du racisme impérial. Il est d'ailleurs significatif qu'au soir de sa vie Césaire s'estime obligé de rappeler à Françoise Vergès : « Nègre

---

1 Aimé Césaire, *Discours sur le colonialisme*, *op. cit.*, p. 8.

2 *Ibid.*, p. 15-16. Ce que l'Occident ne pardonne pas à Hitler, affirme-t-il, « ce n'est pas le crime en soi, le crime contre l'homme, ce n'est pas l'humiliation de l'homme en soi, c'est le crime contre l'homme blanc, et d'avoir appliqué à l'Europe des procédés colonialistes dont ne relevaient jusqu'ici que les Arabes d'Algérie, les coolies de l'Inde et les nègres d'Afrique ».

3 *Ibid.*, p. 18.

je suis et nègre je resterai [1]. » La prise de conscience de son être nègre date du début des années 1930 quand il fait, à Paris, la rencontre de Léopold Senghor et des écrivains afro-américains Langston Hughes, Claude McKay, Countee Cullen, Sterling Brown et plus tard Richard Wright et bien d'autres. Cette prise de conscience est provoquée par l'interrogation pressante, angoissante, que se pose, dans l'entre-deux-guerres, une génération de penseurs noirs. Cette question porte sur la condition noire d'une part et les possibilités du temps de l'autre. Césaire la résume de la manière suivante : « Qui sommes-nous dans ce monde blanc ? Que nous est-il permis d'espérer et que devons-nous faire [2] ? » À la question « Qui sommes-nous dans ce monde blanc ? », il apporte une réponse dépourvue d'ambiguïté : « Nègres nous sommes. » En affirmant de façon aussi péremptoire sa « négritude », il affirme une différence que rien ne doit simplifier, qu'il ne faut pas chercher à voiler et de laquelle il ne faut pas se détourner en la déclarant indicible.

Mais qu'entend-il par « nègre », ce renvoi ou encore ce nom dont Fanon dit, dans *Peau noire, masques blancs*, qu'il n'est qu'une fiction ? Et que nous faut-il entendre par ce mot aujourd'hui ? Pour lui, ce nom renvoie non pas à une réalité biologique ou à une couleur de peau, mais à « l'une des formes historiques de la condition faite à l'homme ». Mais ce mot est également synonyme « de lutte opiniâtre pour la liberté et d'indomptable espérance ». Chez Césaire, le terme « nègre » signifie donc quelque chose d'essentiel, qui ne relève absolument pas de l'idolâtrie de race. Parce qu'il est chargé de tant d'épreuves (que Césaire tient absolument à ne jamais oublier) et parce qu'il constitue la métaphore par excellence de la « mise à part », ce nom exprime le mieux, et *a contrario*, la quête de ce qu'il appelle une « plus large fraternité », ou encore un « humanisme à la mesure du monde » [3].

---

1 Aimé Césaire et Françoise Vergès, *op. cit.*

2 Toutes les citations qui suivent sont tirées du « Discours sur la négritude », *loc. cit.*

3 Aimé Césaire, *Discours sur le colonialisme, op. cit.*, p. 54.

Ceci dit, cet humanisme à la mesure du monde, on ne saurait en parler que dans le langage de l'à-venir, de ce qui toujours se situera au-devant de nous et qui, comme tel, sera toujours privé de nom et de mémoire, mais non point de raison – ce qui, comme tel, toujours échappera à la répétition parce que toujours radicalement différent. Du coup, l'universalité du nom « Nègre », il faut la chercher non du côté de la répétition, mais de celui de la *différence radicale sans laquelle la déclosion du monde est impossible.* C'est au nom de cette *différence radicale* qu'il faut réimaginer « le Nègre » comme la figure de celui qui est en route, qui est prêt à se mettre en route, qui fait l'expérience de l'arrachement et de l'étrangeté. Mais pour que cette expérience du parcours et de l'exode ait un sens, il faut qu'elle fasse une part essentielle à l'Afrique. Il faut qu'elle nous ramène à l'Afrique, ou du moins qu'elle fasse un détour par l'Afrique, ce double du monde dont on sait que le temps viendra.

Césaire savait que le temps de l'Afrique viendrait, qu'il nous fallait l'anticiper et nous y préparer. C'est cette réinscription de l'Afrique dans le registre du voisinage et de l'extrême lointain, de la présence autre, de ce qui interdit toute demeure et toute possibilité de résidence autre qu'onirique – c'est cette manière d'habitation de l'Afrique qui lui permit de résister aux sirènes de l'insularité. Finalement, c'est peut-être l'Afrique qui, lui ayant permis de comprendre qu'il y a des forces profondes en l'homme qui excèdent l'interdit, octroya à sa pensée son caractère volcanique.

Mais comment relire Césaire sans Fanon ? La violence coloniale dont ce dernier fut le témoin en Algérie notamment, et dont il s'efforça de prendre médicalement en charge les conséquences traumatiques, se manifestait sous la forme du racisme au quotidien et, surtout, de la torture que l'armée française utilisait à l'encontre des résistants algériens [1]. Le pays pour lequel il avait failli perdre sa vie au cours de la Seconde Guerre mondiale s'était mis à reproduire les méthodes nazies au cours d'une guerre sauvage et sans nom contre un autre peuple auquel il déniait le droit à l'autodétermination. De cette guerre, Fanon disait souvent qu'elle avait

1 Voir Frantz FANON, *Les Damnés…, op. cit.*, chapitre 5.

pris l'« allure d'un authentique génocide [1] », ou encore d'une « entreprise d'extermination [2] ». Guerre « la plus épouvantable [3] », « la plus hallucinante qu'un peuple ait menée pour briser l'oppression coloniale [4] », elle fut à l'origine de l'instauration, en Algérie, d'une « atmosphère sanglante, impitoyable [5] ». Elle entraîna, sur une échelle étendue, la « généralisation de pratiques inhumaines [6] », en conséquence de quoi beaucoup de colonisés eurent l'impression d'« assister à une véritable apocalypse [7] ». Au cours de cette lutte à mort, Fanon avait pris le parti du peuple algérien. La France, dès lors, ne le reconnut plus comme l'un des siens. Il avait « trahi » la nation. Il en devenait un « ennemi » et, longtemps après sa mort, on le traita comme tel.

Après sa défaite en Algérie et la perte de son empire colonial, la France s'était recroquevillée sur l'Hexagone. Atteinte d'aphasie, elle plongea dans une sorte d'hiver postimpérial [8]. Son passé colonial refoulé, elle s'installa dans la « bonne conscience », oublia Fanon, ratant, pour l'essentiel, certains des nouveaux voyages planétaires de la pensée qui marquèrent le dernier quart du XXe siècle. Ce fut notamment le cas de la pensée postcoloniale et de la critique de la race [9]. Mais, dans le reste du monde, bien des mouvements luttant pour l'émancipation des peuples continuèrent d'invoquer ce nom hérétique. Pour bien des organisations commises à la cause des peuples humiliés, combattant pour la justice raciale ou pour de nouvelles pratiques psychiatriques, dire Fanon, c'était en appeler à une sorte d'« excès pérenne », de « supplément », ou encore de

1 *Ibid.*, p. 627.
2 *Ibid.*, p. 493.
3 *Ibid.*
4 Frantz Fanon, *L'An V...*, *op. cit.*, p. 261.
5 Frantz Fanon, *Les Damnés...*, *op. cit.*, p. 627.
6 *Ibid.*
7 *Ibid.*
8 Ann Stoler, « Colonial aphasia : race and disabled histories in France », *Public Culture*, vol. 23, n° 1, 2010.
9 Achille Mbembe, « Provincializing France ? », *Public Culture*, vol. 23, n° 1, 2010.

« reste insaisissable », et qui, pourtant, permettait de dire au sujet du monde « quelque chose de terriblement actuel » [1].

Dans un monde divisé hiérarchiquement et où, bien qu'étant l'objet de pieuses déclarations, l'idée d'une condition humaine commune était loin d'être admise dans la pratique, diverses formes d'apartheid, de mises à l'écart, de destitutions structurales avaient remplacé les anciennes divisions proprement coloniales. Résultat, la plupart du temps, des processus planétaires d'accumulation par expropriation, de nouvelles formes de violence et d'iniquités engendrées par un système économique mondial de plus en plus brutal s'étaient généralisés, ouvrant la voie à maintes figures inédites de la précarité et remettant en cause la capacité de beaucoup à rester maîtres de leur vie. Mais relire Fanon aujourd'hui c'est, d'abord, prendre l'exacte mesure de son projet afin de mieux le prolonger. Car si sa pensée sonne à la manière de l'angélus et si elle emplit son époque d'une vibration d'airain, c'est parce que, réponse manifeste à la loi d'airain du colonialisme, elle se devait de lui opposer une égale implacabilité et une égale puissance perforatrice. La sienne fut, pour l'essentiel, une *pensée en situation*, née d'une expérience vécue, en cours, instable, changeante ; une expérience-limite, risquée, où, la conscience ouverte, le sujet réfléchissant mettait en jeu son histoire propre, son existence propre, son propre nom, au nom d'un peuple à venir, en voie de naître. Du coup, dans la logique fanonienne, penser, c'était s'acheminer avec d'autres vers un monde qu'ensemble l'on créait interminablement, et de manière irréversible, dans et par la lutte [2]. Pour que surgisse ce monde commun, la critique devait se déployer à la manière d'un éclat d'obus destiné à briser, à traverser et à altérer la paroi minérale et rocheuse et la structure interosseuse du colonialisme. C'est cette énergie qui fit de la pensée de Fanon une *pensée métamorphique*.

---

1 Miguel Mellino, « Frantz Fanon, un classique pour le présent », *Il Manifesto*, 19 mai 2011 (disponibles sur <www.paperblog.fr>).

2 « Nous nous sommes mis debout et nous avançons maintenant. Qui peut nous réinstaller dans la servitude ? », Frantz Fanon, *L'An V…*, *op. cit.*, p. 269.

Le grand fracas

Relire Fanon aujourd'hui, c'est également reprendre pour notre compte et dans les conditions qui sont les nôtres certaines des questions qu'il ne cessa de poser en son temps et qui avaient toutes trait à la possibilité, pour chaque sujet humain et pour chaque peuple, de se mettre debout, de marcher avec ses propres pieds, d'écrire avec son travail, ses mains, son visage et son corps sa part de l'histoire de ce monde que nous avons tous en commun et dont nous sommes tous les ayants droit et les héritiers [1]. S'il y a en effet chez Fanon quelque chose qui ne vieillira jamais, c'est bien ce projet de montée collective en humanité. Cette quête irrépressible et implacable de la liberté nécessitait, à ses yeux, la mobilisation de toutes les réserves de vie. Elle engageait le sujet humain et chaque peuple dans un formidable travail sur soi et dans une lutte à mort, sans réserve, qu'ils devaient assumer comme leur tâche propre et ne pouvaient déléguer à d'autres.

Sur ce versant quasi sacrificiel de sa pensée, le devoir de soulèvement voire d'insurrection était une injonction. Il allait de pair avec le devoir de violence – terme stratégique du lexique fanonien qui, à la suite de maintes lectures hâtives et parfois désinvoltes, a donné lieu à bien des malentendus. Il n'est donc pas inutile de revenir brièvement sur les conditions historiques sur fond desquelles Fanon développa sa conception de la violence. À cet égard, peut-être faut-il rappeler deux choses. Et d'abord que la violence chez Fanon est un concept aussi bien politique que *clinique.* Elle est aussi bien la manifestation clinique d'une « maladie » de nature politique qu'une pratique de re-symbolisation dans laquelle se joue la possibilité de la réciprocité, et donc d'une relative égalité face à l'arbitre suprême qu'est la mort. Ainsi, à travers la violence choisie plutôt que subie, le colonisé opère un retournement sur soi. Il découvre que « sa vie, sa respiration, les battements de son cœur sont les mêmes que ceux du colon », ou encore qu'« une peau de

---

1 « Je suis un homme, et c'est tout le passé du monde que j'ai à reprendre », Frantz FANON, *Peau noire...*, *op. cit.*, p. 56.

colon ne vaut pas plus qu'une peau d'indigène »[1]. Ce faisant, il se recompose, se requalifie et apprend de nouveau à mesurer à sa juste valeur le poids de sa vie et les formes de sa présence à son corps, à sa parole, à l'Autre et au monde.

Sur le plan conceptuel, c'est donc au point d'intersection entre *la clinique du sujet et la politique du patient* que se déploie le discours fanonien sur la violence en général et celle du colonisé en particulier. Chez Fanon en effet, le politique et le clinique ont en commun d'être, tous les deux, des lieux psychiques par excellence[2]. Dans ces lieux *a priori* vides que la parole vient animer se joue le rapport au corps et au langage. Dans l'un comme dans l'autre se donnent également à voir deux événements décisifs pour le sujet : d'une part, l'altération radicale et quasi irréversible du rapport à soi et à l'autre engendrée par la situation coloniale[3] et, d'autre part, l'extraordinaire vulnérabilité de la psyché confrontée aux traumatismes du réel. Mais la relation entre ces deux univers est loin d'être stable. Au demeurant, Fanon ne confond guère la politique de la clinique et la clinique du politique. Il oscille constamment d'un pôle à l'autre. Tantôt il envisage le politique comme une forme de la clinique et la clinique comme une forme de la politique ; et tantôt il souligne le caractère incontournable tout autant que l'échec de la clinique ou ses impasses, notamment là où le trauma de guerre, la destruction ambiante, la douleur et les souffrances produites de manière générale par la loi animale du colonialisme fragilisent les capacités du sujet ou du patient de rentrer dans le monde de la parole humaine[4]. La violence révolutionnaire est la secousse qui fait exploser cette ambivalence. Mais Fanon montre que, bien qu'étant

---

1 Bernard DORAY, « De notre histoire, de notre temps : à propos de *Frantz Fanon, portrait* d'Alice Cherki », *Sud/Nord*, n° 14, p. 145-166 (disponible sur <www.frantz-fanon.com>).

2 Jacques POSTEL et Claudine RAZANAJAO, « La vie et l'œuvre psychiatrique de Frantz Fanon », *L'Information psychiatrique*, vol. 51, n° 10, décembre 1975.

3 Sur les paradoxes et possibilités d'une politique de l'amour chez Fanon, voir Matthieu RENAULT, « "Corps à corps". Frantz Fanon's erotics of national liberation », *Journal of French and Francophone Philosophy*, vol. 19, n° 1, 2011.

4 Olivier DOUVILLE, « Y a-t-il une actualité clinique de Fanon ? », *L'Évolution psychiatrique*, vol. 71, n° 4, 2006, p. 709.

une phase clé du passage au statut de sujet du politique, elle est à son tour, au moment vif de son surgissement, à l'origine de blessures psychiques considérables. Si la violence proprement subjectivée lors de la guerre de libération peut donc se faire parole, elle est également capable de plomber le langage et de produire, pour ceux qui survivent à cette guerre, mutisme, hantises hallucinatoires et traumas.

On l'a dit, la France s'était essayée, en Algérie, à une « guerre totale » qui avait suscité, de la part de la résistance algérienne, une réponse tout aussi totale. À l'épreuve de cette guerre et du racisme qui en était l'un des moteurs, Fanon s'était convaincu que le colonialisme était une force fondamentalement nécropolitique, animée à sa source par une pulsion génocidaire [1]. Et puisque toute situation coloniale était d'abord une situation de violence potentiellement exterminatrice qui, pour se reproduire et se perpétuer, devait pouvoir être convertie en une ontologie et en une génétique, l'on ne pouvait en assurer la destruction que par le biais d'une « praxis absolue [2] ». C'est fort de ce constat que Fanon développa ses réflexions sur trois formes de la violence : la violence coloniale (dont le moment d'incandescence est la guerre d'Algérie), la violence émancipatrice du colonisé (dont l'étape ultime est la guerre de libération nationale) et la violence dans les rapports internationaux. À ses yeux, la violence coloniale avait une triple dimension. Elle était une violence *instauratrice* dans la mesure où elle présidait à l'institution d'un mode d'asservissement dont les origines se situaient dans la force, dont le fonctionnement reposait sur la force et dont la durée dans le temps était fonction de la force. L'originalité de la colonisation, de ce point de vue, était de revêtir des apparences d'un état civil ce qui, originairement et dans son fonctionnement quotidien, relevait de l'état de nature.

La violence coloniale était, ensuite, une violence *empirique*. Elle enserrait la vie quotidienne du peuple colonisé sur un mode à la fois

---

1 Frantz Fanon, *L'An V...*, p. 266. Voir aussi « Pourquoi nous employons la violence », *loc. cit.*, 413 et suiv.

2 Frantz Fanon, *Les Damnés...*, *op. cit.*, p. 489.

réticulaire et moléculaire. Fait de lignes et de nœuds, ce quadrillage était physique, certes – les fils barbelés lors de la grande période des centres d'internement et des camps de regroupement durant la contre-insurrection. Mais il procédait aussi selon un système de fils croisés, le long d'un axe de visée spatial et topologique incluant non seulement les surfaces (horizontalité) mais aussi les hauteurs (verticalité) [1]. Par ailleurs, ratissages, assassinats extralégaux, expulsions et mutilations avaient pour cible l'individu dont il fallait capter les pulsations et contrôler les conditions de respiration [2]. Cette violence moléculaire s'était infiltrée jusque dans la langue. Elle écrasait de son poids toutes les scènes de la vie, la scène de la parole y compris. Elle se manifestait surtout dans les comportements quotidiens du colonisateur à l'égard du colonisé : agressivité, racisme, mépris, interminables rituels d'humiliations, conduites homicides – ce que Fanon appelait la « politique de la haine [3] ».

La violence coloniale était, enfin, une violence *phénoménale*. À ce titre, elle touchait aussi bien les domaines des sens que les domaines psychique et affectif. Elle était une pourvoyeuse de troubles mentaux difficiles à soigner et à guérir. Elle excluait toute dialectique de la reconnaissance et était indifférente à tout argument moral. En s'attaquant au temps, l'un des cadres mentaux privilégiés de toute subjectivité, elle faisait courir aux colonisés le risque de perdre l'usage de toutes traces mnésiques, celles-là qui, précisément, permettaient de « faire de la perte autre chose qu'un gouffre hémorragique [4] ». L'une de ses fonctions était non seulement de vider le passé du colonisé de toute substance, mais encore de forclore le futur. Elle s'attaquait également au corps du colonisé

---

1 *Ibid.*, p. 494.

2 « Ce n'est pas le sol qui est occupé. [...] Le colonialisme [...] s'est installé au centre même de l'individu [...] et y a entrepris un travail soutenu de ratissage, d'expulsion de soi-même, de mutilation rationnellement poursuivie. [...] C'est le pays global, son histoire, sa pulsation quotidienne qui sont contestés [...]. Dans ces conditions, la respiration de l'individu est une respiration observée, occupée. C'est une respiration de combat », Frantz FANON, « Les femmes dans la révolution », Annexe *in L'An V...*, *op. cit.*, p. 300.

3 *Ibid.*, p. 414, ou, parfois, le « cercle de la haine », *in Les Damnés...*, p. 492.

4 Olivier DOUVILLE, *loc. cit.*

dont elle contracturait les muscles, provoquant raidissements et courbatures. Sa psyché n'était pas épargnée puisque la violence ne visait ni plus ni moins que sa décérébration. Ce sont ces plaies, ces blessures et ces entailles zébrant le corps et la conscience du colonisé que Fanon, dans la pratique, tenta de penser et de panser [1]. D'après Fanon, cette triple violence (appelons-la souveraine) – faite en réalité de « violences multiples, diverses, réitérées, cumulatives [2] » – était vécue par le colonisé sur le plan des muscles et du sang. Elle n'obligeait pas seulement le colonisé à percevoir sa vie comme une « lutte permanente contre une mort atmosphérique [3] ». De fait, elle octroyait à l'ensemble de sa vie une allure de « mort incomplète [4] ». Mais, surtout, elle déclenchait en lui une colère intérieure, celle de l'« homme traqué », obligé de contempler avec ses propres yeux la réalité d'une « existence proprement animale » [5].

Toute l'œuvre de Fanon est une déposition en faveur de cette existence brimée et abîmée. Elle est une recherche obstinée des traces de vie qui persistent dans ce grand fracas, état inouï s'il en était ; dans ce corps à corps avec la mort qui elle-même ne fait qu'annoncer l'accouchement de nouvelles formes de vie [6]. Avec lui, le critique, acteur et témoin oculaire des événements qu'il raconte, fait corps avec, et se met à l'écoute du monde qui jaillit des entrailles de la lutte. Sa parole, semblable à un filament porté à incandescence, se fait à la fois attestation et déclaration en justice. Du reste, témoigner en situation coloniale, c'est avant tout rendre compte de vies plongées dans une interminable agonie. C'est « cheminer pas à pas le long de la grande blessure faite au peuple et au sol

1 « Nous aurons à panser des années encore les plaies multiples et quelquefois indélébiles faites à nos peuples par le déferlement colonialiste », *in* Frantz Fanon, *Les Damnés…*, *op. cit.*, p. 625.

2 Frantz Fanon, *L'An V…*, *op. cit.*, p. 414.

3 Frantz Fanon, *Les Damnés…*, *op. cit.*, p. 428.

4 Frantz Fanon, *L'An V…*, *op. cit.*, p. 361.

5 *Ibid.*, p. 414. Voir aussi « Pourquoi nous employons la violence », *loc. cit.*, p. 413-418.

6 Matthieu Renault, « Vie et mort dans la pensée de Frantz Fanon », *Cahiers Sens public*, n° 10, 2009 (disponible sur <www.sens-public.org>).

algériens [1] ». Il fallait, affirmait-il, « mètre après mètre, interroger la terre algérienne », « mesurer le morcellement » et l'« état d'éparpillement » résultant de l'occupation coloniale [2]. Il fallait se mettre à l'écoute des orphelins « qui circulent hagards et affamés », du « mari emmené par l'ennemi et qui revient le corps couvert d'ecchymoses, la vie chancelante et l'esprit inerte » [3]. Une telle démarche exigeait que l'on soit attentif aux scènes de deuil, dans ces lieux de la perte et du déchirement où, aux lamentations d'autrefois, se sont succédé de nouvelles conduites. À l'épreuve de la lutte, on ne pleure plus, on ne crie plus, on ne fait plus comme avant, constate-t-il. Désormais, « on serre les dents et on prie en silence. Un pas de plus et ce sont les cris d'allégresse qui saluent la mort d'un *moudjahid* tombé au champ d'honneur [4] ». Et de cette transfiguration de la souffrance et de la mort surgit une nouvelle « communauté spirituelle [5] ».

La violence émancipatrice du colonisé

Chez Fanon, une différence de statut sépare donc la violence coloniale et celle du colonisé. La violence du colonisé n'est pas d'abord idéologique. Elle est l'exact opposé de la violence coloniale. Avant d'être consciemment retournée contre l'écrasement colonial durant la guerre de libération nationale, elle se manifeste sous la forme d'une pure décharge – violence *ad hoc*, reptilienne et épileptique, geste meurtrier et affect primaire qu'accomplit l'« homme traqué », « dos au mur », « couteau sur la gorge ou, pour être plus précis, l'électrode sur les parties génitales » [6], et qui cherche confusément à « signifier qu'il est prêt à défendre sa vie [7] ».

---

1 Frantz Fanon, *L'An V…*, *op. cit.*, p. 351.
2 *Ibid.*
3 *Ibid.*
4 *Ibid.*, p. 349-350.
5 *Ibid.*, p. 351.
6 Frantz Fanon, *Les Damnés…*, *op. cit.*, p. 468.
7 Frantz Fanon, « Pourquoi nous employons la violence », *loc. cit.*, p. 415.

Comment transformer ce bouillonnement énergétique et ce banal instinct de conservation en une parole politique pleine et entière ? Comment les retourner en contre-voix affirmative face à la logique de mort portée par la puissance occupante ? Comment en faire un geste émancipateur doté des attributs de la valeur, de la raison et de la vérité ? Tel est le point de départ des réflexions de Fanon sur la violence du colonisé, celle qu'il ne subit plus, qui ne lui est plus imposée et dont il n'est plus la victime plus ou moins résignée. Au contraire, il s'agit désormais de cette violence que le colonisé choisit de *faire don* au colon. Cette donation, Fanon la décrit dans le langage du « travail » – « praxis violente », « réaction à la violence première du colonialiste » [1]. Cette violence est produite à la manière d'une énergie qui circule, par laquelle « chacun se fait maillon violent [d'une] grande chaîne, [d'un] grand organisme violent », dans « ce mortier travaillé par le sang et la colère » [2]. Refus violent d'une violence imposée, elle constitue un moment majeur de re-symbolisation [3]. L'objectif de ce travail est de produire la vie. Mais celle-ci ne peut « surgir que du cadavre en décomposition du colon [4] ». Il s'agit donc bel et bien de *donner la mort* à celui qui avait pris l'habitude de ne jamais la recevoir, mais toujours d'y soumettre autrui, sans réserve et sans contrepartie.

Fanon est conscient du fait qu'en faisant le choix de la « contre-violence », le colonisé ouvre la porte à la possibilité d'une bien funeste réciprocité – le « va-et-vient de la terreur [5] ». Il estime cependant que, dans un contexte extrême où toute distinction entre pouvoir civil et pouvoir militaire a été abolie et la loi de répartition des armes dans la société coloniale profondément modifiée, la seule manière pour le colonisé de revenir à la vie est d'imposer, par la violence, une redéfinition des modalités de distribution de la mort. Le nouvel échange qui s'ensuit reste néanmoins inégal. « Les mitraillages par avion ou les canonnades de la flotte » ne dépassent-ils pas

1 Frantz FANON, *Les Damnés...*, *op. cit.*, p. 495.
2 *Ibid.*
3 Bernard DORAY, *La Dignité : les debouts de l'utopie*, La Dispute, Paris, 2006.
4 Frantz FANON, *Les Damnés...*, *op. cit.*, p. 495.
5 *Ibid.*, p. 492.

« en horreur et en importance les réponses des colonisés »[1] ? Par ailleurs, le recours à la violence ne permet pas automatiquement le rétablissement d'une relative équivalence entre la vie d'un colon et celle d'un colonisé. « Sept Français tués ou blessés au col de Sakamody » ne soulèvent-ils pas davantage l'« indignation des consciences civilisées » que « la mise à sac des douars Guergour, de la dechra Djerah, [ou] le massacre des populations qui avaient précisément motivé l'embuscade »[2] ?

Quoi qu'il en soit, ce qui octroie à la violence du colonisé sa dimension éthique, c'est son rapport étroit avec la thématique des soins et de la guérison – soins donnés aux blessés dans les hôpitaux militaires du maquis, aux prisonniers que l'on se refuse d'abattre dans leur lit à la manière des troupes coloniales, aux victimes de la torture dont la personnalité est désormais disloquée, aux Algériennes devenues folles après les viols, voire aux tortionnaires hantés par le double ahurissant de leurs victimes[3]. En plus de panser les atrocités coloniales, la violence du colonisé renvoie à trois choses. Elle renvoie d'abord à une sommation adressée à un peuple pris en tenailles par l'histoire et placé dans une position intenable. Le peuple en question est en quelque sorte sommé d'exercer sa liberté, de se prendre en charge, de se nommer, de jaillir à la vie ou au contraire d'assumer sa mauvaise foi. Il est sommé de faire un choix, de risquer son existence, de s'exposer, d'« investir en bloc ses réserves et ses ressources les plus cachées[4] » – condition pour advenir à la liberté. Cette prise de risque est, de part en part, sous-tendue par une foi inébranlable en la puissance des masses et une philosophie de la volonté – celle de devenir homme parmi d'autres hommes.

Mais la théorie fanonienne de la violence n'a de sens que dans le cadre d'une théorie plus générale, celle de la *montée en humanité*. Dans le contexte colonial qui est la scène originaire de la pensée de

1 *Ibid.*
2 *Ibid.*
3 *Ibid.*, chapitre 5.
4 Frantz Fanon, *L'An V…*, *op. cit.*, p. 261.

Fanon, la montée en humanité consiste pour le colonisé à se transporter, de par sa force propre, vers un lieu plus haut que celui auquel il a été consigné pour cause de race ou en conséquence de la sujétion. L'homme bâillonné, mis à genoux et condamné au hurlement se ressaisit de lui-même, escalade la rampe et se hisse à hauteur de soi et des autres hommes, au besoin par la violence – ce que Fanon appelait la « praxis absolue [1] ». Ce faisant, il rouvre, pour lui-même et pour l'humanité tout entière, en commençant par ses bourreaux, la possibilité d'un dialogue neuf et libre entre deux sujets humains égaux là où, auparavant, le rapport opposait avant tout un homme (le colon) et son objet (le colonisé). Du coup, il n'y a plus ni Noir, ni Blanc. Il n'y a plus qu'un monde enfin débarrassé du fardeau de la race, et dont chacun devient l'héritier.

S'il a proposé un savoir, il s'agissait bel et bien d'un savoir en situation – le savoir des expériences de racialisation et d'assujettissement ; le savoir des situations coloniales de déshumanisation et le savoir des moyens d'y mettre un terme. Qu'il s'agisse de « toucher la misère du Noir » face à la structure raciste de l'ordre social ou de rendre compte des transformations induites par la guerre de libération en Algérie, ce savoir était de part en part ouvertement partisan. Il ne visait ni l'objectivité ni la neutralité. « Je n'ai pas voulu être objectif. D'ailleurs, c'est faux : il ne m'a pas été possible d'être objectif », déclarait-il [2]. Il s'agissait d'abord d'accompagner dans la lutte tous ceux que le colonialisme avait blessés, décérébrés et rendus fous – et, là où cela était encore possible, de soigner et de guérir.

Il s'agissait également d'un savoir qui liait indissociablement la critique de la vie et la politique de la lutte et du travail requis pour échapper à la mort. De son point de vue, la lutte a pour objet de produire la vie, la « violence absolue » jouant, à cet égard, une fonction désintoxicatrice et instituante. C'est en effet par la violence que « la "chose" colonisée devient homme » et que se créent des hommes nouveaux, « un nouveau langage, une nouvelle

1 Frantz FANON, *Les Damnés...*, *op. cit.*, p. 489.

2 Frantz FANON, *Peau noire...*, *op. cit.*, p. 131.

humanité »[1]. En retour, la vie s'apparente à une interminable lutte[2]. La vie est, strictement parlant, ce qu'aura produit la lutte. La lutte en tant que telle a une triple dimension. D'abord, elle vise à détruire ce qui détruit, ampute, démembre, aveugle, et provoque peur et colère. Ensuite, elle vise à soigner et, éventuellement, à guérir ceux et celles que le pouvoir a blessés, violés, torturés, fait prisonniers ou, simplement, rendus fous. Sa fonction participe, dès lors, du processus général de la cure. Enfin, elle a pour objet d'accorder une sépulture à ceux qui sont tombés, « abattus dans le dos[3] ». De ce point de vue, elle joue une fonction d'ensevelissement. Au détour de ces trois fonctions apparaît clairement le lien entre le pouvoir et la vie. Le pouvoir, de ce point de vue, n'est pouvoir qu'en tant qu'il s'exerce sur la vie, au point de partage entre la santé, la maladie et la mort (la mise au tombeau).

La lutte dont traite Fanon se déroule dans un contexte où le pouvoir – dans ce cas le pouvoir colonial – tend à réduire ce qui tient lieu de vie à l'extrême dénuement du corps et du besoin. Cet extrême dénuement du corps et du besoin, Fanon le décrivait dans les termes suivants : « Les rapports de l'homme avec la matière, avec le monde, avec l'histoire, sont, en période coloniale, des rapports avec la nourriture[4]. » Pour un colonisé, affirmait-il, « vivre ce n'est point incarner des valeurs, s'insérer dans le développement cohérent et fécond d'un monde ». Vivre, c'est, tout simplement, « ne pas mourir ». Exister, « c'est maintenir la vie ». Et d'ajouter : « C'est que la seule perspective est cet estomac de plus en plus rétréci, de moins en moins exigeant certes, mais qu'il faut tout de même contenter. » Aux yeux de Fanon, cette annexion de l'homme par la force de la matière, la matière de la mort et la matière du besoin, constitue, strictement parlant, le temps d'« avant la vie », la « grande nuit » de laquelle il faut sortir[5]. On reconnaît le temps d'avant la vie au fait

1 Frantz FANON, *Les Damnés…*, *op. cit.*, p. 452.
2 *Ibid.*, p. 495.
3 Frantz FANON, « Pourquoi nous employons la violence », *loc. cit.*, p. 417.
4 Frantz FANON, *Les Damnés…*, *op. cit.*, p. 671. Les citations suivantes proviennent de la même page.
5 *Ibid.*, p. 673.

que, sous son empire, il n'est pas question pour le colonisé de donner un sens à sa vie, mais plutôt d'« en donner un à sa mort [1] ». Cette « sortie de la grande nuit », Fanon l'appelait de tous les noms : la « libération », la « renaissance », la « restitution », la « substitution », le « surgissement », l'« émergence », le « désordre absolu » ou encore « marcher tout le temps, la nuit et le jour », « mettre sur pied un homme neuf », « trouver autre chose », un sujet nouveau surgi tout entier du « mortier du sang et de la colère » – un sujet quasi indéfinissable, toujours en reste, comme un écart qui résiste à la loi, à la division et à la blessure.

Du coup, chez Fanon, la critique de la vie se confondait avec la critique de la souffrance, de la peur et du besoin, du travail et de la loi – et notamment la loi de la race, celle qui rend esclave, écrase la pensée et épuise aussi bien le corps que le système nerveux. Elle se confondait également avec la critique de la mesure et de la valeur – condition préalable à une politique de l'égalité et de l'universalité. Mais cette politique de l'égalité et de l'universalité – l'autre nom de la vérité et de la raison – n'était possible qu'à la condition de vouloir et de réclamer l'« homme qui est en face » – à la condition d'accepter que cet homme « soit plus qu'un corps » [2]. Le relire aujourd'hui, c'est donc d'une part apprendre à restituer sa vie, son travail et son langage dans l'histoire qui l'a vu naître et qu'il s'est efforcé, par la lutte et par la critique, de transformer. C'est, d'autre part, traduire dans la langue de notre époque les grandes questions qui l'obligèrent à se mettre debout, à s'arracher à ses origines, à cheminer avec d'autres, des compagnons sur une route neuve que les colonisés devaient tracer par leur force propre, leur inventivité propre, leur irréductible volonté. Si tant est que ce soient ces noces de la lutte et de la critique qu'il nous faut réactualiser dans les conditions contemporaines, alors il est inévitable que l'on doive penser à la fois avec et contre Fanon, la différence entre lui et certains d'entre nous étant que, pour lui, penser, c'est d'abord s'arracher à soi. C'est mettre sa vie dans la balance.

1 Frantz FANON, « Pourquoi nous employons la violence », *loc. cit.*, p. 415.
2 Frantz FANON, *Pour la révolution africaine*, *op. cit.*, p. 703.

Ceci dit, notre monde n'est plus exactement le sien – et encore ! Après tout, les guerres néo- et para-coloniales refleurissent. Les formes de l'occupation se métamorphosent, avec leur lot de tortures, de camps Delta, de prisons secrètes, de mélange de militarisme, de contre-insurrection et de pillage des ressources au loin. La question de l'autodétermination des peuples a peut-être changé de scène, mais elle continue de se poser en des termes aussi fondamentaux qu'à l'époque de Fanon. Dans un monde qui se rebalkanise autour d'enclos, de murs et de frontières elles-mêmes de plus en plus militarisées, où la rage de dévoiler les femmes reste véhémente et où le droit à la mobilité est de plus en plus restreint pour nombre de catégories racialement typées, le grand appel de Fanon pour une déclosion du monde ne peut que trouver d'amples échos. On le voit d'ailleurs alors que s'organisent, aux quatre coins de la planète, de nouvelles formes de luttes – cellulaires, horizontales, latérales – propres à l'âge digital.

Pour le reste, si dette nous devons à Fanon, c'est bien l'idée selon laquelle il y a, dans toute personne humaine, quelque chose d'indomptable, de foncièrement inapprivoisable, que la domination – peu en importent les formes – ne peut ni éliminer, ni contenir, ni réprimer, du moins totalement. Ce quelque chose, Fanon s'efforça d'en saisir les modalités de jaillissement dans un contexte colonial qui, à vrai dire, n'est plus tout à fait exactement le nôtre, même si son double, le racisme institutionnel, demeure notre Bête. C'est la raison pour laquelle son œuvre fut, pour tous les opprimés, une sorte de lignite fibreuse, une arme de silex.

Le nuage de gloire

Cette arme de silex prend, chez Nelson Mandela, une forme proprement figurale. L'apartheid, n'ayant guère été une forme ordinaire de la domination coloniale et de l'oppression raciale, suscita en retour l'apparition d'une classe d'hommes et de femmes peu ordinaires, sans peur, qui, au prix de sacrifices inouïs, en précipitèrent l'abolition. Si, de tous, Mandela devint le nom, c'est parce que, à chaque carrefour de sa vie, il sut emprunter, parfois sous la pression des circonstances et souvent volontairement, des chemins inattendus. Sa vie se sera résumée en quelques mots : un homme constamment aux aguets, sentinelle sur le départ, et dont les retours, tout aussi inattendus que miraculeux, n'auront que davantage encore contribué à sa mythologisation. Au fondement du mythe ne se trouvent pas seulement le désir de sacré et la soif du secret. Le mythe fleurit d'abord au voisinage de la mort, cette forme première du départ et de l'arrachement.

Très tôt, Mandela en fera l'expérience lorsqu'il se convertira au nationalisme comme d'autres à une religion, et la ville des mines d'or, Johannesburg, deviendra le théâtre principal de sa rencontre avec son destin. Commence alors un très long et douloureux chemin de croix, fait de privations, d'arrestations à répétition, de harcèlements intempestifs, de multiples comparutions devant les tribunaux, de séjours réguliers dans les geôles avec leur chapelet de tortures et leurs rituels d'humiliations, de moments plus ou moins prolongés de vie clandestine, d'inversion des mondes diurne et nocturne, de déguisements plus ou moins réussis, d'une vie familiale disloquée, de demeures occupées puis désertées – l'homme en lutte, traqué, le fugitif constamment sur le départ, que seule guide désormais la conviction d'un jour prochain, celui du retour [1].

Il prit d'énormes risques. Avec sa propre vie, qu'il vécut intensément, comme si tout était chaque fois à recommencer et comme si chaque fois était la dernière. Mais aussi avec celle de beaucoup d'autres. Il évita de justesse la peine capitale. C'était en 1964. Avec ses coaccusés, il s'était préparé à y être condamné : « Nous avions envisagé cette éventualité. Si nous devions disparaître, autant le faire dans un nuage de gloire. Il nous plut de savoir que notre exécution représenterait notre dernière offrande à notre peuple et à notre organisation. » Cette vision eucharistique était cependant exempte de tout désir de martyre. Et contrairement à tous les autres, de Ruben Um Nyobè, en passant par Patrice Lumumba, Amilcar Cabral, à Martin Luther King et tant d'autres, il échappera

1 Nelson MANDELA, *Conversations With Myself*, Macmillan, Londres, 2010.

à la faux. Et c'est dans le bagne qu'il fera véritablement l'expérience de ce désir de vie, à la limite du travail forcé et du bannissement. La prison deviendra le lieu d'une épreuve extrême, celle du confinement et du retour de l'homme à sa plus simple expression. Dans ce lieu de dénuement maximal, Mandela apprendra à habiter la cellule à la manière d'un vivant forcé d'épouser un cercueil [1].

Au cours de longues et atroces heures de solitude, poussé aux abords de la folie, il redécouvrira l'essentiel, ce qui gît dans le silence et dans le détail. Tout lui parlera de nouveau : la fourmi qui court on ne sait où ; la graine enfouie qui meurt, puis se relève, créant l'illusion d'un jardin au milieu du béton, de la grisaille des miradors et des lourdes portes métalliques que l'on referme à grands fracas ; un bout de chose, n'importe laquelle ; le silence des mornes journées qui se ressemblent sans avoir l'air de passer ; le temps qui s'allonge interminablement ; la lenteur des jours, le froid des nuits d'hiver et le vent qui hurle de désespoir à la manière de hiboux tourmentés par on ne sait quoi ; la parole devenue si rare ; le monde à l'extérieur des murs dont on n'entend plus les murmures ; l'abîme que fut Robben Island, et les traces du pénitencier sur son visage désormais sculpté par la douleur, dans ces yeux flétris par la lumière du soleil se réfractant sur le quartz, dans ces larmes qui n'en sont point, la poussière de linceul sur ce visage transformé en spectre fantomatique et dans ses poumons, sur ses orteils et cette enveloppe clocharde qui lui sert de chaussures, mais, par-dessus tout, ce sourire joyeux et éclatant, cette position altière, droit, debout, le poing fermé, prêt à embrasser de nouveau le monde et à faire souffler la tempête.

Dépouillé de presque tout, il luttera pied à pied pour ne point céder le reste d'humanité que ses geôliers veulent à tout prix lui arracher et brandir comme l'ultime trophée. Réduit à vivre avec presque rien, dépouillé de presque tout, il apprend à tout épargner, mais aussi à cultiver un profond détachement par rapport

---

1 Voir Sarah Nuttall et Achille Mbembe, « Mandela's Mortality », *in* Rita Barnard (dir.), *The Cambridge Companion to Mandela*, Cambridge University Press, Cambridge (à paraître).

aux choses de la vie profane. Jusqu'au point où, prisonnier de fait, confiné entre deux murs et demi, il n'est cependant l'esclave de personne. Nègre d'os et de chair, Mandela aura donc vécu à proximité du désastre. Il aura pénétré dans la nuit de la vie, au plus près des ténèbres, en quête d'une idée somme toute simple, à savoir comment vivre libre de la race et de la domination du même nom. Ses choix l'auront conduit au bord du précipice. Il aura fasciné le monde parce qu'il sera revenu vivant du pays de l'ombre, force jaillissante au soir d'un siècle vieillissant et qui ne sait plus rêver.

Tout comme les mouvements ouvriers du XIXe siècle, ou encore les luttes des femmes, notre modernité aura donc été hantée par le *désir d'abolition* qu'auront porté auparavant les esclaves. C'est ce rêve que prolongeront, au début du XXe siècle, les grandes luttes pour la décolonisation. Celles-ci ont revêtu, dès les origines, une dimension planétaire. Leur signification n'a jamais été uniquement locale. Elle a toujours été universelle. Même lorsqu'elles mobilisaient des acteurs locaux, dans un pays ou sur un territoire national bien circonscrit, elles étaient chaque fois au point de départ de solidarités forgées sur une échelle planétaire et transnationale. Ce sont ces luttes qui, chaque fois, ont permis l'extension ou encore l'universalisation de droits qui, jusque-là, étaient restés l'apanage d'une race.

Démocratie et poétique de la race

L'on est donc loin de vivre dans une ère postraciale où les questions de mémoire, de justice et de réconciliation seraient sans objet. Peut-on cependant parler d'une ère postcésairienne ? Oui si, dans une intime étreinte, l'on embrasse le signifiant « nègre », non dans le but de s'y complaire, mais dans celui de mieux le brouiller pour mieux s'en éloigner, pour mieux le conjurer et pour mieux réaffirmer la dignité innée de chaque être humain, l'idée même d'une communauté humaine, d'une même humanité, d'une ressemblance et d'une proximité humaine essentielle. Les sources profondes de ce travail d'ascèse, on les retrouve dans le meilleur des traditions politiques, religieuses et culturelles afro-américaines et sud-africaines. C'est le cas, par exemple, de la religion prophétique des descendants d'esclaves ou encore de la fonction utopique si caractéristique du travail de création artistique. Car, pour les communautés dont l'histoire a longtemps été celle de l'avilissement et de l'humiliation, la création religieuse et artistique a souvent représenté l'ultime rempart contre les forces de la déshumanisation et de la mort. Cette double création a profondément marqué la *praxis* politique. Au fond, elle en a toujours été l'enveloppe métaphysique et esthétique, l'une des fonctions de l'art et du religieux étant justement d'entretenir l'espoir de sortie du monde tel qu'il a été et tel qu'il est, de renaître à la vie et de reconduire la fête.

Ici, l'œuvre d'art n'a jamais eu pour fonction première de simplement représenter, illustrer ou narrer la réalité. Il a toujours été dans sa nature de brouiller et de mimer tout à la fois les formes et les apparences originelles. En tant que forme figurative, elle entretenait, certes, des rapports de ressemblance avec l'original. Mais, en même temps, elle redoublait constamment ce même original, le déformait, s'en éloignait et, surtout, le conjurait. Au fait, dans la plupart des traditions esthétiques nègres, il n'y avait d'œuvre d'art que là où, ce travail de conjuration ayant eu lieu, la fonction optique, la fonction tactile et le monde des sensations se trouvaient réunis dans un même mouvement visant à révéler le double du monde. Ainsi, le temps d'une œuvre, c'est la vie quotidienne libérée des règles admises qui était mise en scène, sans entrave ni culpabilité.

S'il y a donc un trait caractéristique de la création artistique, c'est qu'à l'origine de l'acte de création on retrouve toujours une violence jouée, un sacrilège et une transgression mimée, dont on espère qu'ils feront sortir l'individu et sa communauté du monde tel qu'il a été et tel qu'il est. Cet espoir de libération des énergies cachées ou oubliées, l'espérance d'un éventuel retournement des puissances visibles et invisibles, ce rêve caché de résurrection des êtres et des choses, voilà justement le fondement anthropologique et politique de l'art nègre classique. En son centre se trouve le corps, enjeu essentiel du mouvement des pouvoirs, lieu privilégié de dévoilement de ces pouvoirs et symbole par excellence de la dette constitutive de toute communauté humaine, celle dont on hérite sans le vouloir et que l'on ne peut jamais totalement apurer.

Cette question de la dette, c'est l'autre nom de la vie. Il en est ainsi parce que l'objet central de la création artistique, ou encore l'esprit de sa matière, a toujours été la critique de la vie et la méditation sur les fonctions qui résistent à la mort. Encore faut-il préciser qu'il ne s'est jamais agi d'une critique de la vie dans l'abstrait, mais toujours d'une méditation sur les conditions qui font de la lutte pour être vivant, rester en vie, survivre, bref, mener une vie humaine, la question esthétique – et donc politique – par excellence. Voilà pourquoi, qu'il s'agisse de la sculpture, de la musique, de la danse, de la littérature orale ou du culte des divinités, il s'est toujours agi de réveiller les puissances endormies, de reconduire la fête, ce canal privilégié de l'ambivalence, ce théâtre provisoire du luxe, du hasard, de la dépense, de l'activité sexuelle, et cette métaphore d'une histoire à venir. Il n'y a donc jamais rien eu de traditionnel dans cet art, ne serait-ce que parce qu'il a toujours été ordonné de façon à manifester l'extraordinaire fragilité de l'ordre social. C'est donc un art qui n'a eu de cesse de réinventer les mythes, de détourner la tradition, de miner cette dernière dans l'acte même qui faisait semblant de l'instituer et de la ratifier. Il s'est donc toujours agi d'un art par excellence du sacrilège, du sacrifice et de la dépense, qui multiplie les nouveaux fétiches aux fins d'une déconstruction généralisée de l'existence – justement à travers le jeu, le loisir, le spectacle et le principe de la métamorphose. C'est ce supplément aussi bien utopique, métaphysique qu'esthétique qu'une critique radicale de la race pourrait apporter à la démocratie.

Par ailleurs, la lutte en tant que *praxis de libération* a toujours trouvé dans le christianisme une partie de ses ressources imaginaires. Le christianisme dont il s'agit ici n'est pas l'Église d'abord – cela qui s'institue en premier comme une instance de contrôle dogmatique, à l'endroit exact où s'ouvre le vide. Il ne s'agit pas non plus d'un certain discours sur Dieu dont la fonction a souvent été de traduire l'« impuissance toujours plus grande de l'homme à rejoindre son propre désir [1] ». Par christianisme, les esclaves et leurs descendants entendent un événement de vérité au milieu de la sorte d'étrange scission dans le champ même d'une vérité toujours en train de s'ouvrir, d'*ad-venir* – la futurité. Ils entendent la déclaration de principe selon laquelle « quelque chose est arrivé ; un événement s'est produit ; la langue s'est déliée ; l'on peut désormais voir de ses propres yeux, entendre de ses propres oreilles et témoigner en sa langue propre et pour toutes les nations ». Cet événement est en même temps avènement. C'est un « ici », un « là », un « maintenant », qui fait signe à la fois à un instant, à un présent, mais surtout à la possibilité du Jubilé, sorte de plénitude des temps, lorsque tous les peuples de la terre seront enfin réunis autour de quelque chose d'infini, que rien ne serait alors en mesure de limiter.

Mais, du christianisme, c'est surtout le triple motif de l'incarnation, de la crucifixion et de la résurrection, du sacrifice et du salut, qui frappe le plus la critique d'origine africaine [2]. Méditant sur l'histoire de Philippe et de l'eunuque en 1882, Edward W. Blyden voit, dans la souffrance du Fils de l'Homme, une anticipation des épreuves auxquelles sera plus tard confrontée la race nègre. Le Dieu du salut fait un pari en s'incarnant dans le corps nègre soumis à la brutalité, au dépouillement et à la violence. Le pari est celui d'un sens encore à venir, ouvert. À ses yeux, l'événement de la Croix révèle une conception de Dieu et de sa relation à l'humanité souffrante – une relation de justice, de gratuité et de reconnaissance inconditionnelle. En ces deux moments que sont la mort violente du Christ et sa résurrection se révèle l'absolue singularité d'une transformation de la condition humaine – transformation à laquelle est invitée la race nègre. Pour se faire digne du Salut, celle-ci doit devenir une communauté de foi, de conviction et de réciprocité [3].

---

1 Jacques LACAN, « La psychanalyse est-elle constituante pour une éthique qui serait celle que notre temps nécessite ? », *Psychoanalyse*, n° 4, 1986.

2 Voir James BALDWIN, *The Cross of Redemption*, Pantheon, New York, 2010.

3 Edward W. BLYDEN, *op. cit.*, p. 174-197.

Pour Martin Luther King par exemple, à travers la crucifixion, Dieu acquiert sa vérité d'homme qui affronte sa déchirure absolue [1]. En retour, l'homme et Dieu peuvent désormais se nommer l'un en, et pour, l'autre. En convertissant le négatif en être, c'est la mort elle-même que le Christ défait. La question qui taraude le christianisme afro-américain est de savoir si le Christ meurt vraiment à la place du Nègre. Le délivre-t-il vraiment de sa mort en lui évitant de comparaître devant celle-ci ? Ou plutôt accorde-t-il à son trépas une signification profonde qui tranche radicalement avec le caractère prosaïque d'une vie sans nom menée sous la croix du racisme ? En Christ, la mort cesse-t-elle donc d'être ce qu'il y a de plus radicalement insubstituable ? Tel est effectivement le sens dernier de l'épreuve de la Croix, la « folie » et le « scandale » dont parle, une fois de plus, Paul. La proclamation du Christ tient en ces quelques mots : « Je puis désormais être arraché à l'expérience concrète de ma mort. Mourir pour l'autre (don total) n'est plus de l'ordre de l'impossibilité. Il n'y a plus d'irremplaçabilité de la mort. Il n'y a plus que le devenir infini de la vie, la réconciliation absolue du salut et du tragique, dans la réciprocité absolue et l'apothéose de l'esprit. » Dans cette perspective, la vérité finale du mourir se trouve dans la résurrection, c'est-à-dire dans la possibilité infinie de la vie. La question de la résurrection des morts, du retour ou de la restitution des morts à la vie, du fait de faire rejaillir la vie là où la mort l'a supprimée, tout cela constitue la force du christianisme par-delà l'institution ecclésiale proprement dite. C'est l'une des raisons pour lesquelles la figure du Christ, dans son projet de don total pour l'autre, occupe une place si centrale dans la théologie politique nègre. Cette présence pour l'autre, et auprès de l'autre, en témoignage d'autrui, qu'est-ce donc sinon l'autre nom d'une politique du don, de l'oblation et de la gratuité ?

Ceci dit, pour quels droits les Nègres doivent-ils continuer de lutter ? Tout dépend du lieu où ils se trouvent, du contexte historique dans lequel ils vivent, ainsi que des conditions objectives qui

---

1 Martin Luther KING, *Lettre de la geôle de Birmingham*, in *Je fais un rêve*, Bayard, Montrouge, 2008.

leur sont faites. Tout dépend également de la nature des formations raciales au sein desquelles ils sont appelés à exister soit comme minorités historiques dont la présence n'est guère contestée mais dont l'entière appartenance à la nation reste ambiguë (cas des États-Unis) ; soit comme minorités que l'on choisit ni de voir, ni de reconnaître, ni d'écouter en tant que telles (cas de la France) ; ou alors comme majorité démographique exerçant le pouvoir politique mais relativement dépourvue de pouvoir économique (cas de l'Afrique du Sud). Mais, quels que soient les lieux, les époques et les contextes, l'horizon de ces luttes reste le même : comment appartenir de plein droit à ce monde qui nous est commun ? Comment passer du statut de « sans-parts » à celui d'« ayants droit » ? Comment participer à la constitution de ce monde et à son partage ? Tant que l'on n'en aura pas fini avec l'idée funeste de l'inégalité des races et de la sélection entre différentes espèces humaines, la lutte des gens d'origine africaine pour ce que l'on pourrait appeler l'« égalité des parts » – et donc des droits et des responsabilités – restera une lutte légitime. Elle devra cependant être conduite non dans le but de se séparer des autres humains, mais en solidarité avec l'humanité elle-même – cette humanité dont on s'efforce, par la lutte, de réconcilier les visages multiples.

Le projet d'un monde commun fondé sur le principe de l'« égalité des parts » et sur celui de l'unité fondamentale du genre humain est un projet universel. Ce monde-à-venir, on peut déjà, si on le voulait, en lire des signes (fragiles il est vrai) dans le présent. L'exclusion, la discrimination et la sélection au nom de la race demeurent par ailleurs des facteurs structurants – bien que souvent niés – de l'inégalité, de l'absence de droits et de la domination contemporaine y compris dans nos démocraties. De plus, on ne peut pas faire comme si l'esclavage et la colonisation n'avaient pas eu lieu ou comme si les héritages de cette triste époque avaient été totalement liquidés. À titre d'exemple, la transformation de l'Europe en « forteresse » et les législations anti-étrangers dont s'est doté le Vieux Continent en ce début de siècle plongent leurs racines dans une idéologie de la sélection entre différentes espèces humaines que l'on s'efforce tant bien que mal de masquer.

Du coup, tant que l'on n'aura pas éliminé le racisme dans la vie et dans l'imagination de notre temps, il faudra continuer de lutter pour l'avènement d'un monde-au-delà-des-races. Mais pour parvenir à ce monde à la table duquel chacun est appelé à s'asseoir, encore faut-il s'astreindre à une exigeante critique politique et éthique du racisme et des idéologies de la différence. La célébration de l'altérité n'a de sens que si elle ouvre sur la question capitale de notre temps, celle du partage, du commun et de l'ouverture sur le large. Le poids de l'histoire sera là. Il faudra apprendre à mieux le porter et à mieux en répartir la charge. Nous sommes condamnés à vivre non seulement avec ce que nous aurons produit, mais aussi avec ce dont nous avons hérité. Puisque nous ne sommes pas entièrement sortis d'un esprit du temps encore dominé par l'idée de la sélection entre différents types d'humains, il faudra travailler avec et contre le passé de telle manière que celui-ci puisse ouvrir sur un futur que l'on peut partager en toute égale dignité. Cette question de la production, à partir de la critique du passé, d'un futur indissociable d'une certaine idée de la justice, de la dignité et de l'*en-commun*, voilà le chemin.

Sur ce chemin, les nouveaux « damnés de la terre » sont ceux à qui est refusé le droit d'avoir des droits, ceux dont on estime qu'ils ne doivent pas bouger, ceux qui sont condamnés à vivre dans toutes sortes de structures d'enfermement – les camps, les centres de transit, les mille lieux de détention qui parsèment nos espaces juridiques et policiers. Ce sont les refoulés, les déportés, les expulsés, les clandestins et autres « sans-papiers » – ces intrus et ces rebuts de notre humanité dont nous avons hâte de nous débarrasser parce que nous estimons qu'entre eux et nous il n'y a rien qui vaille la peine d'être sauvé puisqu'ils nuisent fondamentalement à notre vie, à notre santé et à notre bien-être. Les nouveaux « damnés de la terre » sont le résultat d'un brutal travail de contrôle et de sélection dont les fondements raciaux sont bien connus.

Tant que persiste l'idée selon laquelle l'on ne doit justice qu'aux siens et qu'il existe des races et des peuples inégaux, et tant que l'on continue de faire croire que l'esclavage et le colonialisme furent de grands faits de « civilisation », alors la thématique de la réparation continuera d'être mobilisée par les victimes historiques de l'expansion et de la brutalité européennes dans le monde. Dans ce contexte, une double démarche est nécessaire. D'un côté, il faut sortir de tout statut victimaire. De l'autre, il faut rompre avec la « bonne conscience » et le déni de responsabilité. C'est à cette double condition que l'on pourra articuler une politique et une éthique nouvelles, fondées sur l'exigence de justice. Ceci dit, être Africain, c'est d'abord être un homme libre ou, comme ne cessa de le proclamer Frantz Fanon, « un homme parmi d'autres hommes [1] ». Un homme libre de tout, et donc capable de s'auto-inventer. La véritable politique de l'identité consiste à sans cesse nourrir, actualiser et réactualiser ces capacités d'auto-invention. L'afrocentrisme est une variante hypostasiée du désir des gens d'origine africaine de n'avoir de comptes à rendre qu'à eux-mêmes. Il est vrai que le monde est d'abord une manière de relation à soi. Mais il n'y a guère de relation à soi qui ne passe par la relation à Autrui. Autrui, c'est à la fois la différence et le semblable réunis. Ce que nous devons imaginer, c'est une politique de l'humain qui est, fondamentalement, une politique du semblable, mais dans un contexte où, c'est vrai, ce que nous partageons d'emblée, ce sont les différences. Et ce sont elles qu'il nous faut, paradoxalement, mettre en commun. Ceci passe par la réparation, c'est-à-dire par un élargissement de notre conception de la justice et de la responsabilité.

1 Frantz Fanon, *Peau noire...*, *op. cit.*, p. 155.

Épilogue

Il n'y a qu'un seul monde

La naissance du sujet de race – et donc du Nègre – est liée à l'histoire du capitalisme.

Le ressort primitif du capitalisme est la double pulsion de la violation illimitée de toute forme d'interdit, d'une part, et d'abolition de toute distinction entre les moyens et les fins, d'autre part. Dans sa sombre splendeur, l'esclave nègre – le tout premier sujet de race – est le produit de ces deux pulsions, la figure manifeste de cette possibilité d'une violence sans réserve et d'une précarité sans filet.

Puissance de capture, puissance d'emprise et puissance de polarisation, le capitalisme a toujours eu besoin de *subsides raciaux* pour exploiter les ressources planétaires. Tel était le cas hier. Tel est le cas aujourd'hui, alors même qu'il se met à recoloniser son propre centre, et que les perspectives d'un *devenir-nègre du monde* n'ont jamais été aussi manifestes.

Les logiques de distribution de la violence à l'échelle planétaire n'épargnent plus aucune région du monde, non plus que la vaste opération, en cours, de dépréciation des forces productives.

Autant il n'y aura pas de sécession par rapport à l'humanité, autant l'on ne fera l'économie ni de la restitution, ni de la réparation et de la justice. Restitution, réparation et justice sont les conditions de la montée collective en humanité. La pensée de ce qui doit venir sera, de nécessité, une pensée de la vie, de la réserve de vie, de ce qui doit échapper au sacrifice. De nécessité, elle sera également *une pensée en circulation, une pensée de la traversée, une pensée-monde.*

La question du monde – ce qu'il est, les relations entre ses diverses parts, l'étendue de ses ressources et à qui elles appartiennent, comment l'habiter, ce qui le meut ou le menace, où il va, ses frontières et limites, sa possible fin – aura été avec nous depuis le moment où l'être humain d'os, de chair et d'esprit fit son apparition sous le signe du Nègre, c'est-à-dire de l'*homme-marchandise*, l'*homme-métal* et l'*homme-monnaie*. Au fond, elle aura été *notre* question. Et elle le restera du moins tant que dire le monde sera la même chose que dire l'humanité et vice versa.

Car, en effet, il n'y a qu'un seul monde. Celui-ci est un Tout composé de mille parts. De tout le monde. De tous les mondes.

Cette entité vivante et aux facettes multiples, Édouard Glissant lui donna un nom. Le *Tout-Monde*. Comme pour souligner la dimension à la fois épiphanique et œcuménique du concept même d'humanité – concept sans lequel le monde en soi, dans sa choséité, ne signifie rien.

C'est donc l'humanité tout entière qui confère au monde son nom. En conférant son nom au monde, elle se délègue en lui et reçoit de lui confirmation de sa position propre, singulière mais fragile, vulnérable et partielle, du moins au regard des autres forces de l'univers – les animaux et les végétaux, les objets, les molécules, les divinités, les techniques, les matériaux, la terre qui tremble, les volcans qui s'allument, les vents et les tempêtes, les eaux qui montent, le soleil qui éclate et brûle et ainsi de suite. Il n'y a donc de monde que par nomination, délégation, mutualité et réciprocité.

Mais si l'humanité tout entière se délègue elle-même dans le monde et reçoit de ce dernier confirmation de son être propre aussi bien que de sa fragilité, alors la différence entre le monde des humains et le monde des non-humains n'est plus une différence d'ordre externe. En s'opposant au monde des non-humains, l'humanité s'oppose à elle-même. Car, finalement, c'est dans la relation que nous entretenons avec l'ensemble du vivant que se manifeste, en dernière instance, la vérité de ce que nous sommes.

Dans l'Afrique antique, le signe manifeste de l'épiphanie qu'est l'humanité était la graine que l'on fourre en terre, qui meurt, renaît et produit aussi bien l'arbre, le fruit que la vie. C'est en grande partie pour célébrer les noces de la graine et de la vie que les Africains anciens inventèrent parole et langage, objets et techniques, cérémonies et rituels, œuvres d'art, voire les institutions sociales et politiques. La graine devait produire la vie dans un environnement fragile et hostile au sein duquel l'humanité devait trouver travail et repos, mais qu'elle devait également protéger. Cet environnement avait, chaque fois, besoin d'être réparé. La plupart des savoirs vernaculaires n'avaient d'utilité que par rapport à ce labeur sans fin de réparation. Il était entendu que la nature était une force en soi. L'on ne pouvait la façonner, la transformer et la contrôler qu'en accord avec elle. Au demeurant, cette double tâche de transformation et de régénération participait d'un assemblage cosmologique dont la fonction était de consolider chaque fois le champ des relations entre les humains et les autres vivants avec lesquels ils partageaient le monde.

Partager le monde avec d'autres vivants, telle était la dette par excellence. Telle était surtout la clé de la durabilité aussi bien des humains que des non-humains. Dans ce système d'échange, de réciprocité et de mutualité, humains et non-humains étaient le limon des uns et des autres.

Du limon, Édouard Glissant n'en parlait pas simplement comme des rebuts de la matière – une substance ou des éléments apparemment morts, une part apparemment perdue, des débris arrachés à leur source, et que charrient les eaux. Il l'envisageait aussi comme un résidu déposé sur les rivages des fleuves, au milieu des archipels, au fond des océans, le long des vallées ou au pied des falaises – partout, et surtout en ces lieux arides et déserts d'où, par un retournement inattendu, du fumier émergent des formes inédites de la vie, du travail et du langage.

La durabilité de notre monde devait, faisait-il valoir, être pensée à partir de l'envers de l'histoire, à partir de l'esclave et de la structure cannibale de notre modernité, celle qui se met en place au moment de la traite des Nègres et qui s'en nourrit des siècles durant.

Le monde qui émerge de cette structure cannibale est fait d'innombrables ossements humains ensevelis sous l'océan et qui, petit à petit, font squelette et se dotent de chair. Il est fait de tonnes de débris et de moignons, de bouts de mots épars mais bientôt joints et à partir desquels, comme miraculeusement, se reconstitue la langue, au lieu de rencontre entre l'être humain et son animal. La durabilité du monde dépend de notre capacité de réanimation des êtres et des choses apparemment sans vie – l'homme mort, rendu à la poussière par la sèche économie, celle qui, pauvre en monde, trafique avec les corps et la vie.

Le monde ne durera donc pas à moins que l'humanité ne s'attelle à la tâche de constitution de ce qu'il faut bien appeler les *réserves de vie*. Si le refus de périr fait de nous des êtres d'histoire et autorise que le monde soit monde, alors notre vocation de durer ne peut être réalisée que si le désir de vie devient la pierre angulaire d'une nouvelle pensée de la politique et de la culture.

Chez les Dogons anciens, ce labeur sans fin de réparation avait un nom – la dialectique de la viande et de la graine. Le travail des institutions sociales était de lutter contre la mort de l'être humain et d'en endiguer la corruption, c'est-à-dire sa déchéance dans la pourriture. Le masque était le symbole par excellence de cette détermination des vivants de se défendre contre la mort. Simulacre du cadavre et substitut du corps périssable, sa fonction n'était pas seulement de commémorer les défunts. Elle était aussi de témoigner de la transfiguration du corps (enveloppe périssable) et de l'apothéose du monde et de son imputrescibilité. C'est donc à revenir à l'idée de la vie comme forme impérissable et imputrescible que nous invite le travail de réparation.

Dans ces conditions, l'on aura beau ériger des frontières, construire des murs et des enclos, diviser, classifier, hiérarchiser, chercher à retrancher de l'humanité ceux et celles que l'on aura rabaissés, que l'on méprise ou encore qui ne nous ressemblent pas, ou avec lesquels nous pensons que nous ne nous entendrons jamais. Il n'y a qu'un seul monde et nous en sommes tous des ayants droit. Ce monde nous appartient à tous, également, et nous en sommes tous des cohéritiers, même si les manières de l'habiter ne sont pas les mêmes – d'où justement la réelle pluralité des cultures et des façons de vivre. Le dire ne signifie en rien occulter la brutalité et le cynisme qui caractérisent encore la rencontre des peuples et des nations. C'est simplement rappeler une donnée immédiate, inexorable, dont l'origine se situe sans doute au début des Temps modernes – à savoir l'irréversible processus d'emmêlement et d'entrelacement des cultures, des peuples et des nations.

Il n'y a donc qu'un seul monde, du moins présentement, et ce monde est tout ce qui est. Ce qui, par conséquent, nous est commun est le sentiment ou encore le désir d'être, chacun en soi, des êtres humains à part entière. Ce désir de plénitude en humanité est quelque chose que nous partageons tous. Ce qui, par ailleurs, nous est de plus en plus commun, c'est désormais la proximité du lointain. C'est le fait d'avoir en partage, que nous le voulions ou non, ce monde qui est tout ce qui est et tout ce que nous avons.

Pour construire ce monde qui nous est commun, il faudra restituer à ceux et celles qui ont subi un processus d'abstraction et de chosification dans l'histoire la part d'humanité qui leur a été volée. Dans cette perspective, le concept de réparation, en plus d'être une catégorie économique, renvoie au processus de réassemblage des parts qui ont été amputées, la réparation des liens qui ont été brisés, la relance du jeu de réciprocité sans lequel il ne saurait y avoir de montée en humanité.

Restitution et réparation sont donc au cœur de la possibilité même de la construction d'une conscience commune du monde, c'est-à-dire de l'accomplissement d'une justice universelle. Les deux concepts de restitution et de réparation reposent sur l'idée selon laquelle il y a une part d'humanité intrinsèque dont est dépositaire chaque personne humaine. Cette part irréductible appartient à chacun de nous. Elle fait qu'objectivement nous sommes à la fois distincts les uns des autres et semblables. L'éthique de la restitution et de la réparation implique par conséquent la reconnaissance de ce que l'on pourrait appeler la part d'autrui, qui n'est pas la mienne, et dont je suis pourtant le garant, que je le veuille ou non. Cette part d'autrui, je ne saurais l'accaparer sans conséquence pour l'idée de soi, de la justice, du droit, voire de l'humanité tout court, ou encore pour le projet de l'universel, si tant est que telle soit effectivement la destination finale.

Réparation, par ailleurs, parce que l'histoire a laissé des lésions, des entailles. Le processus historique a été, pour une large part de notre humanité, un processus d'accoutumance à la mort d'autrui – mort lente, mort par asphyxie, mort subite, mort déléguée. Cette accoutumance à la mort d'autrui, de celui ou de celle avec lequel l'on croit n'avoir rien en partage, ces formes multiples de tarissement des sources vives de la vie au nom de la race ou de la différence, tout cela a laissé des traces très profondes à la fois dans l'imaginaire et la culture et dans les rapports sociaux et économiques. Ces lésions et entailles empêchent de faire communauté. De fait, la construction du commun est inséparable de la réinvention de la communauté.

La question de la communauté universelle se pose donc, par définition, en termes d'habitation de l'Ouvert, de soin porté à l'Ouvert – ce qui est tout à fait différent d'une démarche qui viserait d'abord à enclore, à rester en enclos dans ce qui, pour ainsi dire, nous est parent. Cette forme de *désapparentement* est tout le contraire de la différence. La différence est, dans la plupart des cas, le résultat de la construction d'un désir. Elle est également le résultat d'un travail d'abstraction, de classification, de division et d'exclusion – un travail du pouvoir qui, par la suite, est internalisé et reproduit dans les gestes de la vie de tous les jours y compris par les exclus eux-mêmes. Souvent, le désir de différence émerge précisément là où on vit le plus intensément une expérience d'exclusion. Dans ces conditions, la proclamation de la différence est le langage renversé du désir de reconnaissance et d'inclusion.

Mais si, de fait, la différence se constitue dans le désir (voire l'envie), ce désir n'est pas nécessairement désir de puissance. Ce peut être également le désir d'être protégé, d'être épargné, d'être préservé du danger. D'autre part, le désir de différence n'est pas non plus nécessairement l'opposé du projet de l'*en-commun*. En fait, pour ceux qui ont subi la domination coloniale ou pour ceux dont la part d'humanité a été volée à un moment donné de l'histoire, le recouvrement de cette part d'humanité passe souvent par la proclamation de la différence. Mais, comme on le voit dans une partie de la critique nègre moderne, la proclamation de la différence n'est qu'un moment d'un projet plus large – le projet d'un monde qui vient, d'un monde en avant de nous, dont la destination est universelle, un monde débarrassé du fardeau de la race, et du ressentiment et du désir de vengeance qu'appelle toute situation de racisme.

Table

Composition Facompo, Lisieux.
Impression réalisée par CPI Bussière
à Saint-Amand-Montrond (Cher).
Dépôt légal du 1er tirage : octobre 2015
Suite du 1er tirage (2) : octobre 2016
N° d'impression : 2025843
Imprimé en France